王振忠著作集

明清徽商与淮扬社会变迁

全新修订版

王振忠——著

上海人民出版社

歙县棠樾——扬州盐商鲍氏故里

歙县许村——许氏扬州盐商故里

扬州瘦西湖五亭桥

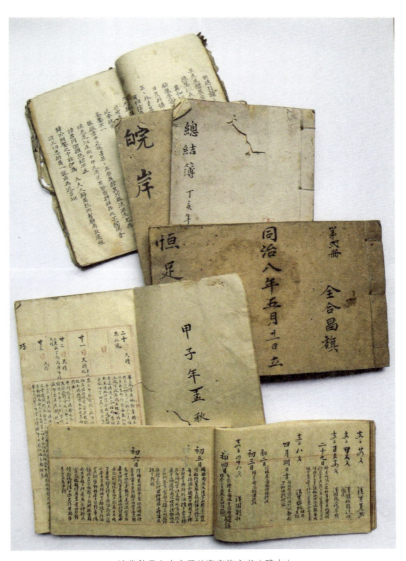

清代歙县上丰宋氏盐商家族文书（稿本）

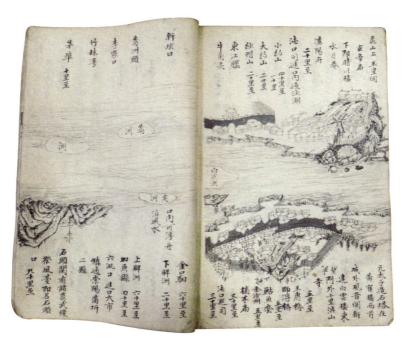

清代徽州盐商编纂的路程图记——《士商要览》(抄本)

总　序

（一）

　　2017 年，中西书局出版的"六〇学人文丛"，收录拙著《社会历史与人文地理：王振忠自选集》。当时，我在自序文末写道：

> ……光阴荏苒，转眼已知天命，或许应当对既往的学术研究多所反思，以便重新出发，在这个功夫多在学问之外的年代依旧摒弃杂念，"进取不忘其初"，做些自觉有趣、也更为重要的学术探索。

　　从那时起，流光渐过，转瞬之间又历经了六七个寒暑……梳理这六七年来的工作，或许可以对自己的学术研究看得更为清楚一些：从史料出发搜集、整理和研究，这充满挑战与乐趣的三部曲，是日常工作的主要内容。而寒来暑往去到田野乡间的访谈、寻觅，则让历史的图像与现实之场景沟通相连，带来种种史学研究者的鲜活体验。

史学研究的重要基础是文献史料。我一直认为：徽州遗存有目前所知国内为数最多的契约文书，其学术价值为同时代其他任何区域的民间文献所难以比肩。自从1998年我在皖南意外发现大批徽州文书之后，收集、整理和研究民间文献，便成了个人学术生活中最为重要的工作之一。在我看来，20世纪90年代以来徽州文书之再度大规模发现，各类稿本、抄本及散件已由此前普通人难以企及的珍稀文献，一变而为明清史研究者案头常备的一般史料。不过，在这方面仍有大量的工作尚待展开。在那部自选集出版前后，我即着手主持编纂《徽州民间珍稀文献集成》。编纂这样一套资料丛书，是本人长久以来的夙愿。经过多年的努力，受国家出版基金项目资助，《徽州民间珍稀文献集成》30册于2018年由复旦大学出版社推出。该丛书在更为广阔的学术视野中，收录日记、商书、杂录、书信尺牍、诉讼案卷、宗教科仪、日用类书和启蒙读物等，其中绝大多数都是首度向学界披露的珍稀文献，对于明清以来中国商业史、社会史、法制史、历史地理以及传统文化与遗产保护研究等方面，皆具有重要的学术价值。

迄至今日，已被发现的徽州文书总量多达百万件（册），其类型多样，内容丰富，持续时间长久。第一手新史料之收集、整理，始终是推进学术发展最为重要的基础。2017年以前，我曾出版过《水岚村纪事：1949年》《（新发现的徽商小说）我之小史》等。前者透过"站在历史和地理边缘"的一个山村少年的经历，展示了徽州地域文化之传承与嬗变，亦折射出1949年前后的风云变幻，为学界提供了了解徽州乃至传统中国基层民众日常生活情节的珍贵史料。后者原系来自民间未刊的两种珍稀稿本，是目前所知唯一的一部由徽商撰写、自叙家世的章回体自传，类似于此长达 40 余年、多达 20 余万字的连续记录，是民间文献的一次重要发现，对于中国的历史和文学研究具有多方面的学术价值，是当年徽州新史料发掘过程中最令人振奋的重要收获之一。此外，我对徽州日记、排日账和民间日用类书等的整理和研究，亦受到学界同行较多的关注。《明清以来徽州日记的整理与研究》一书，共整理了 16 部徽州日记，并从宏大历史事件的微观记录、社会实态之生动叙事、城乡景观和风俗民情的展现以及徽人性格特征的形象揭示等诸多侧面，阐述了徽州日记的学术价值。该书于 2012 年获国家社会科学基金项目资助，后收入"徽学文库"，于 2020 年底出版。《晚清一个徽州市镇的商业与社会生活——〈新旧碎锦杂录〉校订本二种之整理研究》一书，则聚焦于新安江畔一个市镇的日用类书，并加以较为细致的整理和研究。该成果此前已提交中西书局，将于近期出版。这些当然还只是一个开端，我希望将来能形成"民间历史文献整理与研究丛刊"系列，在今后数年乃至十数年内持续出版，为学界奉献一批第一手的新史料，多角度地展示鲜活的民间日常生活。

（二）

对徽州文书的收集、整理和出版，是徽学研究的基础工程，而在此基础上的进一步探索，则有助于南宋以后（特别是明清时代）中国史研究的拓展与深入。

2018 年，上海人民出版社组织出版"江南文化研究丛书"。根据总体规划，该丛书重在呈现构筑江南文化的内在因素，提炼江南文化之精神品质，希望推进学术研究系统、深入的发展，并为长三角社会文化建设提供必要的理论支持。为此，我整理、出版了《从徽州到江南：明清徽商与区域社会研究》一书。该书将皖南徽州与太湖流域的"江南"相对而言，较为深入、细致地探讨了"闭关时代三大商"——活跃在江南的典当、盐业、木业中的徽商，以及贸贩取赢的布商、徽馆业商等，并分析了徽人之居廛列肆对塑造江南社会文化的重要影响。全书在总体宏观把握的背景下，做了多侧面微观实证的具体研究。

与此差相同时，应商务印书馆之邀，旧著《徽州社会文化史探微——新发现的 16 至 20 世纪民间档案文书研究》一书，于2020 年被收入"中华当代学术著作辑要"。根据丛书的"出版说明"，这一套辑要"主要收录改革开放以来中国大陆学者、兼及港澳台地区和海外华人学者的原创名著，涵盖文学、历史、哲学、政治、经济、法律、社会学和文艺理论等众多学科。丛书选目遵循优中选精的原则，所收须为立意高远、见解独到，在相关学科领域具有重要影响的专著或论文集；须经历时间的积淀，具有定评，且侧重于首次出版十年以上的著作；须在当时具有广泛的学术影响，并至今仍富于生命力"。当然，丛书主旨之悬鹄高远，主要是揄扬同一丛书内的卓越鸿才之作，而对拙著而言想来系属过邀奖誉。不过，《徽州社会文化史探微》最早出版于2002 年，于 2020 年得以修订再版，本人实深感荣幸！该书是"徽学"

研究领域第一部从社会文化史角度，利用新发现的一手文书史料研究明清社会文化的学术专著。在我看来，自20世纪八九十年代以来，散落民间的徽州文书面临着一个"再发现"的过程。除了文书实物的收集之外，另一个更为重要的"再发现"，是指对文书研究内涵多角度的重新认识——也就是随着学术视野的拓展，人们将从狭义文书（即契约）的研究转向全方位民间文书、文献的探讨，这一"再发现"，将赋予徽州文书以更为丰富的内涵，它大大拓展了"徽学"乃至明清史研究的领域，多侧面展示了中国传统社会的丰富内涵。

2018年，应复旦大学出版社之邀，我编选了《徽学研究十讲》。这册翌年出版的小书，被列入"名家专题精讲"丛书，所收录的十篇文章中，有多篇皆是从更为广阔的历史文献学视野中关注各类徽州文书，反映了近二十多年来我在"徽学"研究领域一些较为深入的思考与探索。此外，我还应黄山市地方志办公室翟屯建研究员之邀，撰写了《新安江流域城镇》一书，作为"新安文化研究丛书"之一种。另应安徽师范大学王世华教授之约，编选个人文集《明清时期徽商与区域社会史研究》，忝列"当代徽学名家学术文库"。上述二书，将于近期出版。

在出版个人专著和选集的同时，我还主编（或合作主编）了一些研究系列，与国内外同行积极开展学术合作与交流，以期推进"徽学"与明清以来中国史研究的深入。2016年，我与安徽师范大学刘道胜教授商议，于翌年共同发起"徽州文书与中国史研究"学术研讨会。在我们的倡议和坚持下，从2017年开始迄今，复旦大学、安徽大学和安徽师范大学三校合作，连续轮流举办过六届"徽州文书与中国史研究"学术研讨会（第七届将于今年9月在屯溪召开）。在过去的数年间，每年一度国内外同行皆济济一堂，相互切磋，"见识新史料，交流新见解，讨论新问题"，此一主旨，成为我们共同的追求。以此为题的论文集，每辑皆收录二十篇上下的学术论文，资料、观点皆颇多新见，迄今已连续出版了4辑（第5辑近期即刊，第6辑则正在编辑）。如今，无论是此一会议还是会后出版的论文集，皆已成为"徽学"研究领域的一个学术品牌，在学界有较好的反响。

十多年前，我应法国学者劳格文教授（John Lagerwey）之邀，与他在徽州合作调查，多年间辗转奔走于山蹊野径，寻访故老通人，步履所及，音声所至，搜集了不少文献与口碑，并次第纂辑，于2011—2016年共同主编、出版了《徽州传统社会丛书》5种6册。该套丛书旨在以田野调查所获之口碑资料和地方文献，客观描述1949年以前徽州的传统经济、民俗与宗教，为人们提供一个地区较为完整的社会生活实录，"此类来自民间抢救性的调查报告，随着现代化对中国农村社会的冲击以及乡土文化的日渐瓦解，其学术价值将日益凸显"。

此外，在复旦大学中华文明国际研究中心和中国对外文化交流协会的支持下，我还与荷兰莱顿大学荣休教授包乐史（Leonard Blussé）等合作，在上海和莱顿、鹿特丹等地先后筹办了两届"莱茵河与长江历史文化比较研讨会"（River Societies：Old Problems，New Solutions：A Comparative Reflection about the Rhine and the Yangzi Rivers）。2017年的深秋和2019年的初夏，浦江之滨，莱茵河畔，中外同好聚会切磋，这些学术对话的成果，最终也以专题论文集的形式呈现，为中外学术交流留下了两份历史纪录。

（三）

　　除了历史地理、明清以来中国史研究之外，域外文献与东亚海域史研究，也是我着力探索的另一个学术领域。自 20 世纪 90 年代以后，我有一些机会陆续前往日本、美国、法国和西班牙等国学术交流，研学之余，也用心收集了不少珍贵的域外文献。2011 年，在东京大学召开的"世界史 / 全球史语境中的区域史：文化史的专题研究"国际学术研讨会上，我曾发表《东亚视域中的中国区域社会研究》，就区域社会史与域外文献研究的方法及其转向作了较为系统的阐述，指出：以区域视角重新透视域外文献，将国与国之间的经济、文化交流，还原而为具体人群之间的交往，这是将事件和人物放回到历史情境中的一种方法，这将促成传统的中外关系史从政治史、贸易史以及广义的文化史转向社会史的研究。此文后作为前言，冠诸 2015 年出版的《袖中东海一编开：域外文献与清代社会史研究论稿》一书的卷首。该文的日译版，后亦收入羽田正教授主编的《グローバルヒストリーと東アジア史》（东京大学出版会，2016 年版）。"客自长崎呑畔来，袖中东海一编开"，典出吟咏徽商汪鹏所著《袖海编》的这部同名论著，借鉴中国社会史研究的方法，在朝鲜燕行录、日本唐通事、琉球官话课本、美国传教士方言文献等方面，都有一些较具前沿性的新探讨，特别是利用了历史学界以往较少关注的语言学资料展开重点分析。有鉴于此，我还标点、整理了唐通事文献三种，作为书末附录，希望藉此能推进国内相关研究的深入。

在上述专著出版之后，我在域外文献与东亚海域史研究方面仍有一些新的探索。所撰《琉球汉文文献与中国社会研究》，通过对当年新近出版的《琉球王国汉文文献集成》提供的新史料之研究，指出：独具特色的琉球官话课本，不仅是方言研究的珍贵资料，而且对于明清时代中国城市生活史的研究，亦具有一定的史料价值。就目前所见的诸多官话课本来看，早期琉球官话课本的区域特色尚不明显。但随着时间的推移，伴随着琉球人在福州活动的日益频繁，清代官话课本中"福语"的色彩愈益显著。此文曾于2016年5月在东京召开的第61回东方学者国际会议上发表演讲，后由鹿儿岛大学琉球研究专家高津孝教授推荐，被遴选翻译成英文，刊载于日本东方学会《国际东方学者会议纪要》第61册。

2004—2014年，我受邀先后参加日本国文学研究资料馆渡边浩一教授主持的国际合作项目"历史档案的多国比较研究""9—19世纪文書资料の多元的複眼的比较研究"，与一些海外学者合作，比较研究东亚（中国、日本、韩国）、伊斯兰世界以及欧洲各国的历史档案。其间，曾担任该馆档案研究系古文书比较研究项目的海外合作教授，先后在土耳其伊斯坦布尔、安卡拉，法国巴黎、普罗旺斯、斯特拉斯堡，日本东京、镰仓，韩国首尔等地参与学术交流，也曾在上海牵头组织过两次相关的学术研讨会。2015年至2019年疫情之前，我又应邀参加法国国家科学中心吉普鲁（François Gipouloux）教授主持的"Eurasia Trajeco-GECEM"项目组织的国际会议，曾在意大利佛罗伦萨、葡萄牙里斯本、法国巴黎、西班牙塞维利亚和以色列耶路撒冷等地参加国际学术交流。与此同时，还多次受米盖拉（Michela Bussotti）博士、华澜（Alain Arrault）教授之邀赴法国远东学院访问、开会交流。这些场合在彼此的观点成果交流之余，也有了更多接触、阅读和收集域外汉籍的机会。

2017年，我在法兰西学院图书馆意外发现《燕行事例》抄本1册，该书颇为细致地记录了清代朝鲜使者的燕行惯例，对于时下方兴未艾的《燕行录》研究以及东北亚国际交流的探讨，具有重要的史料价值。特别是该书系由19世纪朝鲜著名诗人李尚迪编定，对于研究李氏的燕行译官生涯，提供了一份未为人知的新史料。类似于此的收获还有相当不少，让人颇多惊喜之感，这真是史学研究者的赏心乐事！

这些对域外文献的关注，较大地扩充了东亚海域史研究的史料来源，以此为契机，在东亚视域中将各类原本看似孤立的现象加以系统分析，也为中国史研究提供了诸多新的视角。2017年，我曾利用日本长崎历史文化博物馆庋藏的珍稀文献，由个案入手，对中日贸易中徽州海商之衰落过程作了新的细致探讨。所发表的《19世纪中后期的长崎贸易与徽州海商之衰落——以日本收藏的程稼堂相关文书为中心》一文，从东亚海域史的宏观视野，借鉴中国区域社会史研究的方法，纠正了此前的一些谬说，在一些方面较前人研究多所推进。

域外文献除了在海外实地收集之外，利用互联网之便利，有时亦能找到颇为有趣的资料。例如，《琼浦闲谈》就是我利用"Japan Search"搜索引擎偶然收集到的一份珍稀文献。该书原藏日本东北大学附属图书馆，是一册迄今尚未受到学界关注的珍稀抄本。根据笔者的研究，《琼浦闲谈》所述具有特别的史料价值，它为我们追寻长崎诹访神事的渊源，以及"九使"信仰由中国原乡福清之荒洞蟒神演变而为东亚海域史上舍生取义的神明之轨迹，提供了重要的线索。以此为核心史料溯流寻源，志其梗概，东亚海域跨文化风俗传播的复杂性与丰富内涵遂得以充分揭示。

(四)

在过去的数十年间，在撰写纯学术论文之外，我还发表过一些随笔。1996 年，"书趣文丛"第 4 辑，收录我的第一部学术随笔《斜晖脉脉水悠悠》。1998 年，应《读书》月刊编辑赵丽雅（扬之水）之邀，我在该刊上开设了"日出而作"专栏，此后每年或多或少皆有文章刊发，迄今已达二十五年之久。其间也曾结集为同名文集，列入生活·读书·新知三联书店出版的"读书书系"。2020 年，《读书》编辑部的卫纯编辑邀我结集出版《山里山外》一书，收入三联书店的"读书文丛"。该书所收文字，皆是与徽州相关的学术随笔。"山里"是指新安山水之乡的"小徽州"，而"山外"则指"大徽州"——亦即徽商广泛活动的江南乃至全国甚或东亚海域世界。我在该书序文中写道："我们时刻关注着'山外'世界，聚焦于'山里'的一府六县；希冀仁立于黄山白岳的田野乡间，更好地理解'山外'中国的大世界。"的确，数十年来我们特别关注徽州，是因为那里有美丽的自然山水，丰富的地表人文遗存，更有着独一无二的徽州文书。以徽州文献为中心的研究，绝不仅仅局限于对徽州地方史的考察，而是希望充分利用当地层出叠现的民间文献，透过具体而微的细致探索，更为生动、深入地诠释中国的大历史。也正因为如此，"徽学"研究的学术视野，绝不应局限于皖南一隅，而是要将之放在明清中国乃至近世东亚海域世界的视野中去观察、去研究。2021年，上海人民出版社的"论衡"系列，收录了我的《从黄山白岳到东亚海域：明清江南文化与域外世界》一书，书中除了探讨明清时代徽州及江南社会的文化现象，也有不少篇什涉及对域外世界的状摹与追寻。之所以取名为"从黄山白岳到东亚海域"，是因为三十多年来我个人的学术探索，是以"徽学"为起点，逐渐延伸至域外文献与东亚海域史的研究。"在我看来，历史上的繁华废兴若山情水态，遥望千山竞秀，静听百鸟争鸣。吾辈远引旁搜，质疑求是，既需近观细思，又要遥瞻远眺。既要在更为广阔的视野中瞻顾中外，还应当溯流寻源，聚焦于水云深处的黄山白岳，较近距离地细致考察江南的那一域旷野沃壤"。这些随笔的撰写，虽不能像纯学术论文那样逐一详注，但自信每篇小文皆有新见史料作为支撑，亦属率循有自。

从 2016 年起意编辑自选集到现在，转瞬之间已是寒暑迭更。回头看看这些年的研究，仍主要集中在以下三个方面：一是徽州文书与明清以来中国史的研究，二是民间文献与历史地理研究，三是域外文献与东亚海域史的研究。从论著的内容来看，经由实地考察，抢救散落田野的各类文献，从第一手的原始资料收集做起，到研究论文、专著的撰写，再到撰写散文、随笔向知识界的普及。在这些研究成果形成的过程中，既有于蠹鱼尘网间淘漉辨识的辛苦，也有多方资料研读中豁然开朗的喜悦，还有进而构思动笔、与人分享的急切……关于学术随笔之写作，2017年我的自选集出版后，《学术月刊》曾刊出一篇《社会历史与人文地理——王振忠教授访谈》，在那篇专访中我曾提到："……史料绝不是冷冰冰的一堆文字，熟练驾驭史料的历史学者，可以透过不少看似枯燥的资料，理解乡土中国的人事沧桑，认识传统时代的浮云变幻。通过仔细阅读历史文献，我们可以尽最大程度地感受当事人的心曲隐微和感物叹时，这常会给研究者带来诸多的感动，而后者则可以透过轻松的笔调和独特的写法，将历史学前沿成果转化而为知识界的常识，从而将这份感动传达给普通读者，这也是作为历史学者的一种社会责任。"我一直认为，作为历史学者，我们有责任将博大精深的传统文化之美传达给世人。在这方面，希望能有独特的表述方式，叙事写情，意到笔随，将读书与行走之间的感悟，在更大范围内传达给知识界的广大读者。

（五）

此次出版的学术著作系列，最早收入的《明清徽商与淮扬社会变迁》初刊于 1996 年，该书将制度史与区域社会史研究相结合，是国内第一部有关徽商与区域研究的专著，曾收入"三联·哈佛燕京学术丛书"第三辑，并于 2014 年再版；《明清以来徽州村落社会史研究——以新发现的民间珍稀文献为中心》一书，于 2010 年获选收入首届"国家哲学社会科学成果文库"；而《从徽州到江南：明清徽商与区域社会研究》则如前所述，收入"江南文化研究丛书"。上述诸书先后皆蒙学界耆宿之奖语奖荐，内心颇为感激。除此之外，目前所见者还有一部新的文集《区域社会史脉络中的徽州文书研究》，其中收录了本人最新的学术成果。除了书中各章节实证性的探索之外，该书前言还逐一讨论了来自旧书市场的文书之学术价值、文书的"归户性"与"史料环境"、民间文献研究中历史学者的角色等问题，条分缕析，回应了近年来滋蔓不休的一些质疑与误解，特别强调徽州"史料环境"之独特性与重要性。此一讨论澄泾辨渭，或许有助于今后包括徽州文书在内的民间历史文献之收集、整理与研究。

上述四部专著述旧增新，成书先后历时近三十年，皆聚焦于这些年来着力最深的徽州区域研究，从一般传世文献的利用到田野新见的一手文书之研究，在某种程度上或许也反映了近数十年来中国学术的发展走向。

时当大暑，追述往迹，不禁惭感交集。迄今为止，本人出版过论著十数种，受学力所限，这些小书恐难言高深。不过，我始终认为，学术研究当随缘自适、花开果结，而不应奔命于各类考核之匆促应对。我自 1982 年考入复旦大学，仰止心向于前辈斯文，芸窗十年苦读，将勤补拙。毕业留校后，逐渐于学术稍识径途，读书学问，略窥斑豹，一向颇多自得其乐。而今光阴瞬息岁月如流，将部分新著、旧作陆续结集、修订，既是对个人既往学术研究的一个小结，亦便于藉此求教于学界同好师友。

烦言絮嘱，敬书缘起。不忘所自，是为了看清前行的方向，以便更好地再出发……

癸卯盛夏于新江湾

目录

导　言

　　徽州，地处安徽南陲的黄山白岳之间，北有云烟缭绕的黄山迤逦而去，南有峰峦叠嶂的天目山绵延伸展。在明清时期，这里是一个府级行政建制，下辖今皖南的歙县、休宁、祁门、绩溪、黟县以及赣东北的婺源诸县地。

　　在历史时期，徽州地区山水萦回，土硗地狭，原本是华中各地习见的贫瘠山乡之一。然而，自从明代中叶以还，"欲识金银气，多从黄白游"——"徽商"巨擘之崛起令世人刮目相看，成为明清社会经济史上最引人瞩目的现象之一。于是，徽州作为浙江、安徽和江西三省的"接合点"，其本身的发展以及和邻近省区的关系，更具有了"作为特写而进行研究的意义"。①

　　关于徽商始于何时，学界前辈一向有着不同的看法，主要有"东晋说""宋代说"和"明代说"之分歧。近来有的学者更倾向

---

① 〔日〕斯波义信：《宋代徽州的地域开发》，刘淼译自《山本博士还历纪念东洋史论丛》，东方，1972年，译文载《徽州社会经济史研究译文集》，黄山书社1988年版。

于——徽商应当是指以乡族关系为纽带所结成的徽州商人群体，而不是泛指个别、零散的徽籍贾客。换言之，徽商的历史似应从明代中叶开始。[①]

尽管对于徽商起源的见解迄今尚无定论，但有一点却应是不争之事实——那就是在明代中叶以前，主要经营"文房四宝"、生漆、林木和茶叶的新安贾客，在商业上还远不足以与窖粟业盐的山、陕商人骈肩称雄。只有在成化、弘治年间开中改制以后，徽商、西贾的力量对比才发生了根本性的转折。由于形势陡变，在东南一带，远离桑梓的西北商贾渐趋下风，而徽州商人则逐渐以经营盐业为中心，"雄飞于中国商界"[②]。明代中叶以后，虽然徽商触角涉及的生业愈益繁多，但盐业仍然是重点经营的行当——这一点在史学界大概还没有什么异议。

从严格意义上讲，传统的中国农村并非完全封闭式、自给自足的小农社会。北朝颜之推就曾经说过，即使是在"闭门而为生之具以足"的庄园经济中，"家无盐井"仍是一项无可奈何的缺憾！[③]因此，在自然经济占统治地位的广大农村，仍然需要不可或缺的少量商品流通作为补充。其中，盐是最大也是最为重要的一宗。据研究，在鸦片战争前夕中国的主要商品市场中，盐的流通额占第三位，仅次于粮食和棉布；而在棉布兴起之前，则仅

---

① 王廷元：《论徽州商帮的形成与发展》，载《徽学研究论文集》（一），黄山市社会科学界联合会、《徽州社会科学》编辑部 1994 年印。
② ［日］藤井宏：《新安商人的研究》，原载《东洋学报》第 36 卷第 1 号、第 2 号、第 3 号、第 4 号，1953 年 6 月、9 月、12 月和 1954 年 3 月。傅衣凌、黄焕宗译，译文载《徽商研究论文集》（《江淮论坛》编辑部编，安徽人民出版社 1985 年版）。
③ 《颜氏家训集解》卷 1《治家第五》。

次于粮食，位列第二[①]。根据对中国农村基层墟市的抽样调查显示，盐、米和铁的交易，构成了传统墟市贸易的主要内容[②]。所谓"十家之聚，必有米盐之市"，的确毫不夸张。而在近数百年来江南各地的"米盐之市"中，徽州人无疑最为活跃。对此，胡适先生在自叙家世时就曾指出：

> 近几百年来的食盐贸易差不多都是徽州人垄断了。食盐是每一个人不可缺少的日食必需品，贸易量是很大的。徽州商人既然垄断了食盐的贸易，所以徽州盐商一直是不讨人喜欢的，甚至是一般人憎恶的对象。你一定听过许多讽刺"徽州盐商"的故事罢！所以我特地举出盐商来说明徽州人在商界所扮演的角色[③]。

根据明清史的常识和印象，胡氏所指的主要当为长江中下游地区的情形。而在当时，这一带正是俗谚"无徽不成镇"广为流传的区域。根据他的解释：

> 一个地方如果没有徽州人，那这个地方就只是个村落。徽州人住进来了，他们就开始成立店铺；然后逐渐扩张，就

---

① 许涤新、吴承明主编：《中国资本主义发展史》第 1 卷《中国资本主义萌芽》，人民出版社 1985 年版，第 282 页。

② 翁绍耳：《福建省墟市调查报告》，私立协和大学农学院农业经济系 1949 年印；［日］加藤繁：《清代村镇的定期市》，见《中国经济史考证》第 3 卷，商务印书馆 1973 年版。

③ 唐德刚译注：《胡适口述自传》第 1 章《故乡和家庭·徽州人》。

把个小村落变成个小市镇了 [1]。

胡氏的这个诠释相当具体而生动，从中我们不难看出，徽州盐商对于长江中下游一带的城镇变迁有着举足轻重的影响。值得注意的是，除了经济史上的崭露头角之外，徽州盐商在文化上的建树也一向引人注目。梁启超先生在《清代学术概论》中就曾指出，以徽商为主体的两淮盐商对于乾嘉时期清学全盛的贡献，与南欧巨室豪贾之于欧洲文艺复兴，可以相提并论。

正是由于近数百年来徽州盐商在东南社会变迁中扮演着如此重要的角色，故而对它的研究，历来是明清社会经济史研究中的一个重要内容。

早在20世纪30年代，我国著名的历史学家傅衣凌先生在从事徽州伴当、世仆的研究中，因发现有关徽商的记载颇多，遂悉心搜集徽商史料，并于1947年发表了《明代徽商考》一文，为明清社会经济史的研究开辟了一个崭新的天地 [2]。与此差相同时，徽商研究的课题也引起了国外汉学界特别是日本学者的注意。其中，藤井宏博士的研究显得最为突出。他从研究明代盐业入手，对徽州盐商进行了深入的探讨，著有《明代盐商的一考察》（1943年）。在此基础上，又专门以徽州商人为考察对象，撰

---

① 唐德刚译注：《胡适口述自传》第1章《故乡和家庭·徽州人》。
② 载《福建省研究院研究汇报》二期，1947年。又载1956年人民出版社出版的《明清时代商人及商业资本》和1985年安徽人民出版社出版的《徽商研究论文集》。

明清徽商与淮扬社会变迁（全新修订版）

写了《新安商人的研究》（1953—1954 年），"这是有关徽商研究中最为系统的著作"（傅衣凌语）。稍后，欧美各国的学者也相继将视点投向徽州，涌现出不少论析徽州土地关系、宗法制度和商人资本的佳制 [①]。其中，何炳棣教授在 1954 年发表的《扬州盐商：十八世纪中国商业资本主义研究》一文，是研究徽州盐商具有代表性的学术论文 [②]。另外，何先生在其力著《明清社会史论》（1962 年）中，也有一些篇幅论及两淮盐商，尤其是明清时期徽州盐商的社会流动 [③]。

近二十年来，随着区域社会经济史研究越来越受到史学界的重视，徽州作为传统社会中最具典型意义的区域社会之一，更成了中国社会经济史关注的热点。以徽州历史文化为研究对象的"徽学"（亦称"徽州学"）崛起，蔚为大观。有关的新史料不断发掘和利用，"徽学"的研究亦日益深入。特别是对于徽商的组织结构、商人的政治、社会地位和历史作用等方面，都较此前的研究有了进一步的深化。其中，80 年代初出版的《明清徽州农村社会与佃仆制》（叶显恩先生著）和十年以后问世的《商人与中国近世社会》（唐力行先生著），都是涉及上述研究领域极为杰出的学术专著。

---

① 参见刘森辑译《徽州社会经济史研究译文集》傅衣凌"序"，1986 年 9 月。

② ［美］何炳棣：The Salt Merchants of Yang—chou: A Study of Commercial Capitalism in Eighteenth—Century China，原文载 *Harvard Journal of Asiatic Studies*，17（1954）；收入《中国经济发展史论文选集》下册。

③ ［美］何炳棣：The Ladder of Success in imperial China, Aspects of Social Mobility, 1368—1911。原著第一版刊于 1962 年。笔者曾译该书第 6 章《科举和社会流动的地域差异》，载《历史地理》第 11 辑。

本书在前人研究的基础上，在下列一些方面作了进一步的探讨：

1. 徽州盐商是明清时期的商界巨擘，两淮盐政又是与河、漕并称的"江南三大政"之一，因此徽商与两淮盐政的研究，在"徽学"研究中起点最高，这已是史学界的共识。

本书的第一部分"徽商与明清两淮盐政"，首先对明代中后期盐政制度的嬗变作了考证，认为："（引）窝"是明清盐政史上最为重要的核心问题。然而，迄至今日，有关"窝"的起源及其嬗变的轨迹，仍然十分模糊。"窝"的原始含义究竟是什么？尽管日本学者中山八郎、藤井宏先生等都曾做过一些探讨，但并没有做出圆满的解释。笔者从方言考证入手，认为——"窝"字直接渊源于元明时期的北方俗语，盐务中的"窝"与俗语中的含义并无多大区别，都表示空缺；由于这种空缺而包含了权利的内涵。明代成化以后"窝"的出现，与开中制度下"抢上之法"的破坏有关。明代中、后期，从以敕许为强有力后盾的"势要占窝"演化为"盐商占窝"，是徽商大规模"输献"的结果，这对晚明"纲盐"制度之确立具有一定的影响。

关于清代两淮盐政，以往的研究多集中在乾隆以后。笔者则根据此前为人忽视的《圣祖五幸江南全录》等史料认为，康熙皇帝先后六次巡幸江南，尤其是乙酉（1705 年）和丁亥（1707 年）两度南巡，踵事增华，朘削盐商，实已首开乾隆朝铺张排场之风气。为了供奉接驾以及弥缝南巡带来的巨大亏空，江宁、苏州两局织造曹寅和李煦，秉承玄烨旨意，轮番把持两淮盐务，肆意搜刮，以致两淮盐务弊窦丛生——徽州盐商办理年贡、构修官园、蓄养昆班备演大戏等规矩，遂滥觞于康熙朝。由此可见，乾、嘉以后两淮盐务制度上的不少弊病，事实上也就肇端于康熙朝。此后，徽州盐商逐渐控制了两淮盐务的运作。对此，笔者首先根据《历史档案》等杂志新近披露的故宫档案，对徽商与乾、嘉、道的两淮盐务，做了新的研究。指出：到乾隆年间，两淮盐务"总商"制度进一步发展，出现了"首总"，它与康、乾二帝的频繁南巡以及两淮官、商在财务关系上的嬗变有关。由"首总"人选的变动中，我们不难看出各大地域商人在两淮盐务中势力的盛衰消长。接着，我又将两淮盐商组织"务本堂"作为进一步考察的对象。由之发现，清代前期徽商在两淮盐务中占据了首要的地位，对两淮盐政的制定起着举足轻重的作用。"务本堂"的举措之一、周恤桑梓的"月折"制度，就带有浓厚的家族色彩，它使得财力消乏的盐商仍能醉生梦死，衣食无虞，从而维持着一个人数愈益庞大的有闲阶层。关于"月折"制度，学术界此前尚未有专文探讨过，笔者以扬州、淮安一带收藏的乡土史料立论，对之首次作了全面的考释，重点分析了它所反映的乡土背景和文化内涵。认为——"月折"制度的出现，使得盐业经营活动始终停留在家族组织的庇护之下。既然家族具有给予弱者提供保护的经济职能，其后果必然导致商人缺乏持久的从商热情，更丧失了先前那种无远弗届的冒险精神，从而引起两淮盐商寄生性的日益加深。通过对上述制度的考释，笔者认为，"首总"制度、"务本堂"及"月折"制度的出现，昭示着清代前期两淮盐商组织与徽州的家族制度存在着密切的联系。

2. 徽州是一个高移民输出的地区，在明清时期，新安商贾在全国各地随处可见，这早已是众所周知的事实了。然而，有关侨寓徽商土著化的几个问题，仍然十分模糊。其中，"商籍"和"占籍"问题，经常引起混淆。对此，藤井宏先生等日本学者早已注意到，但他们的诠释，显然还值得进一步斟酌。笔者利用徽州方志和档案等史料，从历史政区沿革的角度，对"商籍"和"占籍"问题提出了新的解释——明代两淮"商籍"中无徽商，主要是因为当时安徽与江苏合为南直隶，不符合"商籍"条例。及至清代康熙六年（1667 年）江南省一分为二以后，两淮徽商的"商籍"问题才提上议事日程。但由于传统上该二省仍被视作"江南省"，加上徽商以"占籍"形式参加科举考试，故直到两淮"商籍"被取消，徽商始终未能占据一席之地。

另外，笔者还对徽商以侨寓地为中心重修族谱和重建宗祠，从而由其祖籍地缘转向新的社会圈的轨迹，做了比较详细的探讨，认为：两淮"商籍"中虽无徽商存在，但徽商在苏北各地大量的"占籍"，却关系到徽州商人及其后裔的社会流动，从而大大地影响着徽商利润在本地区的汇集。

接着，笔者对徽州盐商与东南盐业城镇的变迁，作了区域性的观照。首先探讨了作为明清淮鹾中枢的扬州，在明代中叶以后伴随着两淮盐政制度的重大变化，商业职能迅速扩充的过程。在扬州城市化进展的同时，淮安关厢亦趋于繁盛。与广陵相同，淮安河下之盛，也与明代中叶运司纳银制度的确立息息相关。此外，仪征、汉口则作为淮盐的转运中枢，在明清时期得到了迅速的发展。不仅是淮、扬等大城市有徽商西贾麇居，而且滨海荒陬、僻野乡村也都有新安人的足迹。尤其是苏北滨海盐场，徽州盐、典、钱诸业巨商鳞集骈至，促进了当地商业的发展，形成了团、场、坝、市、镇等多层次的市镇类型，为两淮地区盐业的持续发展提供了坚实的基础。在这一过程中，淮、扬城市的地位有了显著的提高。

3. 关于徽州盐商与文化变迁的关系，何炳棣先生所著《扬州盐商：十八世纪中国商业资本主义研究》一文，从讨论盐业组织着手，通过确定盐商数量、估算盐商财产、盐业利润和规模，进而探讨了盐商的生活方式、文化追求和社会流动。余英时先生也曾发表《中国近世宗教伦理与商人精神》等文，阐述了徽州盐商在明清文化发展历程中的地位和作用[①]。在上述研究的基础上，笔者从人文地理的角度，对明清时期东南文化变迁的大势作了研究。指出：自明代成化、弘治以来，伴随着两淮盐政制度的重大改革，大批鹾商麇集扬州，形成了颇具影响的河下盐商社区。通过模仿、消融苏州文化的特质，逐渐掺以徽州的乡土色彩，最终蕴育出独具特色的扬州城市文化。风雅、豪侈的"盐商派"或"扬气"的生活方式，对于明清社会习俗之隆癪，风尚之演替，都产生了深刻的影响。笔者认为，任何一种文化都是多层次的，高层次的精英文化总是植根于较低层次的大众文化之上，从而成为整个文化的表征。东南地区的文化中心城市汇集了本地区较大地域范围内的文化菁华，因此成为主流文化模式的象征。如果说，苏州文化代表了东南传统文化的主流；那么，扬州的城市文化则是自明代中叶以来东南地区新兴的徽州文化之表征，它

---

① 余英时：《士与中国文化》，"中国文化史丛书"，上海人民出版社1987年版。

以集大成的形式成为闭关时代东南地区城市文化发展的顶峰。此后，随着淮、扬城镇的衰落，盐商社区文化也迅速式微。"盐商派"的生活方式逐渐被近代新兴的资本主义洋场文化所取代。原先作为全国文化中心之一的扬州，也就蜕变而为一个地区性的文化中心。这种文化中心地位的沦落，与淮、扬城市地位的变化恰相吻合。

　　应当指出的是，有关两淮盐政、徽州盐商及东南社会变迁的研究，还有很多问题没有解决。譬如，明代中、后期从势要"占窝"演化为盐商"占窝"，其中，徽州盐商究竟扮演着什么样的角色？对此，笔者虽已收集到一些史料，也提出了初步的看法，但离完全解决这一问题，显然还有一定的距离。此外，侨寓徽商土著化、徽州盐商家族在两淮盐业中的商业网络等诸问题，均还有待于资料的进一步搜集和研究。所幸的是，有关明清徽商与两淮盐业的史料为数可观，散见于方志（尤其是与徽商有关的村级方志）、族谱、笔记和文集中的更是浩繁无数，还有苏北各地收藏的一些未刊乡土资料（镇级方志、笔记、竹枝词等），以及近年来《历史档案》等杂志陆续披露的档案史料，也尚待进一步的发掘与利用。这些，都为此后的深入研究提供了丰富、翔实的资料来源。笔者相信，通过扎实的实证性研究，上述诸多问题之解决可望有明显的进展。

徽商与明清两淮盐政

一、从势要"占窝"到盐商"占窝"——明代盐政制度之嬗变

清代著名的小说家吴敬梓，在《儒林外史》第 23 回中，曾借一扬州道士之口说道：

> 我们这里盐商人家，比如托一个朋友在（盐运）司上行走，替他会官，每年几百银子辛俸，这叫做"大司客"；若是司上有些零碎事情，打发一个家人去打听料理，这就叫做"小司客"了。他（引者按：指徽州盐商万雪斋）做小司客的时候，极其停当，每年聚几两银子，先带小货，后来就弄窝子。不想他时运好，那几年窝价陡长，他就寻了四五万银子，便赎了身出来，买了这所房子，自己行盐，生意又好，就发起十几万来。

稍后提及的徽州顾盐商和汪盐商,落座上茶后,也"先讲了些窝子长(涨)跌的话"。

《儒林外史》虽为小说家言,但作者盘桓于清代雍、乾年间的扬州,此书"颇涉大江南北风俗事故,又所记大抵日用常情"[①],故所述徽州盐商靠"弄窝子"及"窝子长跌"致富,颇有可信之处,且于史有征——

> (程鉴,徽州歙县人)相传少年未遇时,流寓扬州,于委巷遇一妪,诘以所苦,告之,故妪出白金二百,属以挂窝必获利,次日携银挂引,获利三倍,由是致富……[②]

所谓挂窝,似即《儒林外史》中的"弄窝子"。

"窝子"也叫根窝、引窝,是明清盐政制度史上最为重要的核心问题。然而,迄至今日,有关"窝"的起源及其嬗变的轨迹,仍然十分模糊。"窝"的原始含义究竟是什么?尽管日本学者中山八郎、藤井宏和佐伯富等先生,均曾专文探讨过,但似乎还没有过圆满的结论。笔者此处拟从语言考证入手,指出——"窝"字直接渊源于元明时期的北方俗语,盐务中的"窝"与俗语中的含义并无多大的区别,都表示空缺;由于这种空缺而包含了权利的内涵。明代成化以后"窝"的出现,与开中制度下"抢上之法"的破坏有关。从以敕许为强有力后盾的势要"占窝"演

---

① 光绪十一年(1885年)黄安谨《儒林外史评》序,原载宝文阁刊本《儒林外史评》。

② [清]李元庚:《山阳河下园亭记》"且园"条。

化为盐商"占窝",与徽商大规模的"输献"有关。

（一）释"窝"

关于"窝"的研究，早在 20 世纪 30 年代，日本学者加藤繁博士就曾指出：

> ……（引窝）并不始于清代，而是于明代的某一时期起已很盛行，至明末就作为一种习惯而形成制度……[1]

1940 年，中山八郎教授撰文认为："窝"字的出现，是随着成化以来势要奏请而逐渐演化成的一种中盐的权利。不过，他又表示：

> ……为什么用"窝"来表示中盐的权利？这……还需要从语言文字学的角度进一步加以考察。但"窝"的出现，是随着成化初年以来势要奏请而逐渐演化成一种中盐的权力，人们才把这一权利称为"窝"的，这一点大概没有疑问……[2]

显然，中山氏还缺乏语言文字学方面的有力佐证。有鉴于

---

[1] 《关于清代的盐法》，载《史潮》七、一，后为《中国经济史考证》（下）所收。

[2] 《开中法和占窝》，刘淼译自《池内博士还历纪念东洋史论丛》，1940 年，收入刘淼辑译《徽州社会经济史研究译文集》，黄山书社 1987 年版。

此，1962 年，藤井宏先生就从"窝"字的含义入手，试图解释"窝"字的起源问题。他不同意中山氏的结论，认为"窝"字不包含权利的意思。他驳诘道：

> ……既然把"窝"当作一般的权利，那么明代盐法之外的有关权利方面，也应该看到有相同的表述，也可以用"窝"字来表示，但这种佐证，迄今未见。因此，如果认为窝是一种权利，但又不是一般的权利，那就必须把"窝"字所包含的特殊权利的内容解释清楚……①

经过一番考证，藤井宏先生认为，"窝"字通"窠"，表示"虚名"或"空名"。此后，这一观点似已成了定论。

不过，藤井宏的结论有必要重新加以检讨。

首先，他根据《辞源》《辞海》《中华大字典》和诸桥《大汉和辞典》等书，认为"窝"字释文各条均未有表示权利的含义，从而遽下断语说：

> "窝"字本身并不具有权利的含义，而是在明代成化初年出现，并仅仅限于开中法使用的概念。

殊不知"窝"字并非书面语，从上述诸辞典入手探求其含

---

① 《"占窝"的意义及其起源》，刘淼译自《清水博士纪念明代史论丛》，东京大学株式会社 1963 年版。译文收入刘淼辑译《徽州社会经济史研究译文集》，黄山书社 1987 年版。

义，并不能解决问题。在我看来，研究"窝"字的内涵，当求诸元明北方俗语。《金瓶梅》第 60 回：

> 文嫂儿道："我猜着你六娘没了，一定教我去替他打听亲事，要补你六娘的窝儿。"

"窝儿"亦即"窝"，意谓空缺、缺额或位置；"儿"是名词词尾，无义[1]。捃诸史实，明代盐务中出现的"窝"字，有"占窝""买窝""卖窝"和"卖窝钱"等几种形式。其中最为常见的"买窝"一词，并不像藤井宏先生所说的那样是"随着窝的买卖活动"才"得以流传"的，而是早在元代就已出现。元人李行道《灰阑记》四【甜水令】白：

> 小的买窝银子，就是这头面（妇女的妆饰品）倒换来的。

同剧一【天下乐】白：

> 我如今将这头面，兑换些银两，买个窝儿做开封府公人去[2]。

---

① 顾学颉、王学奇：《元曲释词》，中国社会科学出版社 1988 年版，第 568 页"窝（儿）"条。另，《红楼梦》第 60 回："我听见屋里正经还少两个人的窝儿，并没补上。"亦为一例。
② 《元人杂剧全集》第 8 册《李行道杂剧·包待制智赚灰阑记》，金陵卢氏饮虹簃辑本，贝叶山房张氏藏板。

由此我们不难得出下列结论——第一，买个公差需要银两，这种做法称为"买窝"或"买个窝儿"，也就是买个公差的空缺或位子。这与盐务中的"买窝"，实际上是相同的表述。民国时期的盐政史家林振翰曾说，根窝"殆如书吏之窝缺"①，显然是相当有见解的看法。第二，元代北杂剧崛起于今山西、河北一带②，《灰阑记》的作者李行道就是山西绛州（今新绛县一带）人，其作品中使用的当即山西西南部（今曲沃、稷山、新绛、绛县、翼城、垣曲、闻喜等县地）的方言。在这里，不仅早在元代就有"买窝"一词的出现，而且及至明代，开中法最早就在山西施行，九边重镇大同和太原也均在山西，因此，盐务用语直接源于方言俗语，并非毫无可能。这是因为：早期的开中大商多是秦、晋富贾，如三原梁氏，山西阎氏、李氏，河津、兰州刘氏，襄陵乔氏、高氏，泾阳张氏、郭氏，西安申氏和临潼张氏等③。其中尤以山西商人最为重要。襄陵（今临汾市西南）、河津（今县）二地，与《灰阑记》作者的籍贯——绛州地望相近。上述这些山西和陕西各地，后来都是蒲剧（蒲州梆子、也称山陕梆子）流行的地方，在方言分布上基本上相同④。显然，出现这种相同的表述，绝非偶然的巧合。第三，"窝"有时也作"窝子"，如《儒林外史》第17回"说在集上赶集，占了他摆摊子的窝子"。

---

① 林振翰：《盐政辞典》，中州古籍出版社1988年版。
② 参见张庚、郭汉城主编：《中国戏曲通史》第2编"北杂剧和南戏"，中国戏剧出版社1980年版。
③ 嘉庆《江都县续志》卷12。
④ 参见周振鹤、游汝杰：《方言与中国文化》，上海人民出版社1986年版。

另，同书第 23 回，"窝子"也指盐务年窝碎单——当年的行盐凭单。前述吴敬梓笔下的盐商，一见面谈的便是"窝子长跌"的话，他们整天关心的就是如何"弄窝子"。所谓"弄窝子"，也就是前述的"买窝"。这种表述的形成，有其一定的历史背景。明代弘治年间，运司纳银制度确立，赴边开中之法破坏，大批山西、陕西富民内徙淮、扬。所以，早期的扬州盐商主要是秦、晋商贾。据载，嘉靖三十三年（1554 年）前后，在扬州的西北盐商及其家属就达五百名以上①。嘉靖三十四年（1555 年），倭寇侵掠扬州，"外城萧条，百八十家多遭焚劫者"②，"钞部、鹾司几不守"③。当时，就是根据侨寓扬州的陕西人何城之建议修筑新城的④。嘉靖三十七年（1558 年），倭寇再度进犯扬州，听到城埤间多是西北口音，以致误以为是三边劲旅⑤。可见，在当时的扬州，山西和陕西商人扮演着重要的角色。因此，《灰阑记》中"买个窝儿"式的表述，完全有可能传入扬州。《儒林外史》中"窝子"既在俗语中表示一般的摊位，又指盐务中的根窝碎单，其背景应当就在于此。这再一次说明，盐务中的"窝"和俗语中的"窝"字含义并无二致。

其次，藤井宏释"窝"为"虚名"或"空名"，是基于明代盐务中有大量诡名占中的记载。他认为：

---

① ［明］郑晓：《端简郑公文集》卷 10《擒剿倭寇疏》。
② ［明］何城：《扬州新筑外城记》，乾隆《江都县志》卷 3《疆域·城池》。
③ 万历《江都志》卷 17《选举·名贤传第四下》"何城"条。
④ 乾隆《江都县志》卷 20《亮绩》。
⑤ 嘉庆《两淮盐法志》卷 44《人物二·才略》"阎金"条。

……占窝现象的出现，是成化初年势要和他们相结托的奸商等，于开中法实施之前，并不通过户部而直接奏请，由敕许而获得上纳粮草权，这部分被敕许的上纳权，却落到势要们所开列的空名、虚名上①。

　　但从史料上看，最早通过敕许获得上纳权的，用的却是实名。如《明宪宗实录》卷37成化二年十二月甲寅条载——

　　有吕铭等八人，投托势要奏：欲运米赴辽东，中成化二年两淮运司存积盐五万五千引。有旨自中出，允之。旧制：中盐，户部定则例，出榜招商，方许中纳，无径奏得允旨者。时马昂为户部尚书，不能执正，盐法之坏自此始。

　　上述的"吕铭等八人"，是见诸记载最早直接通过敕许获得上纳权的商人，他们所用的就是真名。其实，占中用的是真名抑或虚名，只是方式不同，并不关涉"窝"字本身的涵义。从盐政史上看，明代中叶占窝多用虚名，而万历年间纲盐制度确立前后，"窝"用的则是真名。对于这种现象，藤井宏先生无法加以解释，只好含糊地说："窝"字的含义后来逐渐扩大，"甚至发展到紊乱的程度"，"本来作为空名、虚名的窝，不知从何时开始包含实名？"② 这种解释显然十分苍白无力。

<hr>

① ② ［日］藤井宏：《"占窝"的意义及其起源》。

（二）开中法与"占窝"的变迁

笔者认为，根据前引《灰阑记》诸书的表述可知，"窝"字直接渊源于元明北方俗语，盐务中的"窝"与俗语中"窝"的含义并无区别，都表示空缺。明代盐务中"窝"的出现，是与开中制度"抢上之法"的破坏有关。关于"抢上之法"，嘉靖中叶户部尚书王杲在《议处盐粮疏》中指出：

> 其法：每遇开中引盐，拟定斗头，分派城堡，尽数开出，明给榜文，揭之通衢，听有本商人抢先上纳，凡钱粮但以先入库为定，出给实收，先后填给勘合，则商人有资本者虽千、百引不限其多，何待于买窝？其无资本者虽一、二引亦不可得，何窝之可卖？商人上纳之多寡，在其资本之盈缩，郎中等官，虽欲高下其间，亦不可得，既不招怨于人，亦不取谤于己，一举而三益，法无便于此者[①]。

这指的是明代前期正常情况下的开中制度。当时，凡遇缺粮地方，先由户部出榜，定出开中则例（即纳粮的地点、种类、数量以及相应的给盐场分、品种和引数），公开招标，召商输纳。当此之时，盐商谁先上纳粮料，谁就能得到相应的引盐报酬。由于报中名额有限，故有"抢上之法"。这时竞争的机会是平等的，只取决于商人资本之多寡和动作的速缓。盐务官员没有什么机会从中上下其手，因此也不会得罪大官显宦或开中大商而给自己留

---

① 嘉庆《两淮盐法志》卷2《古今盐法议录上》。

下徇私舞弊的恶名——这当然可以称得上是一举三得的"救边良策"。然而，随着时间的推移，此种情况有了一定的变化。原先，明初禁止公、侯、伯以及文武四品以上官员及其奴仆、家人开中盐粮，侵夺民利。此后，这一禁令有所松弛。宣宗时官员以其异姓中盐谋利；到英宗正统年间官员更公然令其家人中盐。不过，当时户部开中奏请权并没有改变，一般百姓上纳粮草报中的自由也并没有丧失。但到成化二年（1466年）吕铭等八人投托势要、通过敕许获得上纳权后，官宦权贵纷纷效尤。据《皇明条法事类纂》卷18"成化四年二月二十四日太子少保户部尚书马等奏题为整理盐法事"曰：

> ……近年以来，有等内外官豪势要之家，纵容家（人）伴当，谋同在京无籍号曰打光棍游食之徒，投托势要门下，馈送金银玩物，巧饬（饰）奏词，捏称某处缺粮，要令弟男子侄或家人前去上纳，以图补报。朦胧奏希幸准，却乃就在京城地方转卖，与那无赖前项之人转卖于有钱商人；或赴问（开）中处所，卖与无势不得中客商，每一千引卖银一百余，或七、八十两，名曰"卖窝钱"，得以满载而归，致使客商垂头叹气而已。

客商之所以"垂头叹气"，是因为权贵动辄中盐数十万引。如吕铭等八人一次中盐五万五千引，马监太监李棠家人一次中盐一万[1]，……。所谓"势要之家奏请官盐，动经万计，以致中纳

---

[1] 《明实录》成化二年十二月。

者怀怨"，即由于达官显宦的包揽，一般商人上纳粮草的自由就被剥夺了。正像弘治末年国子监祭酒章懋所说的那样："近年以来，法久弊生，每遇开中之时，权豪势要之家，诡名请托，占窝转卖，商人不求于彼，无路中纳。"

嘉靖后期胡松在《陈愚忠效末议以保万世治安事》中也说："每岁户部开纳年例，方其文书未至，则内外权豪之家，遍持书札，预托抚臣，抚臣畏势而莫之敢逆，其势重者与数千引，次者亦一、二千引，其余多寡，各视其势之大小而为之差次，名曰买窝、卖窝。……至于躬身转贩真正商人，苟非买诸权豪之家丁，丐诸贵倖之仆隶，则一引半缗，曾不可得而自有。"①

从上述的记载可以清楚地看出，由于每年盐引数量有限，也就是说纳粮名额的空缺有限，一旦势豪抢先将这些名额空缺填满（无论是以何种形式），一般商人就无从上纳钱粮，只得向他们购买，于是出现了"买窝""卖窝"的现象。这种"买窝"与《灰阑记》中"买个窝儿，做开封府的公人"的表述并无二致，实际上就是买个空缺或位子。由于这种空缺代表着中盐的资格，因此包含着权利的内涵。万历年间纲盐制度确立以后，通过登记在册的形式，将这种行盐的资格授予了政府特许的商人。当时有"窝本"之称（后来也称窝根、根窝、引窝、窝底和商人缺底），其含义与最早"窝"的意义一脉相承，绝不像藤井宏先生所说的那样是占窝的一种变态。其中，所谓"窝底"或"商人缺底"，与前述林振翰先生所比喻的"书吏之窝缺"恰相对照，也正是其含

---

① 胡松：《陈愚忠效末议以保万世治安事》，载《皇明经世文编》卷246。

义的最佳注脚。

至于说早期占中的形式多用诡名，完全是因为权贵们奏请敕许上纳的目的在于转手倒卖，而不是由自身贩运，所以随便凑上几个人名以做掩盖，目的是为了抢先将纳粮名额空缺占满，以阻止一般商人"抢上"，从而获得转卖纳粮权资格的权利。及至万历年间，在纲盐制度下，占窝用的是实名，这则是因为当时盐商已获得贩盐的垄断特权，因此毋须采用虚名。这些都说明，占窝用的是虚名还是实名，与"窝"字本身的含义无关。

以上是我对"窝"字的新诠释。然而，有关"窝"的递嬗轨迹，至此并没有完全解决。在《开中法和占窝》一文中，中山八郎教授就曾指出：

> 窝的制度，至明末经过种种变迁，由最初官员势要的中盐权利转化成为商人的特有权利，这个转换过程，尚有待后考。

1962 年，藤井宏先生也认为：

> 在明代中期，边境方面的占窝，是以敕许或者以敕许为伪装前提，但在万历中期以后，两淮盐场所成立的窝和占窝现象，敕许的痕迹几乎看不到。因此，究竟是什么原因使以敕许为强有力后盾的势要占窝演化为盐商占窝，这两者之间又有着什么样的具体联系？这依然是今后需要加以研究的难题。

他在 1986 年撰写的《明代盐商的一考察——边商、内商、水商的研究》中译本序言中再次强调了这一点。笔者在前述考释的基础上，进而提出一个初步的看法——从以敕许为强有力后盾的势要"占窝"演化为盐商"占窝"，与明代中、后期徽商大规模的"输献"有关。

关于"输献"，《明神宗实录》卷 361 记载，万历二十九年（1601 年）七月，两淮税监鲁保"进银内库"，其中"税银一万六千九百三十九两，引价银五万六千两，补解银七百五十两，输献吴时修等银九万两"。"吴时修"为徽商，其"输献"占当时进银总数的一半以上（55%）。类似的例子并非仅见于此。譬如，万历年间歙人吴士奇称：

> 近国有大役，（歙西溪南吴氏）宗人有持三十万缗佐工者，一日而五中书之爵下。

对此，民国时人许承尧所著《歙事闲谭》提供了更为详细的资料。他指出，所谓五中书，《歙志》作"六中书"，"言万历间师征关酉，吴养春上疏，愿输纳银三十万两，诏赐其家中书舍人凡六人：吴时俸、吴养京、吴养都、吴继志、吴养春、吴希元"。其中，从时间及辈分上看，吴时俸与前述的吴时修当为同族同辈人；而带头"输献"的吴养春则世业两淮盐筴，"资雄一乡"[①]。

明代的"输献"，与清代前期习见的"捐输""报效"极为相

---

① 吴吉祜：《丰南志》第 10 册。

似，其用途主要是开支军费和大工程等。清代纲盐制度的发展，与徽州盐商的频繁"捐输""报效"有关；而晚明纲盐制度的确立，显然也与徽商的"输献"密切相关。故《清史稿》卷123《食货四·盐法》曰：

> ……引商有专卖域，谓之引地，当始认时费不赀，故承为世业，谓之引窝。

万历四十五年（1617年），为了疏理盐引，挽救日益严重的盐政危机，袁世振和李汝华共同创行纲法，将先前分散认销的内商组织成商纲，这是明代盐政制度的一次重大变化，它标志着商专卖制的最终确立，为清代纲盐制度的进一步发展奠定了基础。

二、康熙南巡与清代两淮盐务

清代盐法，"大率因明制而损益之"[①]——两淮盐政在道光中、晚期以前，循用明万历年间创行的纲盐制度，由运司招商认窝，领引办课。较之晚明，清代徽商专擅淮鹾之利日趋严重。

自从万历年间纲法确立以后，"窝本"（亦即根窝、引窝）成

---

① 《清史稿》卷123《食货四·盐法》。

了醝商行盐的纲册凭据，无此凭据就没有资格行盐。清初规定，凡商人所认额引，均须按年缴课，照额办运；如有课未缴足，引未运清者，即将该商根窝革退，另募新商接充，欠课则由该商家产追赔；其无力办运者，亦照此章办理[1]。一般认为，由于雍正以后"报效"例开，乾隆年间，每遇国家大庆典或銮舆巡幸，多由盐商捐输，动辄费百数十万两。政府既受此巨贿，势必难以更换新商。于是，"引窝听商得自为业"[2]，两淮盐务遂日趋窳坏。其实，康熙皇帝先后六次巡幸江南，尤其是乙酉（康熙四十四年，1705 年）和丁亥（康熙四十六年，1707 年）两度南巡，踵事增华，朘削盐商，实已首开乾隆朝铺张排场之风气。为了供奉接驾以及弥缝南巡带来的巨大亏空，江宁、苏州两局织造曹寅和李煦秉承玄烨旨意，轮番把持两淮盐务，肆意搜刮——两淮盐商办理年贡、构修官园、蓄养昆班以备演大戏等规矩，遂滥觞于康熙朝。由此可见，乾、嘉以后两淮盐务中的种种弊病，不少也就肇端于康熙朝。

（一）南巡探微

关于康熙南巡，曹雪芹在《红楼梦》第 16 回中，安排了赵嬷嬷和王凤姐的一段对话：

> 赵嬷嬷道："……还有现在江南的甄家，嗳哟！好气派！独他们家接驾四次，要不是我们亲眼看见，告诉谁也不

---

① 参见曾仰丰：《中国盐政史》第一章《盐制》。
② 《清史稿》卷 123《食货四·盐法》。

信的。别讲银子成了粪土，凭是世上有的，没有不是堆山积海的。'罪过可惜'四字竟是顾不得了！"

王凤姐道："……只纳罕他家怎么就这么富贵呢？"

赵嬷嬷道："告诉奶奶一句话：也不过拿着皇帝的银子往皇帝身上使罢了！谁家有那些钱买这个虚热闹去？"

这段对话，显然是曹雪芹假借笔下的赵嬷嬷之口，道出了祖父曹寅四次接驾的真相。除了上述的小说家言外，"康熙、乾隆两朝南巡之文献，今惟存官样文章，至实状实鲜记载"①。的确，在《清实录》《南巡盛典》和康熙《御制文》等实录、政典中，处处可见玄烨煞费苦心的自我表白。由此造成的假象，亦遂迷惑了此后的诸多学者。

那么，南巡的实际情况究竟如何呢？有一部重要的史料，迄今尚未受到论者的重视。那就是在晚清时人汪康年编辑的《振绮堂丛书初集》中所保存的一卷传钞本——《圣祖五幸江南全录》。据书后题跋可知，该书不著撰人名氏，是汪康年于壬辰（光绪十八年，1892年）入京会试时所见，并移写而成——

是书虽记巡幸，然旁见侧出，颇足考见当时情事。……至著书之人得按日记载，自是随扈之人；但书中屡有"探闻"字样，则亦非得日近天颜，疑是京僚之奔走王事者。细读全书，虽于叙事外不著一语，然颇有言外之意，盖有心

---

① 铢庵：《康乾南巡实况》，见《人物风俗制度丛谈》。

者，惜姓名不可考矣。

汪氏此跋作于宣统二年（1910 年），此时清室虽已处于风雨飘摇之际，但许多话似乎还不便明说。笔者认为，他所指的原书的"言外之意"，实际上就是该书的史料价值所在——亦即翔实地记录了康熙第五次南巡对沿途官吏商民的盘剥。

康熙四十四年二月初九日（1705 年 3 月 3 日），玄烨自京师南下，经扬州、江宁、苏州、松江、杭州等地，到闰四月二十八日（1705 年 6 月 19 日）还京，此次南巡时间长达 109 天。从《圣祖五幸江南全录》的记载来看，这次南巡途中康熙一路上接受大小官员、商人和乡绅、百姓的贡奉不下 60 次。其中，徽州盐商之献媚邀宠，更是时常可见：

（康熙四十四年三月十一日）至晚抵扬州黄金坝泊船，有各盐商匍匐叩接，进献古董、玩器、书画不等候收。扬州举人李炳石进古董、书画不等，上收《苏东坡集》一部。

（十四日）又扬州府盐商进古董六十件，又进皇太子四十件……

（二十五日）商人薛天锡等赴行宫，叩进万寿龙袍褂并古董八色。苏大人传旨："皇上看视古董，收成窑红鱼把碗一对，余未收。"

……

此次南巡，康熙是沿着大运河南下。"圣驾至乌沙河，有淮安绅衿百姓备进万民宴，又盐场彩亭七座迎接"（三月初九日）。乌沙河是淮北盐运通道，"万民宴"及"盐场彩亭"均系淮安河下徽州盐商所备。江苏巡抚宋荦在《西陂类稿》卷17《迎銮三集·康熙乙酉扈从恭纪七首》中写道："凌晨望淮郡，列鼎香烟浮。"原注云："百姓列大鼎焚香迎驾，数里不绝。"抵达扬州宝塔湾，两淮"众盐商预备御花园行宫"，演戏摆宴。至晚上戌时，"行宫宝塔上灯如龙，五色彩子铺陈，古董诗画无记其数，月夜如画"（三月十二日）。康熙一行船队经过浒墅关时，"有苏州生员、耆老等及故事、抬阁并官兵迎接圣驾，沿途河边一带数里设戏台恭迎"（三月十七日）。……从《圣祖五幸江南全录》来看，类似于此沿途排列十里、三十里接驾的场面相当之多，布置也颇为奢靡。例如到苏州时，城内百姓家家门前"各设香案和过街五彩天篷，张灯结彩恭迎"（同上）。到杭州，由新马头起至城内行宫一带，"有绅衿、士民，盐、木二商，缎、布匹、各典商，在大街一带盖造彩亭、牌坊十余座，又两岸居民挨户悬灯结彩，摆设香案迎接"（四月初三日）。当时参与供邀宸赏的，不仅有杭州当地人，还有来自浙东的山阴县（今绍兴一带）百姓，他们"备清吹，灯舟周围俱结灯彩，牌坊内有孩童、女子，扮王母蟠桃、八仙叙会、福禄寿三星故事，来省恭迎圣驾"（四月初九日）。康熙所经过的城郭、村镇、上下马头，俱搭五彩牌坊，桥梁则搭盖天篷。在巡幸时，各地商人必须跪迎圣驾。另外，因皇帝銮驾经过各关，"商贾未免少阻"，以致各关税银都有短缺，所以对当时的商况市景均有较大的影响。

对于南巡的排场，从文献记载上看，玄烨的态度颇为模棱两可。康熙四十一年（1702 年）八月在一份给心腹李煦的硃批中曾指出：

> 朕九月二十五日自陆路看河工去，尔等三处，千万不可如前岁伺候。若有违旨者，必从重治罪[①]。

所谓"尔等三处，千万不可如前岁伺候"，当指第三次南巡时的排场；而"若有违旨者，必从重治罪"，则显示了康熙似乎对南巡过分的排场意有未惬。但在实际上，后一句话显然只是口头上说说而已。以第五次南巡为例，康熙行至松江，有"士民老人及提、标官兵沿塘站队二十里叩迎，又有抬阁十六座及舞花、踹高、去钹、走马等项，皇上观看甚悦"；行幸洋坝头大街一带，"见有两岸居民俱排设香案，悬灯结彩，又有仁、钱二县耆老、民人执香，呈献时果、蔬菜跪迎，皇上甚喜"；驾至孝陵卫，八县盐商薛天锡等搭彩棚、牌坊迎接，"皇上甚喜，问：'什么人？'回奏是江宁府食盐商人，皇上笑容满语（面？）而过"；幸报恩寺，路过三山街，见伍家牌楼、彩棚，"圣驾甚喜"；回銮过扬州时，御舟到三岔河，江宁织造兼盐院曹寅带扬州盐商项景元等叩请康熙上岸进行宫游玩，"御花园行宫，众商加倍修理，添设铺陈古玩精巧，龙颜大悦"；又因松江城"灯彩更胜他处，传旨赐江提张克食二盘、绫字一幅、玻璃古玩"……

从《圣祖五幸江南全录》来看，除了"甚喜"或"大悦"

---

① 《李煦奏折》第 21 页，二六折，《请安并遵旨已为串客张本官纳监折》。

外，对南巡时秉承旨意供奉接驾的官员，或加官晋爵，或赏赐珍玩，这无疑只会助长铺张排场之风愈演愈烈。乾隆时人李斗在《扬州画舫录》卷1中说过：

> 乾隆辛未、丁丑南巡，皆自崇家湾一站至香阜寺，由香阜寺站至塔湾。其蜀冈三峰及黄、江、程、洪、张、汪、周、王、闵、吴、徐、鲍、田、郑、巴、余、罗、尉诸园亭，或便道，或于塔湾纤道行幸，此圣祖南巡例也。

如果我们将《扬州画舫录》中的有关记载，与《圣祖五幸江南全录》比照而观，就不难看出"圣祖南巡例"对乾隆南巡的影响。

康熙第五次南巡，是由江宁织造兼盐院曹寅和苏州织造李煦为首负责接驾。正像《红楼梦》中所说的，"把银子花的淌海水似的"。关于第五次南巡究竟花费了多少银两，史无明文。不过，在扬州一地的开销，玄烨自己有过一番估算：

> （三月十三日）皇上行宫写字，观看御笔亲题："朕每至南方，览景物雅趣、山川秀丽者，靡不赏玩移时也，虽身居九五而乐山水之情，与众何异？但不至旷日持久，有累居民耳。所以一日而过者，亦恐后人借口实而不知所以然也。至茱萸湾之行宫，乃系盐商百姓感恩之至诚而建起，虽不干地方官吏，但工价不下数千。尝览汉文帝惜露台百金，后也称之，况三宿所费十倍于此乎！"

"茱萸湾"又叫"宝塔湾"或"塔湾"。康熙三十八年（1699年），玄烨奉皇太后銮舆偕行，见茱萸湾之塔"岁久寝圮"，据玄烨自撰的《高旻寺碑记》称，当时，他"欲颁内帑略为修葺"，但"众商以被泽优渥，不待期会，踊跃赴功，庀材协力，惟恐或后，不日告竣"。似乎是盐商急公好义，主动出赀、出力修成，而并非出自玄烨本意。然而，根据故宫博物院披露的《关于江宁织造曹家档案史料》，茱萸湾之塔，实是康熙"降旨命盐商修建"[①]。至于茱萸湾行宫，康熙四十三年十二月初二日（1704年12月28日），江宁织造曹寅在《奏摹高旻寺碑文折》中指出：

> 所有两淮商民顶戴皇恩，无由仰报，于臣寅未点差之前，敬于高旻寺西起建行宫，工程将竣。群望南巡驻跸，共遂瞻天仰圣之愿。

这显然是为康熙第五次南巡做准备。玄烨在"工程将竣"时砯批曰："行宫可以不必。"然而，在第五次南巡尚未结束的康熙四十四年闰四月初五日（1705年5月27日），总管内务府等衙门就钦遵上谕曰：

> 当经臣等会议得：曹寅等在宝塔湾修建驿宫，勤劳监修，且捐助银两。查曹寅、李煦各捐银二万两，李灿捐银

---

① 《关于江宁织造曹家档案史料》第30页，二五折，《内务府等衙门奏曹寅李煦捐修行宫议给京堂兼衔折》。

一万两。彼等皆能尽心公务，各自勤劳，甚为可嘉，理应斟酌捐银数目，议叙加级；惟以捐银数目过多，不便加级，因此请给彼等以京堂兼衔，给曹寅以通政使司通政使衔，给李煦以大理寺卿衔，给李灿以参政道衔，通州分司黄家正，于修建驿宫时，既很勤劳，请加二级。台州分司刘日辉、淮安分司金浩林，来文中既称亦甚勤劳，请给刘日辉、金浩林各加一级①。

由此可见，曹寅、李煦被分别授予通政使司使衔、大理寺卿衔，主要是因为他们"在宝塔湾修建驿宫，勤劳监修"的缘故。对照前述"行宫可以不必"的硃批，可知康熙四十一年八月"若有违旨者，必从重治罪"的硃批，显然只是半推半就的做作。再者，康熙末年，扬州天宁寺行宫奉旨修理，一次就花去商捐银 14200 两办料兴工②。而根据康熙的估价，偌大的一座茱萸湾御花园行宫之造价却"仅仅工价不下数千"，这与实际情形未免相距得太离谱！茱萸湾行宫位于扬州城南的三岔河（即三涂河，亦称三汊河），"三汊河干筑帝家，金钱滥用比泥沙"——"帝家"也就是行宫，倒是这首《竹西词》道出了其中的真相③。康熙四十四年（1705 年），据曹寅呈称，当时不少盐商都出赀修建驿宫，但因工程甫竣，"各商出银数目，尚未结算，倘急于记档

① 《关于江宁织造曹家档案史料》第 30 页，二五折，《内务府等衙门奏曹寅李煦捐修行宫议给京堂兼衔折》。
② 《李煦奏折》第 284 页，三九七折，《与曹頫等重修天宁寺佛像折》。
③ 张符骧：《张海房先生自长吟》卷 10，转引自王利器先生《李士祯李煦父子年谱》第 277 页。

造报，恐致差误，恳请转奏，请俟另缮清单具奏"。这份"清单"目前我们无从寓目，也就并不清楚修建茱萸湾行宫，盐商究竟花费了多少钱财。不过，此次曹寅、李煦二人为建行宫各捐银二万两，李灿捐银一万两，单单是盐务等官员的捐资就已达五万两，盐商的花费还不知道要多少！

康熙六度南巡，尤其是最末两次，造成了江南的巨大亏空，从而对两淮盐政产生了重大的影响。

（二）徽州盐商与康熙南巡

1. 民国时期的盐政史家曾仰丰先生，在所著《中国盐政史》第一章《盐制》中指出：

> 洎乾隆时，用度奢广，报效例开，每遇大军需、大庆典、大工程，淮、芦、东、浙各商捐输，动辄数十万至数百万。加以南巡数次，供应浩繁，差费取给，出自商捐者居多。国家因盐商勇于报效，于奖给职衔外，复加优恤，初则准其"加价"，继则准其"加耗"，以资调剂。然加价徒以病民，盖一加之后，不能复减，人人皆受其累也。加耗徒紊盐法，盖盐商藉口加耗，捆载大包，任意多带，夹带日多，正盐日壅，盐法遂至败坏。其时商本偶缺，内府亦尝发帑金数百万，给商领借，俾资周转，谓之帑本，商交息银，谓之帑利，课项带征，款项愈繁，积欠愈多，各省盐务皆有不可收拾之势。说者谓前清盐法坏于乾隆一朝，而其致病之原实"报效"二字为阶之厉，诚笃论也！

其实，上述的报效之例，以及奖给职衔、加价、赏借帑本诸端，均滥觞于康熙朝。嘉庆《两淮盐法志》卷44《人物二·才略》载：

> （徽州盐商程量入）长子之韺，家象六，嗣为商总二十年。康熙十三、四年间，军兴旁午，商众捐资助饷，悉取办于之韺。

这是遇大军需盐商捐输、报效的例子。瓜洲是玄烨翠华临幸的必经之地，康熙五十五年（1716年），瓜洲花园港息浪庵因海潮冲刷，两淮盐商两次公捐银24万两①，则是遇大工程报效之例。当时，玄烨对盐商的捐输、报效还比较慎重。如康熙五十七年（1718年），两淮盐商江楚吉等称：

> 数十年来，商人仰沐圣恩最深最重，乃从古之所未有，自愧无可报效，虽于瓜洲河工两次捐银二十四万两，蚁忱犹不能自安，今情愿于西边军需再捐银一十五万两。但此项银两一时未能齐全，请照瓜洲河工捐银之例，于运库借出解部，分五年补完。

对此，康熙硃批曰："此折断然行不得。西边用银，即可以

---

① 《李煦奏折》第238页，三二〇折，《瓜洲花园港一带须做埽工商人愿再捐银折》，康熙五十六年十一月二十七日。

发库帑，何苦五年分补，皆因奸商借端补亏之法耳。"[1] 不过，值得注意的是，据盐商江楚吉奏称，瓜洲河工捐银之例是由运库借出解部、分五年补完，这已首开"举库帑以借捐输"之先声。两淮官、商在财务上关系的紊乱（即所谓的"附库于堂"，"库"指运库，"堂"指务本堂）以及"总商"制度的日益发展，就与此种背景有关[2]。

前文述及，两淮盐商修建宝塔湾行宫，以供奉康熙南巡。为了酬答输诚，康熙四十四年（1705 年）传谕大学士、内务府总管和吏部：

> 此皆盐商自身出银建造者。著问曹寅，彼等出银若干，议奏给以虚衔顶戴[3]。

除了奖给职衔外，盐商们还得以在两淮行盐区内高抬盐价。康熙四十四年十月，李煦在《接任两淮盐差日期并进冬笋折》所附条奏中指出：

> 凡物之价，皆自能随时贵贱，况两淮行盐之地各有远近，且有水陆盘驳等费之不同。……乃今行盐各省督、抚，

---

① 《李煦奏折》第 252 页，三三六折，康熙五十七年闰八月初二日《两淮商人愿捐军需银两于运库借出解部分五年补完折》。

② 关于这一点，参见拙文《清代两淮盐务首总制度研究》，载《历史档案》1993 年第 4 期。

③ 《关于江宁织造曹家档案史料》第 30 页，二五折，《内务府等衙门奏曹室内李煦捐修行宫议给京堂兼衔折》，康熙四十四年闰四月初五日。

以为价高则病民，往往出示，禁抬盐价。……商人一逢示禁，即受亏本之大累矣①。

因此，他主张由皇帝出面干预。此折未见硃批，但李煦在康熙五十七年（1718年）闰八月《请谕江西巡抚白璜勿禁盐价折》中又指出：

> 窃思物多则贱，物少则贵，此自然之理。近来仰赖万岁天威，私盐甚少，官盐大行。商人因口岸盐少，偶增数厘，亦情事所有。……然而地方官到任，必指称病民，严禁增价。……若一禁价，则商本亏折，课从何来？是禁价一事，于国课大有害也。康熙四十四年钦奉恩旨，盐价准随时销售，商民俱各称便。
>
> 今江西抚臣白璜到任之后，即禁盐价，于是淮商畏惧，众情不安。奴才据实奏闻，叩求万岁俟抚臣有折子到时，谕其培植行盐商人，则抚臣自不敢禁价，而国课商资，均有攸赖矣，伏乞圣鉴②。

此折尾亦无硃批。但康熙四十四年一折入奏后，玄烨曾准盐商加价，却可确认无疑。

康熙四十二年（1703年）玄烨第四次南巡，赏借两淮商人库银100万两。康熙四十四年第五次南巡至天津：

---

① 《李煦奏折》第28页，三三折。
② 《李煦奏折》第252页，三三七折，康熙五十七年闰八月初九日。

西岸有百余人跪着。上问："岸上甚么人？"

……

有答应的云："是天津各盐商昨迎接过圣驾的，今日具本求照两淮之例，借帑百万。"皇上传旨云："去年众商已借过几十万了，两淮盐课多，且商人殷实体面，也止借一百万，你长芦盐课少，且商人零星，借这几十万，俟完过再借罢。本章不收。"……

由于"帑本"较市面上一般的高利贷利息要低一些，因此赏借"帑本"，具有一定的培植商膏的意味。不过，它对盐政制度所产生的负面影响却也难以忽视。康熙四十九年（1710年）二月，织造、巡盐御史曹寅奏言：

两淮从前积欠，四十二年蒙敕，借帑一百万。四十四年臣到任时，将新欠具奏，又蒙恩准带征一百二十万两。四十五年，又令臣等于五年内每年带还二十三万，今年方得清结。臣旧年交代新、旧存库各课银共三百一十七万余两，现奉部拨一百三十七万余两，仍存一百七十余万两，今年春、秋二季或再拨五十万，则所存只百余万两；若再多拨新课，四课同时督催，商力不无困乏。求将己丑一纲新钱粮提起，分作五年带纳，或将一纲钱粮内，只提起一百万，分作五年带纳，则旧课既可督催，而新课亦不致交混[①]。

---

① 嘉庆《两淮盐法志》卷40《优恤》。

"己丑"也就是康熙四十八年（1709年）。康熙五十四年（1715年），又题请癸巳（1713年）缓运引课，自乙未纲（即1715年）起至己亥纲（1719年）止，分五纲带销。因课项带征，款项繁杂，盐商积欠颇多，这使得康熙末年的盐务极为梦乱。雍正元年正月初一日（1723年2月5日），谕道员曰：

> ……盐道一官，尤关国课。迩年盐法，弊窦丛生，正项钱粮，每多亏欠，一由上下各官需索商人，巧立名色，诛求无已，穷商力竭，不得不那（挪）新补旧，上亏国课，高抬盐价，下累小民，至于官盐腾贵，贫民贩卖私盐，捕役斗殴，株连人命，流弊无穷[①]。

所谓"正项钱粮，每多亏欠"，指的就是存在亏空的情形。这对清代纲盐制度的发展，有着较大的影响。

如所周知，自晚明万历年间以来，中国的盐政制度进入了商专卖阶段。在纲盐制度下，"引窝"有世袭的倾向。但清初实行"滚总"之法，"公取资重引多之人，佥二十四名，尽以散商分隶其下，一切纳课杜私，皆按名责成"[②]。从理论上讲，如果某位盐商无法纳完盐课（当时称为"乏商"），便会被从当年纲册上除名。但由于盐务中分纲带销的长期存在，这一规定便无从具体实施。这为"根窝"世袭成为事实，提供了有利的条件。据《清高

---

① 《世宗宪皇帝御制文集》卷1，转引自王利器先生《李士桢李煦父子年谱》第502页。
② 乾隆《两淮盐法志》卷14《课入八·奏销》。

宗实录》卷 739 记载：

> 盐商办引裕民，原贵殷实之户，其无资本巧其利者，是
> 名盐蠹。

当时，有人建议，定出"四季查销之法"，"如首、二两季之
盐尚未运毕者，即行提比。至四季已竣，而犹有未运之盐，即系
虚滚之引，宜严究追出，分给急公商人，以示鼓励，以清年额。
如此按季查销，则引课皆有着落，而向来无本虚滚名引之人，自
无容有藏匿。"[①] 但在事实上，从康熙以来借库帑以充报效、分纲
带销的长期存在，势必使得这项规定成为一纸空文。由此，盐务
"总商"制度在康熙以后得到迅速发展的趋势，也就不难理解了！

2. 江宁、苏州两局织造是由皇帝亲自任命的内务府包衣充
任，系康熙的亲信耳目。康熙六次南巡，多次以两局织造衙署为
行宫。康熙四十三年（1704 年），户部覆准：

> 两淮盐课事务，请照江宁、苏州织造郎中曹寅、李煦所
> 请，令其轮流各兼理一年[②]。

此后，康熙又屡屡破格，谕允曹、李二人轮番长期把持两淮
盐务。康熙南巡带来的巨大亏空，由江、苏二局织造兼理两淮巡
盐御史弥缝，主要经费均出自盐务，这显然加重了两淮盐商的

---

① 《清高宗实录》卷 739，乾隆三十年六月二十九日。
② ［清］吉庆：《两淮盐法志》卷 23《官制》。

负担。曹寅于康熙四十九年（1710 年）十月接任两淮巡盐御史，当时"新旧共该存库银二百八十八万二千余两"，迄至康熙五十年（1711 年），据曹寅指称：

> 已完过九十万两，现在上纳尚该银一百九十余万，易完者十分之九，不能完者十分之一，皆有通河保状，即不能完，众商人为之摊补，非比有司地丁、漕项悬欠，或少缓惰不征，即成实在亏空，难以追赔①。

"通河"是扬州一带的俗语，指广陵新城东偏和南隅的河下盐商麇居区。可见，亏空的大部分均落到淮南盐商的头上。李煦在康熙五十年（1711 年）六月十三日奏折中也指出，当时"两淮运库，除旧欠中已经征收外，尚有一百三十七万两未完"。他提出的对策是：官、商分认，三年带征，"于商人名下催完六十七万两，臣等代商人捐补七十万两"②。李煦所指的"臣等代商人捐补"银两，是指他和曹寅兼理两淮盐务应得的"余银"，实际上也就是盐务官僚在盐课之外对盐商的额外需索——这一款项事实上也就出自盐商。康熙三十八年（1699 年）康熙曾下旨：

> 惟各盐差、关差，向因军需繁费，于正额外，令在差员以所私得赢余，交纳充公，念各官孰肯自捐私橐，势必仍行

---

① 《关于江宁织造曹家档案史料》第 81 页，七五折，《江宁织造曹寅奏设法补完盐课亏空折》，康熙五十年三月初九日。
② 《李煦奏折》第 96 页，一二〇折，《地方官员情形及设法补完库欠折》。

苛取，商瘠民困，均坐此弊。著得加增银一概停罢，以纾商民之累。

然而，这对两淮盐务而言，却不过是一纸空文。因为自从康熙四十三年（1704 年）开始，江、苏二织造兼理两淮盐务，原先的陋规便成了制度化的余银惯例，每年约数十万，向商人需索。

从盐政史的角度来看，两淮盐务收支当属国家户部掌握，明万历皇帝派出大批税监前往各地收括财富，其中就由太监鲁保监理两淮盐务。由内臣直接插手两淮盐务，造成了户部财务上的混乱和损失。这在当时，曾遭到许多朝臣的反对。换言之，内臣插手盐务应是盐政管理的一种变态。然而，自从康熙南巡以后，两淮盐务就一直由内务府包衣控制，这必然导致下列的后果——清代官场上虽然贪污成风，但内务府包衣在聚敛财富方面更是贪得无厌。根据清人的描述，他们普遍贪财好货，更使得两淮盐政弊窦丛生。雍正二年（1724 年）丙午上谕就曾指出：

> 朕前于关、盐两差各下谕旨，告诫谆切。但旗员向来相沿成习，阳奉阴违，任意侈靡，不知撙节，额外加派，苦累商民。……盐差之弊，尤合重惩，……加派陋规，弊之在官者更大，若不彻底澄清，势必致商人失业，国帑常亏。夫以一引之课，渐添至数倍有余，官无论大小，职无论文武，皆视为利薮，照引分肥，商家安得而不重困？赔累日深，则配引日少，配引日少，则官盐不得不贵，而私盐得以横行，故

逐年之课，难以奏销，连岁之引，尽皆壅滞，非加派之所致欤？①

据乾隆五十九年（1794 年）董椿奏报，两淮盐政一切用度，皆取给于盐商，每天由商人供应 120 两，通计每年竟达 43000 多两②。对于盐官的奢侈，晚清时人金安清亦曾指出：

> 起居服食之美，昔以旗员为最，盖多供奉内廷，无往而不当行出色也。以余所见之两淮盐政、淮关监督，嘉道以阿克当阿为极阔，任淮醝至十余年，人称阿财神。过客之酬应，至少无减五百金者，交游遍天下。……阿之书籍字画三十万金，金玉珠玩二三十万金，花卉食器几案近十万，衣裘车马更多于二十万。僮仆以百计，幕友以数十计，每食必方丈，除国忌外鲜不见戏剧者。即鼻烟壶一种，不下二三百枚，无百金以内物，纷红骇绿，美不胜收。真琪瑀朝珠用碧犀翡翠为配件身者，一挂必三五千金，其腻软如泥，润不留手，香闻半里外。如带钩、佩玉，则更多矣。司书籍之仆八人，随时装潢，补订又另有人。宋、元团扇多至三千余，一扇值四五两，乃于数万中挑检而留之者。……饮馔中他不具论，四月中鲥鱼上市，必派数小艇张网于焦山急流中，上置薪釜，一得鱼即投釜中，双桨驰归，至平山则其味正熟，与

---

① 《清世宗实录》卷 16。
② 光绪《两淮盐法志》卷 7《王制门·德音下》。

亲在焦山烹食者无异。其豪侈皆此类……①

由于盐务官僚的奢侈消费，形成了大批服务性人口依附两淮盐政衙门的状况。据道光中叶陶澍的调查报告显示，当时盐务衙门附属有"匠作、结彩、凉篷、联额、作坊、坐船、浴室、桥旗、扑毡、掉桥、厨夫、药匠、钟表、装潢匠等项"，衣食住行各类侍候人等，一应俱全②。由于办公办贡的需要，两淮盐政时常承办宫廷的奢侈消费器物。例如，现存的乾隆三十六年（1771年）六月部分宫中进单所记各地的进贡家具，就有两淮盐政李质颖所进的"紫檀间斑竹万仙祝寿三屏风"等物。在清代，扬州有"周嵌"之法——木嵌家具，有专门的匠作、作坊承接该项业务。如嘉庆十九年（1814年）圆明园新构竹园一所，有旨命两淮盐政承办紫檀装修大小二百件。嘉庆二十二年（1817年），圆明园接秀山房落成，又下旨命两淮盐政承办紫檀窗棂二百余扇，鸠工多达一千余人③。道光年间，陶澍密奏请裁盐政归总督管理以统一事权。于是，扬州士大夫、无藉小民，谤口纷滋，"盐院之隶役，无不汹汹"，几几乎酿成事端。时人李兆洛指出，裁撤盐政之举惹怒众人乃势所必至。因为"闲民之生计在此，百姓之所便在此，夺其所生，违其所便"④。众多依倚衙门为生者，成为盐政改革的一大阻力。

---

① ［清］金安清：《水窗春呓》卷下《阿财神》。
② 《陶文毅公全集》卷12《恭缴盐政养廉银并裁盐政衙门浮费折子》。
③ ［清］钱泳：《履园丛话》卷11《艺能·周制》。
④ 蒋彤：《李申耆（兆洛）年谱》，第130页。

3. 清代皇帝多喜好戏剧。对此，著名的历史学家陈寅恪先生在《柳如是别传》一书中就曾指出：

　　……顺治七年末、八年初，清人似有点取强夺秦淮当时乐籍名姝之举。此举或与世祖之喜爱戏剧有关 ①。

与乃父相同，康熙皇帝南巡时亦时时不忘征歌逐宴。以第五次南巡为例：

　　（康熙四十四年三月初九日）皇上行宫演戏十一出，系选程乡绅家小戏子六名，演唱甚好，上大悦。
　　（三月十二日）皇上过钞关门，上船开行，抵三涂河宝塔湾泊船，众盐商预备御花园行宫，盐院曹奏请圣驾起銮，同皇太子、十三阿哥、宫眷驻跸，演戏摆宴。

该次南巡，自江南回銮途经扬州时，又连续在广陵住了六天，天天进宴演戏，一切事宜都是由盐务总商程维高安排料理。程维高也就是程增，是寓居淮安河下的徽歙盐商。前述在康熙行宫演戏十一出的六名"程乡绅家小戏子"，亦当出自淮安河下程氏。康熙四十七年（1708年）六月，李煦在《再请淮纲商程增等分行食盐折》中指出，程增是当时的"三十余总"之一，与盐贾项鼎玉等，均系"殷实良商"。此外，从《圣祖五幸江南全录》的记载来

---

① 《柳如是别传》中册，上海古籍出版社1980年版，第494页。

看，在苏州、松江、杭州和江宁等地，康熙也时常观赏戏子演出：

> （三月十七日）抵苏州，……至苏州织造府内备造行宫驻跸。……织造李进御宴、名戏等。
>
> （十八日）进宴演戏，皇上亲点太平乐全本，庆贺万寿。
>
> （二十日）行宫内传清客演串杂剧。
>
> （二十五日、二十六日、二十七日，松江）进宴演戏。
>
> （四月初七日，杭州）奏乐演戏。
>
> （十二日）织造府李进宴演戏，至晚。
>
> （十五日，苏州）又织造进宴，命清客串演杂戏。
>
> （十七日）进宴演戏。
>
> （二十二日、二十三日、二十四日、二十五日，江宁）进宴演戏。
>
> （二十八日，金山寺）进宴演戏。
>
> （五月初八日）漕院进宴，因天雨未做戏，上止命女乐清唱，至二更安歇。
>
> ……

由此可见，康熙是个地地道道的戏迷。他曾下旨让会做乐器的高手、老清客周万谟晋京，并到浙江采办制作乐器的上好竹子。康熙三十二年十二月（1693 年 12 月或 1694 年 1 月），李煦在《弋腔教习叶国桢已到苏州折》中指出："……今寻得几个女孩子，要教一班戏送进，以博皇上一笑。切想昆腔颇多，正要寻个弋腔好教习，学成送去，无奈何遍处求访，总再没有好的。今蒙皇恩，特着叶国祯前来教导……"[①] 对此，清代扬州著名学者焦循在《剧说》卷6中指出："圣祖南巡，江苏织造臣（李煦）以寒香、妙观诸部承应行宫，甚见嘉奖，每部中各选二、三人供奉内廷。"

李煦在苏州一带采选戏子供奉内廷，是造成亏空的一个重大因素。道光《苏州府志》卷148《杂记四》载：

> ……（织造李煦）恭逢圣祖南巡四次，克己办公，……公性奢华，好串戏，延名师，以教习梨园，《长生殿传奇》衣装费至数万，以致亏空若干万……

教习的梨园，显然与南巡时备演大戏有关。乾隆时人李斗在《扬州画舫录》卷5《新城北录下》中指出：

> 天宁寺本官商士民祝釐之地。殿上盖松棚为戏台，演仙佛、麟凤、太平击壤之剧，谓之大戏，事竣拆卸。迨重宁寺构大戏台，遂移大戏于此。两淮盐务，例蓄花、雅两部以备大戏：雅部即昆山腔；……昆腔之胜，始于商人徐尚志征苏州名优为老徐班；而黄源德、张大安、汪启源、程谦德各有班。洪充实为大洪班，江广达为德音班，复征花部为春台班；自是德音为内江班，春台为外江班。今内江班归洪箴远，外江班隶于罗荣泰。此皆谓之内班，所以备演大戏也。

---

① 《李煦奏折》第4页，五折。

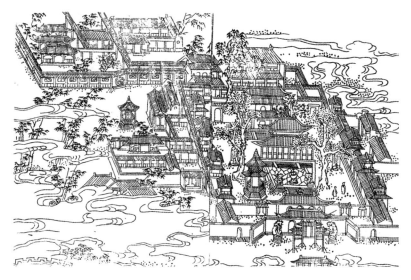

图 1　天宁寺图

　　"天宁寺"也就是康熙南巡时的行宫所在，其中的"征苏州名优为老徐班"之商人徐尚志，也见于《李煦奏折》，为康熙时的扬州盐商。前述的淮安河下"程乡绅"家，后来涌现了不少精谙工尺四声之学的戏曲高手。如嘉庆《江都县续志》卷6就曾指出："程鉴字夔周，先世歙人，商于扬。……兄銮，官浙江道，次亦为两淮总商，家门鼎盛。筑别业真州。……嗜音律，顾曲之精，为吴中老乐工所不及，凡经指授者，皆出擅重名，遂为法部之冠。"而盐商之所以培养自己在戏曲方面的浓厚兴趣，相当重要的原因就是为了供邀宸赏。由于李煦以苏州织造兼理两淮盐务，扬州盐商纷纷招苏州名优备蓄家班。故此，苏州、扬州形成为当时全国戏曲的中心城市。"苏班名戏淮扬聚"，"老昆小旦尽东吴"，扬州城内的苏唱街，为吴门戏子族居之地，其上的老郎堂，亦为梨园总局之所在。显然，"昆班之胜"，与康熙的南巡有着密切的关系。这直接导致了东南一带风俗的变迁，亦即"吴俗三好"的嬗变。据阮葵生《茶余客话》卷8记载：

> 王渔洋谓吴俗有三好：斗马吊牌，吃河豚鱼，敬畏五通神，虽士大夫不免。……近日缙绅先生又有三好，曰：穷烹饪，狎优伶，谈骨董。三者精，可以抵掌公卿矣……

阮葵生为乾隆时人，他所说的新"吴俗三好"，正是在康熙南巡以后发展起来的时尚。"狎优伶"的直接结果是使得两淮盐务日趋窳败。从上述李斗的记载来看，备蓄昆班的盐商都是财聚力厚的鹾务总商。由于供奉宸赏是急公好义的行为，因此，备蓄家班的经费均堂而皇之地出自两淮盐务而摊派于两淮众商。据道光年间陶澍的报告，"德音、春台二班，频年盐务衙门并未演戏，仅供商人家宴，亦每年开销三万两"[①]，成为盐务的一大冗费。

除了"狎优伶"外，新"吴俗三好"中的"谈骨董"之风，亦与南巡有关。从《圣祖五幸江南全录》的记载来看，此次南巡，所收之物从古玩、字画、名扇、竹器到鲥鱼、樱桃、火腿、皮蛋、馒头、馍馍、小菜、百花糖、绿豆、芥菜、鸭脯，再从香囊、香毯、香枕、香油、绒线、喜炮到黄鹰、画眉、八哥、鹦

---

① 《陶文毅公全集》卷11《请删减盐务浮费及摊派等款附片》。

鹚。此后，他的孙子乾隆皇帝也时常"法祖省方"（即效法祖宗，视察地方），六次南巡江浙，极尽奢侈铺张之能事。每次沿途都有总督、巡抚、盐政、织造等，陆续"恭进"金锭、朝珠、衣料等大量财物。乾隆时常说："朕惟南巡之典，亦遹率我皇祖成宪"，对此，我们也可以这么理解——定下收受馈送"规矩"的始作俑者正是康熙大帝。其中，特别是不断接受商民、官绅馈赠的骨董，显然刺激了东南一带古董市场的活跃。对此，后来的郑板桥曾指出：

　　世人癖好骨董，近日扬州此风愈盛。都转卢公，雅喜考究此道，但求物真，不计值钜，进者既多，骨董成市，懿钦盛哉！卢公门下，英才罗列，硕彦如林。某也精于考古，某也善于鉴别，各逞才情，各穷智力。一砖之细，立说万言；一器之微，著辨成册。引经据史，穷源竟尾，汪洋浩博，炫目怵心，于是乎骨董真矣。夏商之鼎，秦汉之尊，淳化之帖，定州之窑，宣德之炉，成化之瓷，甚至断碑残碣，废铜烂铁，破瓷碎玉，如龙宫斗宝，一齐罗列眼前，摩挲赏玩。主人赞叹，座客称奇，大老题诗，名公赐跋，一经品题，身价百倍，于是乎骨董之值更昂矣。一瓦也而值百金，一石也而值千钱。上有所好，下必效之。超等之物，归于超等之家，次等之物，转入次等之手，不胫而走，永无遗弃，骨董盛行，骨董商之腰缠乃富①。

---

① 《郑板桥外集·尺牍·枝上村寄米旧山》。

上述的"都转卢公"，也就是两淮盐运使卢见曾；所谓"但求物真，不计值钜"，显然是指为了上贡而寻访的上好骨董。乾隆二十年（1755 年）六月初三日奉上谕：

> 明年南巡一应预备事宜，已降旨该督抚等，令其撙节妥办矣。所有各处行宫内，从前皆陈设玩器，此等物件，或系假借应用，或用重价购买①。

这也说明古董在扬州的走俏，与盐政官员和盐商筹备南巡事宜及承办对皇室的进贡有关。发展到后来，便形成两淮盐务中的"办贡办公"一款，其中仅"玉贡银"一项，每年就多达数十万，成为两淮盐务的又一大冗费。

康熙四十四年第五次南巡，玄烨自称："朕总不登岸住行宫。"其实，此话并不可信。该年三月十二日，"圣驾往炮长河看灯船，俱同往平山堂各处游玩，幸天宁寺。……皇上过钞关门，上船，开行三途河宝塔湾泊船，众盐商预备御花园行宫，盐院曹奏请圣驾起銮，同皇太子、十三阿哥、宫眷驻跸，演戏摆宴。……晚戌时，行宫宝塔上灯如龙，五色彩子铺陈，古董、诗画无记其数，月夜如画"。"炮长河"也就是保障河，"平山堂"则在扬州府城西北，是闻名遐迩的名胜古迹，也是康、乾二帝多次登临观赏的地方。据清人黄钧宰《金壶浪墨》卷 1《南巡盛典》记载：

---

① ［清］高晋：《南巡圣典》卷 1《恩纶》。

先期督、抚、河、漕诸大吏，迎驾于山东；藩、运两司有财赋之职者，饰宫观、备器玩、运花石，采绘雕镂，争奇斗巧，经费不足，取给于醶商。道、府以下治河渠，平道途，修桥梁，缮城郭。

这虽然说的是乾隆南巡时的情形，但有理由相信，它完全是因袭了"圣祖南巡"之例。到乾嘉年间，城外名胜 26 处，共 39 个风景点，"率皆商人自修其业，供奉宸游之所"。道光十四年（1834 年），著名学者阮元在《研经室再续集·〈扬州画舫录〉二跋》中指出：

扬州全盛，在乾隆四、五十年间。……方翠华南幸，楼台、画舫十里不断。……此后渐衰，楼台倾毁，花木凋零。……大约有僧守者，如小金山、桃花庵、法海寺、平山堂尚在；凡商家园丁管者多废，今止存尺五楼一家矣。盖各园虽修，费尚半存，而至道光间则官全裁，园丁因偶坏敧者，鸣之于商；商之旧家或易姓，或贫无以应之。木瓦继而折坠者，丁即卖其木瓦，官商不能禁；丁知不禁也，虽不折坠亦曳折之……

阮元所说的"各园虽修，费尚半存，而至道光间则官全裁"，显然是指湖上山林系属官园，经费则出自盐务——这一点对于清代扬州城市的变迁，具有重大的影响。

三、清代前期徽商对两淮盐政的控制

继康熙南巡之后，乾隆皇帝"法祖省方"，亦六度巡幸江南。其间，徽州盐商为了供邀宸赏，竭尽献媚邀宠之能事。而皇室为了酬答输诚，"时邀眷顾，或召对，或赐宴，赏赉渥厚，拟于大僚"①。经过几番眉来眼去，投桃报李，徽商遂牢牢控制了清代两淮盐务的运作。

从明清盐政史的角度来看，两淮盐商的组织形态日趋严密。早在明成化年间，两淮盐政中就设有"客纲"、"客纪"，嘉靖时又设立了"客长"，"择殷硕者以联引各商，听盐事于司"②，也就是选择财力充裕的盐商作为代表，负责与盐运司打交道。当时，其他商人与客纲、客纪或客长之间并无隶属关系，所谓"非令管摄也"③。但到了清代，盐商有总、散之分：散商是些认引办运较少的盐商，行盐须由总商作保，才能获得贩盐的资格；而总商则是由盐政衙门签派，依据"两淮旧例——于商人之中择其家道殷实者，点为三十总商，每年于开征之前，将一年应征钱粮数目核明，凡散商分隶三十总商名下，令三十总商承管催追，名为

---

① 《清史稿》卷 123《食货四·盐法》。
②③ 嘉靖《惟扬志》卷 9《盐政志》。

'滚总'"①。后来，总商又分为大总商和小总商等名目。所谓大总商，也简称为"大总"。据雍正二年（1724年）户部侍郎李周望等奏称：

> 两淮历年于三十总商之内，盐院择其办事明白者或二三人、四五人点为大总，一切匣费由其摊派，烦杂事务亦归办理②。

因"大总"往往"借端多派，鱼肉众商，深为众商之害"，故而当时经户部和两淮盐政衙门集议后题准革去。然而，及至乾隆中叶前后，却出现了权力空前的所谓"首总"。从此，两淮盐商组织中实际上形成了这样的格局，即：首总——总商——散商。

从文献史料来看，"首总"都是由与皇室、官僚关系最为密切的总商充当。特别是在清代前期，康熙、乾隆二帝数度南巡，在淮、扬一带竭尽浮华铺张之能事，其经费主要取给于盐务。两淮盐商时常要出钱上贡和筹备南巡开销，当时有一个特殊的名目叫"办贡办公"，指的就是此种花销。而专门领衔主持该项事务的总商代表，自然是近水楼台，与皇帝的关系最为接近，也就最容易成为"首总"。

（一）"首总"制度之确立

关于"首总"制度，《道光初年楚岸盐船封轮散卖史料

---

① ② 嘉庆《两淮盐法志》卷25《课程九·经费上》。

（上）》（见《历史档案》1991 年第 1 期，以下简称《档案》）所载道光二年（1822 年）军机大臣曹振镛奏折曾指出：

> ……两淮公事甚紧，向于总商之中推老成谙练一人为首，并不奏咨，其承办公事、支销银两，仍与各商会齐商议，公司列名。

他还指称，"首总"人选在嘉庆十一年（1806 年）规定"以三年一换"。

至于"首总"制度究竟源于何时，殊难确指①。不过，它的出现至迟不晚于乾隆三十三年（1768 年），则是可以肯定的。根据阮元《淮海英灵集·戊集》卷 4"江春"条记载，这一年"两淮提引案"发，淮南盐务总商被逮至京师。其中，"首总黄源德老疾不能言，余皆自危于斧锧"。黄源德曾在乾隆二十三年

---

① 《李煦奏折》第 26 页，三三折，康熙四十四年十月《接任两淮盐差日期并进冬笋折（附条奏一）》："……两淮盐差衙门有额设承差二十名，每年于其中点用一名，原止令在辕门伺候传檄，供使令而已。近乃巧立名色，曰'发收'。不惟本官一任诸事，皆呼其簧鼓，而且商家之一举一动，无不受其钳制。于是一年之中，事无巨细，无不任其指挥，官既被其朦蔽，商更遭其鱼肉。事权既重，利亦独归。若辈人人涎羡，故每于本任未满之前，十九人中即有豫谋后任之'发收'者，先期入京，贿托要路，倚恃势力，务在必得。而究其所以行贿之物，又莫不出于商资，则是'发收'者为盐差朦蔽之匪人，而为商家耗蚀之大蠹也明矣。此臣煦所耳闻目睹，最为真确。且两淮商家无不畏怨，而莫可如何者。是以臣煦拟禁革不用，以省商家无益之赀膏，去盐差炀（场）灶之大蠹。然此辈鬼蜮惯技，若遽失利窟，必致仍复钻营，力求贵要，以图复设。臣煦自揣人微位卑，安能抗忤。计惟仰祈皇上谕旨严禁，俾得遵行，方能永革，则去蠹苏商，为益不浅矣。"此处之"发收"，与后来的"首总"颇为相似。

（1758 年）率领两淮盐商报效政府银两多达一百万[①]，上述这条记载是目前所见有关"首总"最早的一条史料。

根据《档案》及其他文献史料来看，乾、嘉、道三朝盐务"首总"主要有黄源德（乾隆三十三年在位）、江广达、洪箴远、鲍有恒（嘉庆十一年至十三年在任）、邹同裕和黄潆泰数家，以下就对他们略作考证。

"江广达"是盐务牌号（也就是鹾商行盐的旗号[②]，以上所列"首总"名均同此例），主人江春，徽州歙县人，是乾隆中、后期的盐务总商，"身系两淮盛衰者垂五十年"[③]。据袁枚的《小仓山房续文集》卷 31《诰封光禄大夫奉宸苑卿布政使江公墓志铭》记载：

> （当时），鹾务寝削，商中耆旧凋谢，恭遇国家大典礼，大徭役，大府无可咨询，惟公是赖。公阅历既久，神解独超，辅志弊谋，动中款要。每发一言，定一计，群商张目拱手画诺而已。四十年来，凡供张南巡者六，祝太后万寿者三，迎驾山左、天津者一而再。最后赴千叟宴，公年已六十余，每跪道旁，上望见辄喜，召前慰劳，所赐上方珍玩，加级纪录之恩，莫可纪算。

所谓"商中耆旧凋削"，当指如"首总黄源德老疾不能言"

---

① 嘉庆《两淮盐法志》卷 42《捐输》。
② ［清］袁枚：《小仓山房续文集》卷 31《诰封光禄大夫奉宸苑卿布政使江公墓志铭》。参见《批本随园诗话》批语。
③ 嘉庆《两淮盐法志》卷 44《人物二·才略》。

之类所造成的权力真空。江春"每发一言，定一计，群商张目拱手画诺而已"，则显示了作为"首总"的赫赫权威。乾隆十六年（1751年）南巡，"扬州迎驾典礼，距圣祖（康熙）时已远，无故牍可稽，公创立章程，营缮供张，纤细毕举"[1]。乾隆二十二年（1757年），因"办治净香园称旨，赏给奉宸苑卿"。江春在扬州新城东南构筑有康山草堂，"叠石穿池，请驾临幸。上喜平山之外小憩，两幸其园，赋诗以赐。公抱七岁儿迎驾，上抱至膝上，摩其顶，亲解紫荷囊赐之，恩幸之隆，古未有也"。显然，二者的关系相当融洽。正因为江春与皇室的这层交情，所以乾隆皇帝才会特意关照出京盐运使："江广达人老成，可与咨商！"[2] 而盐运使得此面谕，又怎敢不对江春毕恭毕敬呢？

江春"为总商四十年，国家有大典礼及工程灾赈、兵河饷捐，上官有所筹画，春皆指顾集事"[3]。由于捐输报效频繁，财力日渐消乏。乾隆三十六年（1771年），弘历曾"赏借帑三十万以资营运"[4]。当时有一首《维扬竹枝词》这样写道：

> 康山傍宅与为邻，口岸新金怒忽嗔。

---

[1]　[清]阮元：《淮海英灵集·戊集》卷4"江春"条。

[2]　[清]袁枚：《小仓山房续文集》卷31《诰封光禄大夫奉宸苑卿布政使江公墓志铭》。

[3]　同治《续纂扬州府志》卷15《人物志七·流寓》"江春"条。

[4]　[清]袁枚：《小仓山房续文集》卷31《诰封光禄大夫奉宸苑卿布政使江公墓志铭》。陈炳辑录《淮鹾纪略》不分卷（藏安徽省图书馆特藏部）有"每年起解京饷各款"，其中有"赏借江广达利银六千两，解内务府"、"赏借江广达利银三万六千两，解内务府"、"赏借江广达利银四万八千两，解圆明园"等。

明白安详江广达，散商依旧总商人①。

"康山"是江春在扬州构建的名园，"口岸"则是指行盐的引岸。显然，在乾隆皇帝的扶植下，江广达仍以"首总"的面目出现。当时，"群商之趋下风受指麾者，或相嗤媚，退有微词"②，但因江氏有皇帝撑腰，却也无可奈何。不过，江氏的没落仍在所不免。到江春去世时，家产荡然，嗣子江振鸿生计艰窘，名园康山草堂荒废，本家无力修葺，乾隆皇帝念其以往功劳，下令由众商出银五万两，承买该园作为公产，银两则用以接济江振鸿营运③。及至道光中叶陶澍改革、籍没江春后裔江镛家产时，"得银不及四万，而所亏之课乃过四十万"④。后来有一首《扬州画舫词》这样写道：

莫笑江园瓦砾堆，当时歌舞日低徊。

多情毕竟输杨柳，犹是烟笼旧钓台⑤。

继江广达之后，洪箴远为两淮盐务总商。洪氏祖籍也出自徽州，据吴炽昌《客窗闲话》卷3《淮南宴游记》记载："鹾商

① ［清］林苏门：《维扬竹枝词》，见《扬州风土词萃》（扬州师范学院图书馆特藏部藏本）。
② ［清］袁枚：《小仓山房续文集》卷31《诰封光禄大夫奉宸苑卿布政使江公墓志铭》。
③ 嘉庆《江都县续志》卷首。
④ ［清］平步青：《霞外捃屑》卷1《盐商捐输多虚伪》。
⑤ ［清］韩日华：《扬州画舫词》，见《扬州风土词萃》。

洪姓者，淮南之巨擘也。曾助饷百万，赐头衔二品，其起居服食者，王侯不逮"。从乾隆五十七年（1792 年）起至嘉庆九年（1804 年）止，先后十一次领衔捐输，报效政府银两多达 1000余万 ①。另一首《维扬竹枝词》吟咏道：

> 洪家首总派为之，丕振从前充实时，
> 箴远领班公议事，争先恐后肖呆痴 ②。

由"争先恐后肖呆痴"一语，便可知"首总"洪氏说话之举足轻重——在他面前，其他小总商和散商自然也就只有拱手画诺了。

鲍有恒（主人为鲍志道和鲍漱芳父子），是嘉庆年间的盐务"首总"。林苏门的《维扬竹枝词》曰：

> 殷实商家岂日无，门前仆立女提壶。
> 有恒屏绝浮华态，廿万纲盐口岸沽。

李斗《扬州画舫录》卷 6 记载道："徽州歙县棠樾鲍氏，为宋处士鲍宗岩之后，世居于歙。志道字诚一，业鹾淮南，遂家扬州。初，扬州盐务，竞尚奢丽，一婚嫁丧葬，堂室饮食，衣服舆马，动辄费数十万。……一时争奇斗异，不可胜记。自诚一来扬，以俭相戒。值郑鉴元好朱程性理之学，互相倡率，而侈靡之风至

---

① 嘉庆《两淮盐法志》卷 42《捐输》。
② ［清］林苏门：《维扬竹枝词》，见《扬州风土词萃》。

皇清诰赠通奉大夫肃斋鲍贤
志道府像

图 2　扬州盐商鲍志道画像

是大变。"——这就是所谓的"有恒屏绝浮华态";而"廿万纲盐口岸沽",则说明鲍有恒是乾隆末年嘉庆初年的殷实商家,每年行盐多达 20 万引。鲍志道担任淮南总商二十年,去世后,其子鲍漱芳于嘉庆六年(1801 年)接任总商。嘉庆八年(1803 年)又兼理淮北盐务①,嘉庆十一年(1806 年),由盐政额勒布金令充当"首总"②。当时,大多数盐商已日渐贫乏,运商大多借资营运,因此,两淮盐商中专门出现了一种"賀商",所谓賀商亦即放高利贷的商人,"以已银质押根窝砵单取息者为賀商"③。而鲍有恒就是出賀最多的三家賀商之一④。他与上述的洪氏"首总",都在道光中叶的盐务改革中最终破产。

邹同裕见于林苏门《邗江三百吟》[刊于嘉庆戊辰(十三年),即 1808 年]卷 1"会票"条载:

> 客有来扬贸易,其原籍亦有扬州客,彼此捎带银两,殊多未便,立票会兑,相沿已久。近日盐务如京江庄、邹二家,亦间有之。

---

① 董玉书:《芜城怀旧录》卷 2;参见刘淼《徽商鲍志道及其家世考述》(《江淮论坛》1983 年第 3 期)。
② 《军机大臣曹振镛等为遵旨议复两淮盐在楚省运销事宜奏折(道光二年七月初二日)》,见《档案》。
③ [清]林苏门:《邗江三百吟》卷 1《播扬事迹·賀头》。
④ [清]林苏门:《邗江三百吟》卷 1《播扬事迹·賀头》:"字书賀者,以财质也。两淮以物质银,办利归还,曰賀头,尚存古字。近日鲍有恒、尉跻美、王履泰出賀最多。"尉跻美和王履泰为来自山西的淮南商人。另,林苏门《维扬竹枝词》:"賀头借出不辞忙,履泰花名姓是王,商伙一班能作主,驼来汾酒口尝春。"亦与此有关。

"京江"即镇江，而"庄、邹二家"之邹，当即邹同裕。邹同裕与庄王兴在乾隆二年（1737年）曾作为"金商"，金理盐城的盐义仓①。嘉庆年间担任盐务"首总"，则昭示着此前不少徽州商人已逐渐衰落，镇江商人一跃而执两淮盐务之牛耳。对此，林苏门的《维扬竹枝词》曾吟咏道：

> 土著财翁怕说贫，他乡有客力艰辛。
> 淮南淮北生涯好，侨寄新添汇票人。

据《维扬竹枝词》林苏门自序（嘉庆五年八月）称，此诗集是在嘉庆二年（1797年）"爰就见闻所及，缀成此帙"。故此，竹枝词反映了嘉庆初年的两淮盐务情形。其中的"土著财翁"就是指清初以来侨寓于扬州、淮安的两淮盐商（包括徽商、西贾，主要是指徽州商人），这时候他们已经"怕说贫"了，显然昭示着徽商势力的衰落。而"侨寄新添"的"汇票人"，根据前引《邗江三百吟》的记载，当是"近日……亦间有之"的"京江庄、邹二家"。对于他们而言，淮南和淮北确实是"生涯好"！乾隆年间黄印在所著《锡金识小录》中曾说过，在徽州人眼中，镇江是"银马头"。故此，当淮南盐商渐趋衰落时，便有镇江商人乘虚而入。晚清时期镇江人焦东周生在《扬州梦》卷4《梦中情》中曰："商家有西、徽、两河，镇帮最后。"所谓镇帮最后，指的当是镇江商人兴起的时间最晚，而邹同裕当即镇帮

---

① 嘉庆《两淮盐法志》卷41《优恤一·恤灶》。

之一。

邹同裕之后，有黄滢泰，亦作黄瀛泰。关于此人，林苏门的《维扬竹枝词》有诗曰：

> 黄瀛泰店总名排，小总当来奉宪牌。
> 止马桥边居址久，钱粮担上运司街。

黄瀛泰原是在浙江业盐的徽州盐商。其主人为黄至筠，字个园，即扬州名园——"个园"的主人。据梅曾亮记载，他是扬州甘泉人[①]，出身于官宦家庭，"十四岁孤，人没其产。年十九，策驴入都，得父友书，见两淮盐政某公，与语，奇其材，以为两淮商总"[②]。时值嘉庆朝军兴孔亟，两河决口，户部空虚，捉襟见肘，大力鼓励富民出钱报效国家；作为回报，政府则赏予虚衔。当时黄滢泰领衔率两淮盐商捐输 40 万两以助高堰工用[③]，因此受到嘉奖，"由府道加盐运使司衔，入都祝嘏，圆明园听戏，赐克什，长子、次子皆郎中。当是时，上至盐政，下至商，一视君为动静，贩夫走卒，妇孺乞丐，扬人相与语，指首屈必及君"。《柏枧山房诗文集》卷 9《黄个园家传》中的这段描述，与《档案》所载略有不同。《档案》载"首总"黄滢泰"本系报部斥革总

---

① 不过，《春草堂诗集》卷 3 曰："仁和黄至馥，字秋谷，个园观察弟也。"则黄至筠似与其弟同隶杭州籍。然而，徽商从事盐业，其商业网络往往覆盖着淮、浙两大地区。歙县西溪南吴氏、岑山渡程氏等，均系其例。故黄至筠可能亦隶杭州籍，但长期在扬州从事两淮盐业。

② ［清］梅曾亮：《柏枧山房诗文集》卷 9《黄个园家传》。

③ 嘉庆《两淮盐法志》卷 42《捐输》。

商，夤缘前任运司刘沄为姻戚，朦混复充"①。三年期满后又经盐政延丰附奏留办，"该商黄潆泰遂事事专擅，各总商渐俱推诿不前。……散商控告黄潆泰于额领银七十万两，加捐银二十万两之外，浮领银七十余万两。今查现有乏商复控该商于浮领银七十余万之后，又借银六十余万两"②。据军机大臣曹振镛奏折，当时革去黄潆泰"首总"之职，"严行究办"浮领滥借银两一事。不过，从《黄个园家传》来看，黄至筠并未得到什么处置，权力仍然很大。"首总"名目是否被革除也仍是个疑问。直到道光中叶盐政改革，"淮北改票盐而商总权绌，人得见运使，人自言事，利各私己，而仍委重于君，而商总始困"③。也就是说，黄潆泰到这时才失去了以前的赫赫权势。

但在"商总权绌"之前，两淮盐务的重大举措均由"务本堂"决定，而后者一直是受"首总"所控制。

（二）"务本堂"考释

乾隆年间，扬州设立"务本堂"。对此，清人谢元淮《养默山房诗录》卷3《嵯言二十二首》之五诗注曰：

> 务本堂为淮商办公之所，一切出入费用皆聚于此，有堂商司其事。

---

① 《军机处发下有关两淮盐务御史条陈》（道光二年闰三月二十日），见《档案》。
② 《军机大臣曹振镛等为遵旨议复两淮盐在楚省运销事宜奏折》（道光二年七月初二日），见《档案》。
③ ［清］梅曾亮：《柏枧山房诗文集》卷9《黄个园家传》。

"堂商"系金总商中"殷实知事者"数人[1]，司理两淮盐务的"一切出入费用"。其中，"务本堂"的名称相当耐人寻味。

　　在安徽屯溪的柏树街东里巷，迄今仍然保存有三座砖木结构的明代民居，叫"程氏三宅"，系成化年间礼部侍郎程敏政所建。其中有一处厅堂上所挂匾额，即为"务本堂"。这是否是一种偶然的巧合呢？在徽州，号称"务本堂"的地方并不仅见于此。在徽州本土以及徽商的侨寓地两淮地区都出现"务本堂"这样的名称，的确耐人寻味。这自然让人联想起相似的两副对联。清代小说家吴敬梓《儒林外史》第22回载，扬州河下（徽商聚居区）盐商万雪斋家中有一副金笺对联写道："读书好，耕田好，学好便好；创业难，守成难，知难不难。"而在徽州黟县西递村的另一副对联则作——"读书好，营商好，效好便好；创业难，守成难，知难不难。"两副对联均为二十个字，其中只有三字不同。很明显，后一副对联主要是将"耕田"改作"营商"，但总体的意思却并无二致。"耕田"自然是"务本"；但在徽州，"营商"实际上也是"务本"或"敦本"[2]。或许，上述这两副对联正可作"务本"二字的一个注脚。

　　前述"程氏三宅"所在的屯溪柏树街东里巷，在明代中叶

---

① ［清］包世臣：《安吴四种》卷5《中衢一勺·小倦游阁杂说二》。
② 许承尧：《歙事闲谭》："商居四民之末，徽俗殊不然。"参见拙文《斜阳残照徽州梦》，载《读书》月刊1994年第9期。另，1995年8月在黄山召开的第二届国际"徽州学"学术讨论会期间，笔者曾至歙县呈坎宝伦阁参观。在美轮美奂的罗氏宗祠内，看到悬挂在大厅内的《中丞公宗仪第五则》，曰："敦本业：国有四民，人修三事，各能宣力，自足谋生。……愿吾党宁为农、为贾，而勿为游手素餐之人。"可见，"为农、为贾"，皆为"敦本"。

图3　歙县《岑山渡程氏支谱》(稿本)

为率口柏树门程氏聚族而居之所^①。康熙五十七年（1718年），侨寓扬州的徽州盐商程庭回歙县省亲，盘桓于徽州各地，也曾到过率口^②。

程庭是歙县岑山渡人，而岑山渡程氏在清代前期曾产生过数

---

① 《"程氏三宅"六号楼明代契约》，见黄山市屯溪区文化局、黄山市屯溪区文管所编撰《屯溪文物名人胜景选萃》。

② 康熙五十七年二月二十八日，"舟行四十五里至率口，亦吾族程氏所居。村口罗汉松一株，苍翠古秀，合抱数围，云是宋时所植，抚玩良久"。（《春帆纪程》，载王锡祺：《小方壶斋舆地丛钞》第5帙）

名两淮盐务总商^①，众多的家族成员广泛分布于扬州、淮安等地。据《新安程氏世谱》卷 15《年表·新安汾公派》载：

"慎吾公"名大典，字常叔，"慎吾"是他的号，所以族谱中就称之为"慎吾公"。他率领五个儿子迁居扬州府江都县，"五世之内，孙、曾二百余，科甲蝉联，膺簪绶、登仕版者百余人，赀产甲徽、扬两郡"^②。另据王觐宸《淮安河下志》卷 5《第宅·程莲渡先生宅》记载：

> 吾宗自岑山渡叔信公分支，传至第九世慎吾公，是为余六世祖，由歙迁家于扬。子五人：长上慎公，次蝶庵公，次青来公，次阿平公，次莲渡公。莲渡公即余五世祖也。莲渡公诸兄皆居扬，公一支来淮为淮北商，居河下。

---

① 最为著名的首推"上慎公"程量入，"综理盐筴，有功两淮"。他的长子之篆（字象六），继承父业，为"商总二十年，康熙十三、四年间，军兴旁午，商众捐赏助饷，悉取办于之篆。三藩平，御史郝浴上其事，优叙者三十余人，之篆特赐五品服，为诸商冠，子孙林立"。《李煦奏折》六六折《再请淮纲商程增等分行食盐折》（康熙四十七年六月）提及的程增，为当时的两淮"三十余总"之一。他曾三次接驾，因供邀宸赏不遗余力，康熙御书"旌劳"二字赐之。
② ［清］程佐衡：《新安程氏世谱》卷 15《年表》。

"莲渡公"叫程量越（1626—1687），字自远，是淮南盐务总商程量入的弟弟，"生子九人，俱成立，孙、曾蕃衍"。据《新安程氏世谱》卷16《年表》对世系的记载：

　　　五十一世　　　程量越
　　　五十二世　　　程选
　　　五十三世　　　程建橐等

　　五十一世程量越是迁淮始祖。五十二世程选（1645—1714），最早为"江都县廪生"，由此可见他当系占籍江都，但随程量越移居淮安；后"迁海州"，或当为垣商，或是从事盐运行当；又"因

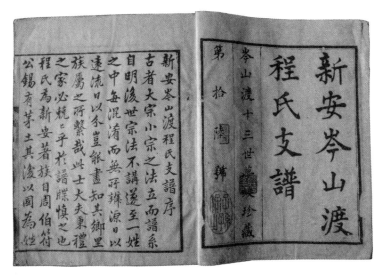

图4　《新安岑山渡程氏支谱》(刊本，中国徽州文化博物馆收藏)

行分销盐引，居庐州府城，子孙多分迁庐属各邑"①，则又为分销盐运的"水商"。程选有子十三，其中，五十三世建櫜，"大清康熙时因行分销盐引，偕同母弟建喆、建成、建封并异母弟建白，随父迁海州，复展（辗）转由合肥奉生母王氏，迁无为州城"②。从其弟建封传记中可以看出，建櫜诸兄弟均从事盐、典诸业。

除了程量越一支外，歙县程氏还有不少人迁居淮安河下。晚清时人李元庚曾指出："程氏，徽之旺族也，由歙迁。凡数支，名功、亘、大、仁、武、鹤是也。国初（按：指清初）时业禺筴者十三家"，"皆极豪富"，当时有"诸程争以盐筴富"的说法③。他们主要从事淮北盐的运销。据道光年间陶澍报告：

> 淮北引盐额行河南、安徽、江南四十九州县，……纲食口岸四十一处，商人十七家，有一商而认数岸者，有一岸数商公认者……④

"十七家"当中，当以程氏最为主要。嘉庆《两淮盐法志》卷12《转运七·趱运》乾隆三十二年（1767年）三月盐政普福奏称，当时见诸记载的徽商程氏及其淮北各引岸具体如下：

亳州、蒙城　　程德源

汝宁府西平县　程俭德

---

①② ［清］程佐衡：《新安程氏世谱》卷15《年表》。
③　参见拙文《明清淮安河下徽州盐商研究》，载《江淮论坛》1994年第5期。
④　《陶文毅公全集》卷13《淮北商力积疲请借项官督商运附片》。

光州光山县　　　　程文大、程公益、程鼎庆

光州　　　　　　　程中顺

……

　　上述的例子说明，在两淮盐业中，岑山渡程氏家族成员遍布淮、扬及江南其他各地，垄断了产、运、销的各个环节。由于徽商从事盐业是以家族组织为其基本形态，这就给两淮盐务深深地打上了家族生活的烙印。

　　尽管歙县程氏对"务本堂"的确立究竟有过哪些影响因书阙有间不得而知，但徽商对这一商人组织的控制却是毫无疑义的。这不仅是从"务本堂"名称之由来，而且从其实际操作过程中也可窥其端倪。兹举二例说明：

　　其一，嘉庆十九年（1814 年）歙人鲍桂星在《会馆岁输经费记》[①]一文中指出：

　　　　两淮诸君子，有公助扬州会馆之举，岁凡三千金。其议自侍郎阮芸台夫子（按：即阮元）发之，余乃与同人谋曰："歙于淮亦梓乡也，盍援扬例以请乎？"皆曰："诺！"爰合辞寓书于诸君子，而家侍御树堂先生赞尤力，诸君子为请于都转德公，德公请于醵政阿公，公批其牍曰："自辛未年（按：指嘉庆十六年，即1811 年）始，准于辛工项下岁支三千金

---

① 　见徐上镛辑：《重续歙县会馆录》。关于歙县会馆，日本学者寺田隆信曾作《关于北京歙县会馆》，载《中国社会经济史研究》1991 年第 1 期。

助歙馆经费，如扬例。"于是岁修年例一切费皆裕如。而京官与乡试、会试之贫者并沾溉焉……

值得注意的是，虽然是为北京歙县会馆捐资，但参与捐输的盐商却有江广达、尉跻美、张广德、鲍有恒、黄漾泰、王履泰、汪肇泰、吴开大、黄双茂、罗牲泰、洪恒裕、程震泰、邹同裕、余承瑞、曹恒和及巴恒大。其中，除了徽商外，还有山西商人（尉跻美、王履泰）、江西商人（罗牲泰）和镇江商人（邹同裕）。

其二，乾隆晚期《淮南公捐古紫阳书院膏火案由》[1]载，参与紫阳书院膏火捐资的淮南总商有洪箴远、张广德、郑旅吉、罗荣泰、鲍有恒、汪日初、王履泰、尉跻美、江正大、巴敬顺、张大安、孙世昌、吴是聚、汪肇泰、余晟瑞、吴开大、巴善裕、巴恒大、张肇恒、黄恒茂、汪益新和黄漾泰。同样，这些人也是"籍隶徽、西"，但《淮南公捐古紫阳书院膏火案由》却认为"徽郡为众商父母之邦"。这说明在这项提案中，徽商唱的是主角。

上述两例，或许均足以说明徽商在两淮盐务中占据了首要的地位，也反映了徽商对两淮盐政制度之制定起着举足轻重的作用。

原先，两淮官、商在财务上各自独立，并不混淆。盐运司有运库，鹾商有务本堂。后者系"金总商中殷实知事者数人董其事，名为堂商"[2]。后来，因报效、捐输频繁，两淮盐政和运司两衙门，因库贮空虚，不得不向商人挪借。这给盐务"首总"控制

---

① 见《歙县金石志》卷 10《石文》。
② ［清］包世臣：《安吴四种》卷 5《中衢一勺·小倦游阁杂说二》。

运库，提供了可乘之机。由于捐输、报效和备南巡是盐官与"首总"共同关心的事，而盐务官僚又因库帑亏空过多，干脆"附堂于库"，改堂商为库商。运司成了官、商共管之地，"而官帑遂隐为商握矣"①。对此，嘉道年间的理财专家包世臣指出：

> （当时），院司不能洁己，授意库商具禀，以公事应办，而商力拮据，恳恩借给库款、下纲纳还为词，司详院批，具领出库，官商朋分，其所办何公，则绝无报销文案。官受商贿，有挟而求。于是巧立名目，任意取携，名为噬散，实则噬库。……库项支绌，于此始基。驯至部拨则无项可解，商领则有款可指，而司库几成商柜矣②。

"司库几成商柜"，例如，黄瀛泰自当首总以来，只知把持垄断，专利自肥，一切库项出入支销，皆归其手。到道光中叶，绝大多数淮扬盐商皆已竭蹶困窘，但黄氏却仍有梨园全部，演员二、三百人，"其戏箱已值二、三十万，四季裘葛递易，如吴主采莲、蔡状元赏荷，则满场皆纱縠也"。其日常起居服食，仍然是僭拟王侯③。对此，谢元淮深有感慨地吟叹道：

> 巨蠹侵库藏，……附库司锁钥，遂使度支金，累累归私橐④。

---

① ［清］谢元淮：《养默山房诗录·龊言》。
② ［清］包世臣：《安吴四种》卷5《中衢一勺·小倦游阁杂说二》。
③ ［清］金安清：《水窗春呓》卷下《河厅奢侈》。
④ ［清］谢元淮：《养默山房诗录·龊言》。

（三）睦姻恤的"月折"

从前述对"务本堂"的考释中不难看出，徽州的家族制度与两淮之盐商组织存在着一定的相关度。从徽州家族组织的角度来看，它除了举行祖先祭祀之外，还有大量诸如与官府打交道、与乡邻共处以及家族内部的行政、经济管理等实质性的问题。这些投射到两淮盐务中，就表现为"务本堂"的种种举措。

在清代前期，"务本堂"主要负责办公办贡、支解各官养廉，应酬抽丰游客等事务，这些可看作是徽州盐商与皇室、官府和文人共处的诸多举措。其中，扶孤恤贫、济急周乏的"月折"等制度，则带有浓厚的家族色彩。

简单地说，"月折"制度就是按月补助财力消乏的盐商及其子孙的制度。对此，乾嘉时人林苏门曾指出：

> 盐商之家，有歇业中落者，两淮公保立折，每月某某旗给银若干两，亦睦姻任恤之意①。

所谓的"旗"，是指鹾贾行盐的商号，如淮北盐商程世桂与其兄云松"均习禹筴（盐业），分行盐务，旗名'观裕'"②，就是一例。文中的"睦姻任恤之意"，显然是指家族内部赈恤乡党措施在盐务中的反映——这种制度的形成，当与徽商的乡土背景有着密切的联系。

如所周知，徽商的活动往往与其桑梓乡族的利益紧密相联，

---

① ［清］林苏门：《邗江三百吟》卷 2《大小义举·月折》。
② ［清］李元庚：《山阳河下园亭记》。

诚如日本学者藤井宏先生在《新安商人的研究》一文中所指出的那样：

> 新安商人的商业经营，归结一句话，即立足于血族乡党的结合关系上面，这是旧中国社会各种事业中共通的现象，毫无足异。这在新安商人的场合，也表现得最为浓厚，而且典型。

揆诸史实，早在万历末年，两淮盐政疏理道袁世振就指出，淮北盐商"一（根）窝则父子兄弟相守；一行盐之地，则姻娅亲戚相据"[①]。及至清代，这种情形仍然没有改观。《（歙县）棠樾鲍氏宣忠堂支谱》卷 22《文翰·世孝祠记》曰：

> ……歙处万山中，产谷之地不多，更议以置田之赀改购盐引根窝，（鲍）志道主之，岁取息以给。

"鲍志道"即两淮盐务首总鲍有恒。这里所叙以置办祠田的资金改购盐引根窝的做法，就反映了徽州家族组织与两淮盐务运营方式的某种联系。这样的一种经营形态，使得盐业组织内部总是笼罩着一层温情脉脉的面纱，其社会性有时甚至要重于经济性。于是，在清代前期，随着两淮盐商财力的如日中天，原先家族内部扶孤恤贫、济急周乏的原始宗族义务纷纷以制度化的形式出现。据道光十年（1830 年）理财专家包世臣称，当时，扬州恤嫠会、

---

① ［明］袁世振：《两淮盐政编》一《户部题行十议疏·盐政议二》，见《明经世文编》卷 474。

普济堂、老人堂、救生堂、药铺、育婴堂和扬州、仪征书院（甚至徽商聚居的徽州、江宁、苏州等地的书院），均靠两淮盐务拨款支撑[1]。对此，叶调元《汉口竹枝词》卷5《杂记》也说：

> 盐商后裔，各旗酿金以养，名曰"周恤桑梓"，其旁出者有道条、月包、幹子诸名色。

汉口为淮盐运销湖广的第一大口岸，当地多淮、扬盐商[2]，故制度也相类似。"周恤桑梓"则更突出地点明了"月折"的性质。

这种由宗族内部原始的赈恤义举转化为"月折"制度，究竟源于何时，实难稽考。不过，乾隆时期的盐务总商江春曾使"务本堂给贫月银有增无减"[3]，所谓"给贫月银"，亦即依靠"月折"领取补助的制度。显然，这一制度至迟到十八世纪就已存在。嘉庆初年，林苏门作《维扬竹枝词》曰：

> 街号贤良占蜀冈，冈前务本聚公堂。
> 近来匣折人人办，都向朱门来借光[4]。

"蜀冈"是扬州城西北的名胜，"务本聚公堂"亦即前述的"务本堂"，而"匣折"也就是"月折"，亦称"乏商月折"。显

---

① ［清］包世臣：《安吴四种》卷7上《中衢一勺·代议改淮鹾条略》。
② 参见拙文《清代汉口盐商研究》，载《盐业史研究》1993年第3期。
③ ［清］阮元：《淮海英灵集·戊集》卷4"江春"条。
④ 见《扬州风土词萃》，江苏扬州师范学院藏本。

074　　　　　　　　　　　　　　　　　　明清徽商与淮扬社会变迁（全新修订版）

然，这一方面折射出不少盐商已日趋衰落，另一方面也反映了两淮鹾贾寄生性的加深。此后，财力消乏的盐商只需在务本堂登记在册，便可按照先前的旗名，按月领取补助。诚如林苏门所吟咏的那样：

> 两淮桑梓重，匣折亦叨光。
> 按月旗名旧，分金额数详。
> 当年原是总，此日尚称商。
> 一簿开支赈，登明务本堂①。

　　诗中的"总"，是指鹾务总商，也就是后来陶澍所描述的所谓"盐务之蠹"，亦即那些"从前赀本早竭，挂名总商者"，他们"率多坐食盐规之辈，名为盐商，而并不行盐"②，成为腐朽的寄生阶层。如乾嘉年间著名的盐务总商鲍有恒，到道光年间实际上就靠"月折"支银过活③。从史料上看，这种"月折"制度，除了扬州、汉口外，淮安也存在。据王觐宸《淮安河下志》记载："有故家凌替，孤嫠者按月资给。"④

　　上述三处既是两淮盐务的中枢，又都是徽商麇聚的场所，显然也从另一个侧面昭示了"月折"制度的乡土背景。

　　"月折"制度的存在，使得盐业经营活动始终停留在家族的

---

① ［清］林苏门：《邗江三百吟》卷 2《大小义举·月折》。
② 《陶文毅公全集》卷 14《请复设盐政附片》。
③ 《陶文毅公全集》卷 14《请复设盐政奉旨饬覆奏附片》。
④ 王觐宸：《淮安河下志》卷 13《流寓》"程鉴"条。

庇护之下。既然家族具有给予弱者提供保护的经济职能，其后果就必然导致商人缺乏持久从事商业的热情，更丧失了先前那种无远弗届的冒险精神，从而助长了一种"吃大锅饭"的心理①。这自然也只能从徽商的乡土背景中求其正解。明人金声就曾指出：

> 夫两邑（歙县、休宁）人以业贾故，挈其亲戚知交而与共事，以故一家得业，不独一家得食焉而已，其大者能活千家、百家，下亦至数十家、数家②。

"月折"制度在某种程度上就体现了这样的一种乡土背景。这种睦姻任恤的"月折"制度，使得财力消乏的盐商仍能醉生梦死，衣食无虞，从而在淮、扬等地维持着一个人数愈益庞大的有闲阶层。清人叶调元就指出，汉口的"周恤桑梓"原本是一种"义举"，但其结果却是"少年子弟因恃此而自误者正复不少"。所谓——

> 米珠薪桂价云何，游手终日快活多。
> 寒士染成纨绔习，盐旗桑梓误人多③。

---

① 关于"吃大锅饭"一词，刘声木《苌楚斋随笔》卷9曰："咸同年间，粤匪乱时，盐纲颓废，吾郡巢湖帮乘机窃起，贩运岱山盐，因此致富者不计其数。当时财力富厚，开馆延宾。凡同郡人只须熟人介绍，即可居于其中，无所事事，谓之'吃大锅饭'。"此实为对淮、扬盐商故态的一种模仿，亦可作"月折"制度背景的一个参照。
② ［明］金声：《金太史集》卷4《与歙令君书》。
③ 《汉口竹枝词汇编》卷5《杂记》。

这种情形，在扬州显得更为突出。有一首《邗上竹枝词》在描述当地的盐商子弟时这样写道：

　　年少儿郎性格柔，生来轻薄爱风流，
　　不思祖业多艰苦，混洒银钱几时休[①]。

徽州先民在各地筚路蓝缕创业的精神至此已销磨殆尽，剩下的只有无休止的享乐和挥霍。

在中国固有的家族制度下，族长中的不肖人物在经济生活中难免会滥用职权，损公肥私。在两淮盐务中，"月折"制度的开支，就成了总商们任意花销公共财富的借口。据道光年间陶澍的描述，"月折"是总商"私立名目、假公济私、诡混开销"[②]的手段之一。每年在两淮盐务"月折"等公款定额之外，鹾务总商仍以不敷名目溢领数十万不等[③]。这使得盐务冗费日增，摊入成本，从而造成了两淮盐务的日趋窳坏[④]。据陶澍调查的结果显示，由

---

① 见《扬州风土词萃》，江苏扬州师范学院藏本。
② 《陶文毅公全集》卷11《再陈淮鹾积弊折子》。
③ 《陶文毅公全集》卷12《会同钦差拟定盐务章程折子》。
④ 据《陶文毅公全集》卷11《敬陈两淮盐务积弊片》：两淮浮费很多，"每由总商开销，取之散商，名为办公，而实不知其名目盈千累万，任意摊派，其类甚多"。"月折"是其中的一项，与其他冗费都摊入淮盐成本。淮盐"成本既重，则售价必昂，而私枭由此起矣。如汉镇为销盐第一口岸，盐价有斤需钱四、五十文，迨分运各处销售，近者六、七十文，远者竟至八、九十文不等。……计算场价，每盐一斤不及十文；而转销各处，竟至数十倍之价。且有搀和污泥，杂入皂荚、蛤灰等弊，盐质更差，以致江、广之民，膏血尽竭于盐，贫家小户，往往有兼旬弥月坚忍淡食不知盐味者，而邻私乃乘机灌入。此非私贩之销售能胜于官，实由盐价太昂有以致之也"。

总商控制的"月折"一项，"每年豢养乏商（财力消乏的盐商）子孙，按月折取银，亦用至十余万两，且续添未已"①。及至道光中叶，盐务改票，裁汰冗费，扬州"城内外为倡者，骤添三千余家。此辈受祖、父余荫，有一名目，月得例规，则酣歌艳舞，妇女亦逸乐嬉笑，惟知妆饰，骄惰既久，一旦失据，衣食无着，又不能事事，习苦未惯，无可奈何，与妻、子计议，惟以此事为便，遂忍心为之"②。所谓"月得例规"，指的就是"月折"。由此可见，改票之后乏商破产极多，下场也极为悲惨。因此，"从前之每年坐食数千金、数百金者俱多怨恨吹楚"③。据说，当时扬州人在叶子戏中增牌二张，一绘桃树，拈得此牌虽全胜亦负，故得者无不诟骂；一绘美女，曰"陶小姐"，得此者虽全负亦胜，故拈得之，辄喜而加谑词。此风一直盛行了一二年才告停歇。平山堂上"印心石屋"摹刻，被人用铁锥凿掉陶澍之名④，可见当时失去生活来源的扬州盐商对他的切齿痛恨。

虽然陶澍改革，删减了浮费，但"月折"制度似乎并未因此绝迹。民国时人徐谦芳在《扬州风土记略》卷中还说道：

> 世家式微，盐商中落，或与盐商有葭莩之亲、茑萝之谊者，盐业机关往往月予资助，曰干修，曰津贴，亦任恤之道也。

---

① 《陶文毅公全集》卷11《请删减盐务浮费及摊派等款附片》。
② ［清］焦东周生：《扬州梦》卷3《梦中事》。
③ 《陶文毅公全集》卷14《请复设盐政奉旨饬覆奏附片》。
④ ［清］金安清：《水窗春呓》卷下《改盐法》。

　　　　　　　　　　　明清徽商与淮扬社会变迁（全新修订版）

"葭莩"原指芦苇里面的膜，比喻疏远的亲戚；而"茑"与"（女）萝"，是两种寄生植物，也形容亲戚关系。由此可见，迄至晚清民国，在扬州，"月折"遗风犹存。这对于淮扬城镇、文化的发展，显然具有重大的影响。

徽商的社会流动及其影响

一、从祖籍地缘到新的社会圈——明清徽商的土著化进程

徽州是一个高移民输出的地区，在明清时期，新安商贾在全国各地随处可见，这早已是众所周知的事实了。然而，有关侨寓徽商土著化的几个问题，仍然十分模糊。日本学者臼井佐知子在《徽商及其网络》一文中指出：

> 大量徽州商人移居客地，他们的户籍也随之改变了，这一现象所蕴含的意义，迄今还未引起研究者的重视[1]。

所谓户籍的改变，当与明清时期的"商籍"和"占籍"问题有关。关于"商籍"问题，在 20 世纪 50 年代，藤井宏先生在他

---

[1]　译文载《安徽史学》1991 年第 4 期。

的力著《新安商人的研究》一文中，曾详细探讨过这个问题[①]。但他的诠释，显然还值得斟酌。

（一）"商籍"和"占籍"

"商籍"和"占籍"是两个经常引起混淆的问题。民国时人许承尧在《歙事闲谭》第39册中曾指出：

> 明制设科之法，士自起家应童子试，必有籍，籍有儒、官、民、军、医、匠之属，分别流品，以试于郡，即不得他郡试。而边镇则设旗籍、校籍；都会则设富户籍、盐籍，或曰商籍；山海则设灶籍。士或从其父、兄远役，岁岁归都郡试不便，则令各以家所业闻，著为籍，而试于是郡。

可见，"商籍"是关系到侨寓商人子弟科举考试的一个重大问题。关于两淮"商籍"问题之提出，主要是源于嘉庆《两淮盐法志》卷47《科第表上》的一段记载：

> ……至贡生一途，其目有五，大抵出于学校。明万历中定商、灶籍，两淮不立运学，附入扬州府学，故盐务无册籍可稽。且有西商无徽商，亦偏而不全。我朝初沿明制，嗣于乾隆四十四年，商、灶裁归民籍，更无区别。

---

① 译文收入《徽商研究论文集》（《江淮论坛》编辑部编，1985年版），关于"商籍"的研究，见该书第234—242页。以下凡引此文不另出注。

从《科第表》所列进士和举人的名单来看，在两淮"商籍"中也的确只有山、陕商人的子弟，而不包括徽商子弟在内。这究竟意味着什么呢？对此，藤井宏先生认为：

> 万历年间两淮的设立"商、灶籍"，系由于山、陕商人的积极活动而实现的，是以两淮的商籍几乎为山、陕商，特别是其中的大姓所独占。

不过，他又指出："山陕商人之在两淮，为实现'商灶籍'所进行的积极活动，……尚欠足资证明的具体史料。"之所以得出这一结论，完全是"从两浙的情况类推"而出的。

关于两浙的"商籍"，藤井宏先生认为："歙商无论是在故乡或在两淮，可以自由地应试而成为生员。然而，休宁商之在故乡既被歙商所压，亦少有进出两淮的余地，于是只好就两浙求得出路，万历二十八年的成功可说即其表现"，"万历二十八年两浙设商籍，是由于休宁商人的积极活动才成功的，所以后来休宁商在两浙登第者占绝大多数。"

然而，在事实上，虽然从嘉庆《两浙盐法志》卷25《商籍二》所列的人物来看，在两浙登第者中，诚如藤井宏先生所指出的那样，休宁人确实占了绝大多数，但两浙商籍的确立，却恰恰不是休宁人的功劳。藤井宏的根据是嘉靖［庆］《两浙盐法志》卷25《商籍二》的一段记载：

> 吴宪自新安来钱塘。初试额未有商籍，业醮之家，艰于

原籍应试。宪因与同邑汪文演，力请台使（巡盐御史）设立
商籍，上疏报可。至今岁科如民籍，科第不绝，皆宪之倡也。

他认为，上文中的吴宪和汪文演"大约是休宁人"，由此遽
下断语——两浙商籍是由休宁人的努力而确立。其实，汪文演
是歙县岩镇人 ①，另一名吴宪也是歙县人。据《丰南志》第 3 册
《人物·义行》记载：

　　吴宪，字叔度，一字无愆，杭商籍诸生。杭故未有商
籍，宪与邑汪文演上书当事，力言杭当局设籍。台臣以闻，
报可。

"丰南"亦即歙县西溪南，这里的吴氏是活跃于淮、浙两地
的盐商家族。显然，两浙商籍的确立并不是由于休宁人的努力而
获得，由此立论——"从两浙的情况类推"两淮的"商籍"问题
也就相当值得斟酌了。

　　其实，商籍的获得，并不是"根据其对于实现'商灶籍'的
功绩如何"来确定的，而是根据明清政府对"商籍"的严格规定
来具体实施。嘉庆《大清会典》卷 11《商籍》注认为："商人子
弟，准附于行商省分，是为商籍。"也就是说，客商子弟被允许
在其父、祖本籍之外的行商省份附籍，这就叫做"商籍"。这里
的"省分"，当指与本籍不同的省份。因此，如果我们具备历史

---

① 　民国《歙县志》卷 9《人物志·义行》。

政区地理的背景知识，上述的问题也就迎刃而解了。

在明代，徽州府属南直隶，与两浙运司所在的浙江省分隶二省，而与两淮运司所在的南直隶则同属一省，所以在明代两浙"商籍"中有徽商，而两淮"商籍"中却只有山、陕商人而无徽商。由此看来，无论是歙县商人还是休宁商人都不可能在两淮占有"商籍"；而在两浙，休宁商人在登第者中之所以占绝大多数，与他们是否"积极活动"完全无关。

及至清代，顺治二年（1645年）改南直隶置江南省。康熙六年（1667年）将江南省分置为江苏和安徽两省。从此，两淮徽商的"商籍"问题才提了出来。康熙五十七年（1718年）五月十七日，苏州织造李煦在《徽商子侄请准在扬考试并乡试另编商籍字号折》中指出：

> 窃两淮商人原籍，或系山西、陕西，或属江南之徽州。其西商子侄，或随父、兄在两淮，不能回籍考试，因另立商籍，每逢岁考，童生取入扬州府学，定额十四名。徽商子侄，因原籍在本省，不得应商籍之试。但徽商行盐年久，大半家于扬州，故徽州反无住居，且自扬至徽，道途千里，回籍考试，甚属艰难。今徽商求将子侄照西商例，亦于扬州府学额取十四名，免回籍应考[①]。

折中"徽商子侄，因原籍在本省，不得应商籍之试"之语，

---

① 《李煦奏折》（故宫博物院明清档案部编，中华书局1976年版）第242页，三二七折。

正可作明代两淮"商籍"中有西贾无徽商的注脚。另外，虽然康熙六年（1667年）已将江南省分置为江苏、安徽二省，但习惯上人们仍将两省合称"江南省"①，故此处仍有"本省"云云。

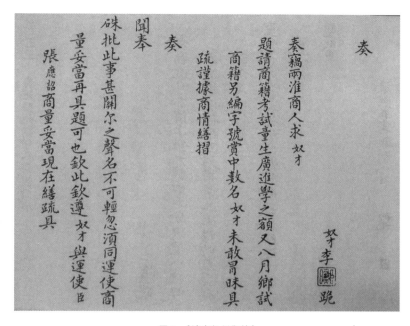

图 5 《清宫扬州御档》

那么，这次对"商籍"名额的争取是否成功了呢？康熙皇帝在上折中砾批曰："此事甚关尔之声名，不可轻忽，须同运使商量妥当，再具题可也。"可见，玄烨对此相当谨慎。康熙

① 《辞海》历史地理分册"江南"条，见上海辞书出版社1978年版，第97页。清黄钧宰《金壶浪墨》卷4《乡闱章程》："江南合两省（江苏、安徽）为一，与试者多至万六、七千。"

五十七年（1718 年）八月初九日，李煦又上《两淮商籍童生进学乡试事已与运使商妥折》，但未见康熙硃批①。据成书于清代中期的《钦定学政全书》卷 62《商籍学额》记载："江南商籍，额进十四名，泰灶籍额进三名，通灶籍额进三名（拨扬州府学……）。"对照李煦奏折，两淮商籍"童生取入扬州府学，定额十四名"。显然，"商籍"名额并未增广。另据《钦定学政全书》卷 67《商学事例》载：

> 乾隆二十三年议准：寄籍下江之徽商，与本籍不远，其子弟既得回籍应试，而行销浙盐，在浙江杭州府，复设有商学，准其考试，不便重占扬州商籍，以滋冒考之弊。嗣后除徽郡之人挈家入籍，地方官遵照入籍定例办理外，其应考商籍者，应令该学政及盐运使，遵奉定例，严加察核，不得徇从。

可见，徽商在两淮"商籍"中始终未获得过名额。清代以来，由于两淮盐商中山、陕商人的势力逐渐衰微，而"贾而好儒"的徽商又无法在两淮"商籍"中占据一席之地。故此，应试两淮"商籍"者寥寥。乾隆四十一年（1776 年）议准，"两淮商籍，现在额多人少，自不应仍照原额取进以滋冒滥，亦不便以商灶之额摊入民额，致启混淆之弊"②。因此，乾隆四十四年（1779年），商、灶籍裁归民籍，不再有所区别。不过，文中有关"徽郡之人挈家入籍"的记载，却为我们透露了徽商应试的另一

---

① 《李煦奏折》第 253 页，三三八折。
② ［清］素尔纳:《钦定学政全书》卷 67《商学条例》。

途径。

由上述可知，"商籍"仅是"附籍"的一种，只能算临时性的户籍；而"入籍"或者说"占籍"则是一种永久性的户籍。徽商取得"商籍"后，就能在侨寓地参加科举考试。但他在原居地应仍有固定户籍，从理论上应当也有资格应试。《歙事闲谭·程让堂〈五友记〉》就曾记载：

> 余之主岳南（引者按："余"指歙人程让堂；"岳南"为侨居杭州的歙丰瑞里人江衡字；"主"是指程让堂寓于江衡在杭州的家中），以应商籍试也。商籍必由盐司录送督学使者，乃得就试。余至稍迟，（盐）运司录中无名，意将止矣。谨度（钱塘诸生、祖籍歙县鄣岐人汪随字）私计曰："商、民互考旧矣，今某不于商则于民。"遂为余考民籍，得补录，县府试牒皆有名。……是岁，谨度先偕余归歙试，被落。反于杭，杭又不录……

由此可见，一些徽商就利用科举考试户籍限制方面的漏洞，"商、民互考""不于商则于民"，在祖籍地与侨寓地之间奔波，重复应试，寻找最佳的机会。

至于说"占籍"，与"商籍"的情形有所不同。据王觐宸《淮安河下志》卷13《流寓》记载，侨寓安东的歙县盐商程朝宣，因破产助塞卯良口决口，安东人"感其义弗衰，为请占籍，程氏之占安东籍，自朝宣始也"。此后，程氏子弟多为安东诸生。如"程垲，字爽林，弟嗣立，字风衣，由歙迁淮，相继为安东诸生"。诚如谢肇淛所说的那样，"国家取士，从郡县至乡试，俱有冒籍之禁"①，由于科举考试注重本籍问题，不言而喻，"占籍"需要有一定的条件。例如，现在的苏北灌南县地，明代为徽歙商民、庠生程鹏以重金买下。隆庆六年（1572年），"再购里人之地，立街立市，取名'新安镇'"②。到万历年间，发展成为东西南北广袤数十里的大镇。于是，"镇民自有明崇祯年间，已四十余年，于例相符，方欲具禀入籍，值'流寇'（按：指明末农民起义）猖獗，其议遂寝"③。所谓入籍，周庆云在《盐法通志》卷99《杂记三·两淮商灶籍学额》中谈道：

> （侨寓商民）其实有田户、坟墓在江南，与入籍之例相符者，准其呈明于居住之州县入籍。

嘉庆《如皋县志》卷4《赋役一·户口》也说：

> 其客户、外户有田地、坟墓二十年，听于所在隶名，即编为户。

道光《重修仪征县志》卷2《食货志一·户口》亦载：

> ……其客户、外户有田地、坟墓二十年者，准其入籍，

---

① ［明］谢肇淛：《五杂组》卷14《事部二》。
② 乾隆《新安镇志·户口》。
③ 乾隆《新安镇志·杂志·籍贯》。

俱为民户，无田地者曰白水人丁。

可见，在侨寓地拥有田地、坟墓二十年以上者，就可入籍当地。由于上述的入籍规定，徽商所到之处，纷纷求田问舍，以争取尽快土著化。所以康熙《徽州府志》卷4《风俗》记载道："徽之富民尽家于仪、扬、苏、松、淮安、芜湖、杭、湖诸郡，以及江西之南昌，湖广之汉口，远如北京，亦挈其家属而去。甚且舆其祖、父骸骨葬于他乡，不稍顾惜。"这里的"舆其祖、父骸骨葬于他乡"，正是为了入籍侨寓地。这种情况，早在明代就已如此。故而万历《杭州府志》卷19《风俗》记载："（杭州）南、北二山，风气盘结，实城廓之护龙，百万居民坟墓之所在地。往时徽商无在此图葬者，迩来冒籍占产，巧生盗心，或毁人之护沙，或断人之来脉，致于涉讼，群起助金。恃富凌人，必胜斯已。……此患成化时未炽，故志不载，今不为之所，则杭无卜吉之地矣。"此类为"冒籍"而"图葬"的举动，使得徽商"好讼"的形象在世人心目中根深蒂固[1]。除了寻求墓地外，徽商还大量购买田宅，如在苏北的清河一带，徽商"招贩鱼盐，获利甚多，多置田宅，以长子孙"[2]。这种情况应该相当普遍，所以万历《歙志·货殖》曾这样写道："九州四海皆歙客，即寄籍者十之五、六。"所谓"寄籍"，可能是指已经入籍侨寓地的情形。对此，光绪《太平府志》卷12记载：

---

[1] 参见拙文《明清时期徽商社会形象的文化透视》，《复旦学报》1993年第4期。

[2] 康熙《清河县志》卷1。

芜湖县，嘉靖六年，去任知县王德溢议：将地方居民与徽贾盐商土著者派夫三千三百五十六名，在官轮差答应。又以商之浮居僦屋或往或来者，令其出银协济各差之不足，年有余剩，以备支解长夫等项。

值得注意的是，这里就将徽州商人分成"徽贾盐商土著"和"商之浮居僦屋或往或来者"。显然，从户籍上来看，已有相当多的徽商在侨寓地土著化了。此外，《清高宗实录》卷1255乾隆五十一年辛未上谕也称：

上年江苏、安徽、山东、湖北等省被旱较重，民气未复，如江苏之扬州、湖北之汉口、安徽之徽州等地方，商贩聚集，盐商富户颇多，恐有越境买产、图利占据者，不可不实力查禁。

扬州、汉口和徽州都是两淮盐商麇居的重要据点。显然，上述的矛头，实际上就指向徽州商人，由此亦可看出徽商为入籍所做的种种努力。

（二）以侨寓地为中心重修族谱、重建宗祠

除了户籍上的变化外，侨寓徽商中还出现了两个动向：一是以侨寓地为中心重修族谱；二是在侨寓地重建宗祠。

清儒章学诚在《章氏遗书》卷30中就曾记载了一位乾隆年间的徽商事迹：程联槐，字三台，先世从徽州迁江夏，自高

祖、曾祖、祖、父和他"五世同居，人无闲言。联槐见族众人多，建宗祠，立祭田，修辑族谱以联属之"。这是徽州人以侨寓地为中心重修族谱和重建宗祠的一个显著例子。所谓"五世同居""族众人多"，都点明了侨寓徽商程氏聚族而居的情形。而在明清时期，所有聚族而居的家族组织，都由祠堂、家谱和族田连接起来。其中，家谱是联系家族血缘关系的主要纽带。

以侨寓地为中心重修的族谱，据笔者寓目的主要有《迁（无）锡许氏宗谱》《戴氏迁杭（州）族谱》（以上两部藏复旦大学图书馆特藏部）、《吴氏自徽迁润（镇江）宗谱》《黄氏自徽迁润宗谱》（以上两部藏安徽省图书馆古籍部）。虽然我所看过的族谱还相当有限，但这种以侨寓地为中心重修的族谱却相当引人注目。与族谱相伴而生的，往往是宗祠的重建。

宗祠是一个家族的标志，它的建立，既是宗族成员聚居和繁衍的结果，又需要大批资金的维持。

徽州是一个高移民输出的地区，早在明代，天下都会大的如北京、南直隶、浙江、福建、广东各省会，其次如苏州、松江、淮安和扬州各府，临清、济宁诸州，仪真、芜湖各县，瓜洲、景德各镇，以及山陬海隅、孤村僻壤，处处都留下徽歙商人的足迹。及至清代，外出经商之风愈煽愈炽，"商贾居十之七，虽滇、黔、闽、粤、秦、晋、燕、豫，贸迁无不至焉。淮、浙、楚、汉，又其迩者矣"[①]。以歙县为例，"商之地海内无不至，以

---

① 民国《歙县志》卷1《风土》。

业盐于两淮者为最著"①。例如，汪氏支派，虽然散衍于天下，但以寓居广陵业盐者为数最多②。郑村人郑景濂迁居扬州，以盐务起家，食指千数，五世同居共爨③。吴氏为徽州望族，世业盐法，原先分居于西溪南、南溪南、长林桥、北岸、岩镇诸村，后来侨寓扬州，"即以所居之村为派"④。济阳江氏一族，"多事禺䇲（盐业），聚处扬城"⑤。这些，都说明宗族聚居已有相当大的规模。有时，在侨寓地的宗族成员甚至超过了祖籍地，如明清时期，徽州鲍氏"子孙散居歙邑共二十九派，至迁往他省郡邑者更指不胜屈"⑥。其中，有一支自鲍屯迁东村，历十余世，于康熙年间又自东村迁和州，这一支后来称为"和州派"。据同治十一年（1872 年）四十九世"和州派"鲍源深称，太平天国以前，他从和州回歙县"瞻觐祠墓之余，询访所谓二十九派者，仅得八、九，即东村本族亦不满百人"。当时还没有经历咸丰兵燹，"而寥落荒凉固已如此！"⑦令他不禁感慨系之——这显然说明了留在祖籍歙县的鲍氏子孙已相当之少。二十九派中的新馆一支出自"德彰公"鲍受派下。鲍受原先是棠樾人（与清代两淮著名的盐务总商鲍志道是同里同族），明洪武年间，因入赘新馆村曹氏，从此就定居于新馆，这就是新馆鲍氏的始迁祖。此后，随着宗族人口的繁衍，鲍氏子孙也大批外迁各地。据《歙新

---

① 道光《徽州府志》卷 3《营建志·学校（书院附）》。
② 《汪氏谱乘·叙》。
③ ［清］李斗：《扬州画舫录》卷 8《城西录》。
④ ［清］李斗：《扬州画舫录》卷 13《桥西录》。
⑤ 《济阳江氏族谱》卷 9《清候选主簿嘉霖公原传》。
⑥⑦ 《歙新馆鲍氏著存堂宗谱》序。

明清徽商与淮扬社会变迁（全新修订版）

馆鲍氏著存堂宗谱》（鲍诚献撰，光绪初年刊本）卷16《迁派总目》载：

  总　支：迁杭州（1例）
  棠公派：迁江苏嘉定县（2例）
　　　　　迁浙江奉化县（1例）
　　　　　迁浙江龙游县（1例）
　　　　　迁浙江山阴县（1例2人）
　　　　　迁浙江兰溪县（1例）
　　　　　迁北京（1例）
　　　　　迁浙江西安县（1例）
　　　　　迁浙江嘉兴县王店镇（2例3人）
　　　　　迁江苏兴化县（1例）
　　　　　迁安徽芜湖县（1例）
　　　　　迁浙江余姚县（1例）
  集公派：迁浙江宁波府察院前（3例4人）
　　　　　迁浙江余姚县（1例）
　　　　　迁浙江镇海县（1例）
　　　　　迁江苏江宁府（1例）
　　　　　迁江苏（1例）
　　　　　迁安徽宁国府（1例）
　　　　　迁繁昌（1例）
　　　　　迁浙江宁波小海场（1例）
　　　　　迁浙江会稽县高车头（1例）

迁浙江会稽县傅家埭（1例）

迁永昌（1例）

宋公派：迁河南汝宁府新蔡县邓家冈（1例2人）

迁江苏苏州府（1例）

橐公派：迁浙江宁波府（1例）

迁安徽休宁县（1例）

迁江北（1例2人）

概公派：迁浙江西安县（1例）

迁浙江仁和县塘栖（1例）

迁浙江杭州府省城保佑坊（2例3人）

迁安徽全椒县（4例6人）

迁浙江山阴县大义村（1例）

迁浙江会稽县曹娥场（2例）

迁浙江宁波府（1例）

迁永昌（3例）

迁山阴县陶里（1例）

迁浙江嘉兴县（1例）

迁安徽宁国府（1例）

迁浙江宁波府小海场（1例）

迁四川成都县省城内（1例）

迁浙江镇海县崇邱乡（1例2人）

迁浙江杭州府（1例）

乐公派：迁浙江常山县（1例）

迁江苏镇江府（1例）

迁浙江余姚县（1 例）

三十七公派：迁浙江镇海县长山桥鼠头山（1 例）

迁南京（1 例）

迁项里（1 例）

迁清江浦（1 例）

迁浙江镇海县（2 例）

附：迁浙江杭州府省城内（1 例）

其中，集公派的"尚志公"，于乾隆中叶迁浙江会稽，卜居高车头，别建宗祠。到同治十三年（1874 年）已是六传，"自为一族"，号称"会稽派"或"会稽高车头派"。当时正值咸丰兵燹后不久，歙县新馆"祠宇荒落，丁口顿衰，迁避者多不复作归计"①。但在绍兴，鲍氏却于"战后复业，遂建五思堂宗祠，并置义冢"②——这是鲍氏迁居绍兴后第二次修建宗祠。

其次，从移民的资金及其流向来看，明人王世贞就曾指出："大抵徽歙，人十三在邑，十七在天下，其所蓄聚，则十一在内，十九在外。"③ 王世贞是嘉靖、隆庆时人，可见徽商资本和利润的大部分是流向了侨寓地。如歙县岩镇人阮长公，在芜湖以经商起家，"先是，长公将以歙为兔裘，芜湖为丰沛，既而业大起，家人产具在芜湖城内，外筑百廛以待傔居，治圃以待岁，凿洿池以

---

① 《歙新馆鲍氏著存堂宗谱》卷 2《征修徽州歙县新馆鲍氏宗谱启》。

② 民国《绍兴县志资料》第 1 辑《人物别传》"鲍森传"。

③ ［明］王世贞：《弇州山人四部稿》卷 61《赠程君五十序》。

待网罟，灌园以待瓜蔬，媵腊饔飧不外索而足"①。所谓"菟裘"，古邑名，春秋鲁地。《左传·隐公十一年》："使营菟裘，吾将老焉。"后世因称士大夫年老退隐之处所为"菟裘"。而"丰沛"则是汉高祖刘邦的故乡。"以歙为菟裘，芜湖为丰沛"，显然说明了侨寓地在阮长公心目中已成了安居乐业的故土。这种情形可能相当之多，所以乾隆时人程读山就认为，徽州"硗确少田，治生维艰，实最窭地。所谓素封，皆乡人之业薿于淮南北者，本州如洗，实不足当此虚名也。"②当时，盐业尤为兴盛，两淮八大盐务总商中，"（歙）邑人恒占其四，……彼时盐业集中淮扬，全国金融几可操纵。致富较易，故多以此起家，席丰履厚，闾里相望。其上焉者，在歙则扩祠宇，置义田，敬宗睦族，收恤贫乏"③。对此，臼井佐知子曾指出："移居客地的徽商在桑梓之地仍有祖先的墓地，他们委托族人管理，并定期回乡扫墓。但是随着岁月的推移，他们返乡的次数越来越少了则是事实。减少回乡的次数，与族人要求他们向宗族无休止的资助也不无关系。"④这种分析自然是符合事实的。不过，以侨寓地为中心重建宗祠，也应是减少回乡次数的一个重要原因。

《新安程氏世谱》（无为程佐衡修，清光绪十九年铅印本）卷首《新安程氏无为目耕楼宗祠记》曰："近来江淮间有所谓宗祠者，其礼果何放（仿）乎？《吾学录初编》云：始祖及高祖以上

---

① ［明］汪道昆：《太函集》卷35《明赐级阮长公传》。
② 许承尧：《歙事闲谭》第6册。
③ 民国《歙县志》卷1《风土》。
④ ［日］臼井佐知子：《徽商及其网络》，译文载《安徽史学》1991年第4期。

之祖，今人别立宗祠，春秋致祭，亦敬宗收族之道也。"

《新安程氏世谱》作于晚清时期，此处所说"江淮间"的宗祠，当指两淮盐商建立的宗祠。《歙事闲谭》第 7 册方西畴《新安竹枝词》记载："士庶著有《西畴诗抄》四卷，性孝友睦族，尝创建宗祠于扬州，置祀田。"乾隆时人李斗曾指出，在扬州，歙县方氏是与桐城方氏比肩称雄的望族，当时号称"歙县方"。对此，民国《歙县志》更具体指出，歙县方士庶"以侨居广陵未能即归故里，乃建宗祠，置祭田于扬，聚族之商于扬者，恪修祀事。"[1] 类似于方氏这样的应当还有不少。如《汪氏谱乘·叙》载："吾汪氏支派，散衍天下，其由歙侨于扬、业鹾两淮者则尤甚焉。居扬族人，不能岁返故里，以修禴祀之典，于是建有公祠。凡值春露秋霜之候，令族姓陈俎豆、荐时食，而又每岁派人专司其事。数十年来，人物既盛，而礼文器具未尝稍弛。"还有的盐商所建之宗祠不在扬州，如郑鉴元，"先世以盐笑自歙迁仪征，迁江宁，迁扬州，皆占籍焉"。他"建祖、父江宁宗祠，三置祭田，由县立案于府"，又"建亲乐堂于扬州宅后，子姓以时奉祀"[2]。

从上述三例来看，民国《歙县志》叙方士庶建扬州方氏宗祠一事于乾隆十六年（1751 年），郑鉴元建江宁郑氏宗祠也在乾隆五十五年（1790 年）之前，而《汪氏谱乘》则是乾隆间的抄本。这说明，至迟到乾隆年间，以侨寓地为中心重建宗祠，如果不是

---

[1]　民国《歙县志》卷 9《人物志·义行》。
[2]　许承尧：《歙事闲谭》第 25 册。

扬州盐商中普遍的现象，那至少也是相当多的一种情形。《新安程氏世谱》所说的"江淮间有所谓宗祠"，当即指由歙县盐商开始建立的这种宗祠。民国《歙县志》卷1认为："奢靡之习创于盐商，而操他业以致富者群效之。"显然，作为"闭关时代三大商"（盐、当、木）中的巨擘，歙县盐商以侨寓地为中心重建宗祠，的确相当耐人寻味。

除了扬州盐商外，还有其他的徽商也在侨寓地建有宗祠。《吴氏自徽迁镇宗谱》所反映的，便是一例。

《吴氏自徽迁镇宗谱》系光绪十九年（1893年）刊本，清镇江吴兆麟修，据卷3《岭后分支迁润谱序（道光二十一年）》载：

> 宗谱纪纲分派二十又二，迁徙遍于安徽、江、浙。

其中，大约是明末清初，九十四世吴梦弼自扬州府高邮州迁镇江丹徒县，"是为镇江始祖"[①]。关于吴氏入籍镇江的过程，该书卷4《墓图》载：

> 按：自茂公江孺人、允吉公汪孺人、仲达公方孺人、君兆公方孺人、子悦公，或居徽州，或居高邮，其神主皆进徽祠，是时仍歙籍也，而墓在镇江。查枣林（按：镇江一地名）地契，乃雍正二年，意镇江有祖墓，故迁籍丹徒。迨雍正二年汤孺人安葬，添置山地，因并祖茔之地而书一契欤！

---

① 《吴氏自徽迁润宗谱》卷2《年表》。

显然，吴氏在镇江一带活动，购有祖墓之地，后来才迁籍丹徒（镇江府首县）。这与前述"占籍"的情形基本吻合。他们可能最初是以盐商的身份来到高邮、镇江一带，后来逐渐土著化，所以卷1《新安吴氏宗谱纪纲迁籍支派序》称"耕读、盐贾承传"。

　　原先，侨寓高邮的吴氏，"其神主皆进徽祠"；而侨寓镇江的吴氏也仅有墓祭而无祠祭，所谓"春露秋霜之感，仅寄之墓门"。据说，他们早已有心建祠，但一直心有余而力不足。直到道光乙酉（道光五年，即1825年）清明日，"左源公"游南郊时，路见某大姓祭祠而归，触景生情，才商议由族人捐资，建成"敦厚堂"。由于吴氏不是两淮盐商那样的商界巨擘，从未"显达"过，所以家庙或宗祠都相当简单。不过，其宗祠的建立仍然相当耐人寻味。

　　一般说来，神主的摆法，始祖居于正龛之中，以下诸祖分左昭右穆摆在始祖神主的两旁，通常是从家族现在的最长辈者算起，正龛上只设考、祖、曾祖和高祖四世的神主。超过四世的则将神主迁到配龛上去，但始祖是不迁的，永远摆在正龛上——这就是宋以后近代宗法制度中民间所理解的"百世不迁"和"五世则迁"的原则[①]。从镇江吴氏祠堂来看，龛凡七级，除了奉祀太伯、季子和少微外，还"中祀梦弼公"，以下再分左昭右穆。显然，始迁镇江的"梦弼公"也作为不迁的始祖来看待，从这一点上也可以看出徽商正一步步地从祖籍地缘转向新的社会圈。

　　值得注意的是，《吴氏自徽迁镇宗谱》卷1《新安吴氏宗谱纪

---

① 　参见徐扬杰先生《中国家族制度史》，第7章，人民出版社1992年版。

纲迁籍支派序》还指出：

> 人繁族众，远近实难齐一。以始祖泰伯言之，则均是子
> 孙，安得而歧视之乎？其初兄弟也，兄弟始一人也，能知一
> 人之身则爱敬生而根本厚矣。奈子孙不知一本所从出，支派
> 所由分，各以其地为名，又各以始迁之祖为宗。噫！大失尊
> 祖敬宗收族之义也哉！

显然，除了《吴氏自徽迁润宗谱》那样冠以"徽"和"迁"
名的族谱让人一眼看出祖籍出自徽州以外，当有不少"各以其地
为名"的族谱，实际上其祖籍也应出自徽州，而且，后者可能还
占相当多数。这除了长年在外、与祖籍地的联系日益松弛外，可
能还有心理上的因素。《新安程氏世谱》卷7《征文录》引《近思
录》注《徽州府志》曰：

> 徽地瘠人稠，往往远贾以逐利，侨居各大都邑，天下之
> 人与吾徽人接者，几尽疑为膏腴中人，遂使徽之孤寒士辄不
> 欲以徽人称。

或许正是因为有大批的徽州人"不欲以徽人称"，所以即使
他们修有族谱，也不冠以徽州之名，这应当也可以用来解释"乾
隆末年以后，有关徽商的记载减少了"[①]的原因吧。从这一点上，
也可想见徽商土著化的规模！

---

① ［日］臼井佐知子：《徽商及其网络》，译文载《安徽史学》1991 年第 4 期。

二、"无徽不成镇"——徽商与盐业城镇的发展

徽州有一句俗谚称："宁发徽州，不发当地。"[①] 说的是旧时徽商在外，盈利不留外地，将所得利润均携回家乡添置产业或举办公益事业。其实，这可能是一句很老的谚语（或仅仅反映叶落归根的一种愿望）。因为自从明代中后期以来，随着徽商土著化的进程，大批的徽州人以侨寓地为中心重修族谱和重建宗祠、从而由其祖籍地缘转向了新的社会圈，徽州商人及其后裔的社会流动大大增加，从而极大地影响了徽商利润的流向。明嘉靖、隆庆时人王世贞就曾指出：

> 大抵徽歙，人十三在邑，十七在天下；其所蓄聚，则十一在内，十九在外[②]。

这种资金流向，促进了侨寓地商业和城镇的发展。沿江一带"无徽不成镇"的俗谚，就是在这种背景下产生的。以苏北为例，万历年间，萃集于安东一地的淮北盐商资本"岁不下二十万"[③]；而在淮南，广陵的盐商资本更超过三千万两，其中有相当大的

---

① 崔莫愁：《安徽乡土谚语》"人文、社会类"。
② ［明］王世贞：《弇部山人四部稿》卷 61《赠程君五十序》。
③ ［明］文震孟：《创筑城垣纪略》，光绪《重修安东县志》卷 3《建置》。

份额用以各商肥家润身及施舍僧、道、丐、佣和构建桥梁、梵宇等①。这些用于奢侈性消费的资金，及至清代乾嘉时期，更加挥霍无度。当时，"淮南禺筴（盐业）所入，可当天下租赋之半，官、商上下皆宽然有余裕，贤者馆游士，养食客，赒无告之民；否则治园亭，教歌舞，岁縻金钱无算"②。淮扬等地城镇、文化在明清时期的空前繁荣，正是建筑在这些丰厚的盐商资本基础之上。

（一）"扬州繁华以盐盛"——新、旧二城地域分异之形成

扬州位于长江和运河交会处，优越的地理位置，为城市的发展提供了有利的条件。嘉庆《扬州府志》序曰：

> 东南三大政，曰漕，曰盐，曰河。广陵本盐筴要区，北距河、淮，乃转输之咽吭，实兼三者之难。

特别是盐业，与扬州城市发展的关系尤为密切。中唐以来，随着赋税重心的南移，淮南盐业应运勃兴，盐税在国家岁入中占据了首要的比重。及至明弘治以后，运司纳银制度确立，广陵作为淮鹾总汇，殷实富商鳞集骈至，对扬州城市的地域分异，产生了极其深刻的影响。

1. 盐商内徙与明代扬州新城的建立

元末至正十七年（1357年）冬，朱元璋军队攻克扬州，兵

---

① ［明］宋应星：《盐政议》（转引自叶显恩先生《徽商的衰落及其历史作用》一文，见《徽商研究论文集》）。
② 光绪《两淮盐法志》卷150《杂纪门·祠宇》。

明清徽商与淮扬社会变迁（全新修订版）

燹劫余，金院张德林在宋大城西南隅改筑城垣，这就是明代的扬州旧城。当时，天下尚未平定，扬州城作为战时的据点，发挥着传统行政中心和军事据点的职能。

及至十五世纪，明成祖迁都北京，皇朝的政治中心远离富庶的东南地区，但官俸军饷和日用百货却仍旧仰给江南。扬州是"自南入北之门户"，更为"留都股肱夹辅要冲之地。两京、诸省官舟之所经，东南朝觐贡道之所入，盐舟之南迈，漕米之北运"①，全都经由此地。然而，扬州旧城东面远离运河，不仅难以发挥运河沿岸城市转输贸易之功能；而且，就连城市本身生活必需品的供应也成了一大难题。加上其后人口繁庶，以致"城小不能容众"，更成了突出的矛盾。因此，扬州城区由东、南两方趋向运河延伸，实乃必然之势。这是扬州城市发展的客观动因。

宣德四年（1429年），广陵钞关设于旧城东南濒临运河处，关务所在，游民骈集。在城东大东门外，自洪武三年（1370年）设立两淮都转运使司，到正德五年（1510年），"司址东、北民居鳞集"②，盐务官员又陆续在西、南两面建房百间，召人居住。到嘉靖二十一年（1542年）前后，江都县城厢人口，在城四里，东厢一里，南厢一里③，关厢人口大致已占到城厢总人口的三分之一。当时，大批盐商纷至沓来，尤其是弘治年间盐政制度改革以后，蹉商更是大量卜居邗上。嘉靖三十七年（1538年）前后，

---

① ［明］张宪：《侍御金溪吴公浚复河隍序》，嘉靖《惟扬志》卷27《诗文序十一》。
② 嘉庆《两淮盐法志》卷37《职官六·庙署》引嘉靖《盐法志》。
③ 嘉靖《惟扬志》卷7《公署志（宅里附）》。

仅西北贾客流寓扬州的人数，就达数百人之多 ①。此外，与山、陕盐商比肩称雄的，还有众多的徽歙鹾贾。他们为盐运方便，主要宅居于沿运河一带的隙地，即后来的河下街（北河下、中河下和南河下）。

嘉靖中、后期，江都县为"四方舟车商贾之所萃，生齿聚繁，数倍于昔"，而盐运司和商人"实居旧城之外，无藩篱之限"。嘉靖三十四年（1555年），倭寇侵掠扬州，"外城萧条，百八十家多遭焚劫者" ②。为了确保运司课银的征收，保护禺筴富贾的安全，知府石茂华借商盐银三万两，于旧城外环河增筑新城。新城又称"东城"或"石城"，位置当宋大城的东南隅，东、南、北三面，城周约八里有奇，计1542丈，有七个门，即挹江（钞关）、便门（徐宁，亦即徐凝）、拱辰（天宁）、广储、便门（便益）、通济（缺口）和利津（东关）。沿旧城东城濠，设南、北两水关，而东、南二面，即以运河为濠。嘉靖三十七年（1558年），倭寇再次进犯扬州，全赖"外城巍然，岸高池深"，加上五百余名西北"商兵"英勇骁战，胜似三边劲旅，扬州才得以免遭蹂躏 ③。

此后，新城飞速发展，"民居鳞然"，因此前倭患而化"为灰烬者，悉焕然为栋宇"，人物熙来攘往，"商贾犹复聚于市；少者扶老赢，壮者任戴负，与夫美食衍食之人，犹复溢于途；风晨

---

① 嘉庆《重修扬州府志》卷52《人物·笃行》"阎金"条。
② ［明］何城：《扬州府新筑外城记》，乾隆《江都县志》卷3《疆域·城池》。
③ 嘉庆《两淮盐法志》卷44《人物二·才略》"阎金"条；参见郑晓：《端简郑公文集》卷10《淮扬类·擒剿倭寇疏》："又有巡盐御史莫如土，选取山西、陕西盐商家属善射骁勇者五百名，名为'商兵'，专委运司副使汪集操练，以备城守。"

月夕，歌鼓管龠之声，犹复盈于耳；弦歌诵习，在乡塾者无处不然"，一派升平景象，以至商民"无复移家之虑"①。其后，随着两淮盐业的进一步发展，鹾商麇集骈至。万历年间，在广陵的盐商多达数百余家②，资本总额超过三千万两，"扬州富甲天下"③也已驰名远近。于是，"四方之托业者辐辏焉"④。适应奢侈消费需求的服务性阶层也纷至沓来。这些，都对扬州城市的嬗变，产生了深刻的影响。

2. 清代盐商与扬州的城市建设

明末江淮一带的动乱，尤其是随后的"扬州十日"，使城市遭受到空前破坏。清兵用飞炮轰击城垣西北隅，攻陷东、西二城，并大肆屠杀，"民膏锋刃几尽"⑤。兵燹劫余，芜城再墟！

在明末清初的浩劫中，不少盐商都受到了沉重的打击，"旧商亡审失业者过半，盐笑凋耗"⑥。不过，及至康、雍时期，随着社会的逐渐安定，盐业得到了进一步的发展，鹾商"生意年年俱好，获利甚多"⑦，"以盐为业"的扬州城市经济也得以迅速恢复。

---

① ［明］何城：《扬州府新筑外城记》，乾隆《江都县志》卷3《疆域·城池》。
② ［明］袁世振：《两淮盐政编四·再上李桂亭司徒》，见《明经世文编》卷477。
③ 万历《通州志》卷8《遗事叙》。
④ ［清］高士钥：《重修天宝观碑记》，乾隆《江都县志》卷17《寺观》。
⑤ 康熙《扬州府志》卷8《城池》。
⑥ 嘉庆《扬州府志》卷4《宦迹三》；周亮工：《赖古堂集》附录黄虞稷撰：《行状》："(清初）时广陵方罹兵燹，丘墟弥望，商家经屠剪后，喘息未苏，而积盐未撤曰垣盐者，以商散亡，皆没于官……。"韩炎：《江阴城守纪》上载：明末"郑帅率流兵千人过境，头裹红罗，始则携小盐包，百姓争买，启视中有金银货宝，而兵不知也。盖淮、扬巨室，载以避乱，为所掠得者。"
⑦ 《李煦奏折》第219页，《两淮众商求代题再借皇帑折》。

雍正十年（1732 年），因生齿日繁，分江都县之西北建甘泉县。乾嘉年间，城中商民杂处，一度多达数十万①。居民接甍连楹，"笙歌舆从，竟日喧聚"②。

康、乾二帝南巡扬州，尤其是乾隆六次驻跸邗上，对于新、旧两城的发展，产生了巨大的影响。当时，"盐筴极盛，物力充羡，值高宗南巡，大构架，兴宫室，建园池，营台榭，屋宇相连，蠹似长云"③，扬城面貌焕然一新。为了供邀宸赏，他们不惜工本，大兴土木。

扬城西北的平山堂一带，是闻名遐迩的名胜古迹，也是康、乾二帝多次登临观赏的地方。其下的保障河，也称"炮长河"，襟带蜀冈，蜿蜒曲折，南至今城西北隅，全长约六华里。雍正十年（1732 年），两淮盐运使尹会一"周回故址，扩而疏之，更为凿其断港绝潢，使欸乃相闻，迤逦以至于平山之下"。沿河两岸，植柳种桃，以"壮郊原名胜之观"，供"市河之蓄泄"④。乾隆二十三年（1758 年），又凿莲花埂，浚河通平山堂。从此，保障河畔，笙歌竟日，画舫云集，成为扬城西北著名的冶游胜地，可以与杭州的湖光山色媲美，所以有"瘦西湖"之称。

旧城市河原是连接城内外的主要通道，但因两岸人烟稠密，旋浚旋湮。到康熙中、后期，就全部干涸了，"水门皆设而常

---

① 嘉庆《两淮盐法志》卷 36《职官五·名宦》。参见拙文《明清两淮盐业与扬州城市人口数的再认识》，载《盐业史研究》1994 年第 3 期。

② 全祖望：《九日行庵文宴序》，《鲒埼亭集外编》卷 25。

③ 徐谦芳：《扬州风土小记》稿本。

④ ［清］尹会一：《重浚保障河记》，赵之璧：《平山堂图志》卷 9《艺文七》。

关"。为了满足东城盐商富户的冶游需要，在小东门钓桥下筑坝，"令河北徙，出大东门水关，汇镇淮门市河，入保障湖，以利东城画舫"①。从此，由新城市河迄至西北保障湖，"不通货载舟楫，日夕惟见画船箫鼓而已"②。新城市河被改造成专为旅游而设的城内市河，因其两岸酷似金陵河房，故有"小秦淮"之艳称。

为了迎接弘历巡幸邗上，凡其驻跸经由之处，无不刻意装饰，"其马头例铺棕毯，……御道用文砖，亚次暂用石工"，此外则用土铺垫。从城外东北的香阜寺直抵新城天宁门行宫，由两淮众商新开一条河（称"新河"），以供乾隆轻舟临幸。由天宁门、天宁街、彩衣街、司前三铺、教场、辕门桥、多子街和埂子上，出钞关、花觉行，至钞关马头为新城御道，"道旁或搭彩棚，或陈水嬉，共达呼嵩诚悃"③，连乾隆皇帝都觉得有点"滋靡费甚"了④。原先，新、旧两城地势卑湿，淫雨积潦，沟亦易淤。乾隆二年（1737 年），淮南盐务总商创议修浚，绅商马曰琯请于其所居自广储门至便益门，独立捐之，其余分十四段众商公修。新、旧二城官井，也相继疏浚。与此同时，盐商们还捐输巨赀平展道途、架设桥梁。例如，扬州古雷塘，是府城西北孔道，乾隆三年（1738 年），徽商汪应庚修建石桥，以便行旅；新城东关大街，鹾贾罗绮重甃，并筑城外石码头；康山西至钞关，北抵小东

---

① ［清］李斗：《扬州画舫录》卷 9《小秦淮录》。
② ［清］费执御：《梦香词并引调寄江南好一百二十首》："扬州好，北郭冶游场，但许游船通画港。"
③ ［清］李斗：《扬州画舫录》卷 1《草河录上》。
④ 徐谦芳：《扬州风土小记》稿本。

门，由徽商鲍志道重修，尽甃以石^①。显然，康、乾二帝的南巡，客观上促进了扬州城市的发展。

经过明清两代盐商的悉心经营，扬州城市的地域分异日趋明显，城市经济呈现出显著的奢侈消费性质，"富商大贾出有余以补不足，而技艺者流藉以谋食"^②，禺筴巨商奢侈豪华，市井小民沾其余润。因此，早在万历年间，扬州城内便形成了这样的格局：

> （广陵）多杂居之人。处新城者尽富商大贾，崇尚侈靡；……旧城多缙绅家，阖户不事事；而出入闾阎，止沽浆市饼及舆皂，以是群居饮博，往往有之。

当时，新、旧二城"贫富不相轧轧"^③，这为我们勾勒出当时城市职能分区的粗略轮廓。及至清代，这个轮廓便显得更加清晰。而其中最为显著的，便是位于新城河下一带的盐商麇居区。

早在元代，淮盐由商人买引，自行赴场支取盐斤，运到扬州东关，等候勘合通放。由于"船稍人等，以盐主不能照管，视同己物，恣为侵盗，弊病多端"。有鉴于此，至顺四年（1333 年），有盐务官员建议，在东关城外运河两岸的"官民空闲之地"中，由醝贾自行赁买基地，起造仓房，支运淮盐贮存仓内，等到通放临期时，用船载到真州发卖^④。可能就在此时，已有盐商赁居

---

① 嘉庆《两淮盐法志》卷 56《杂纪》、卷 46《人物五·施济》。
② 嘉庆《扬州府志》卷 3《巡幸志》。
③ 万历《江都志·提封志·谣俗》。
④ ［明］王圻：《续文献通考》卷 23《征榷考·盐法上》。

扬州河下一带了。不过，大批盐商宅居斯地，则在明代中叶以后。弘治年间，运司纳银制度确立，赴边开中之法破坏，商屯撤业，原先纳粮中盐的西北边商及徽歙盐商，纷纷"徙家于淮南以便盐"①。他们在广陵求田问舍，安家落户。因行盐方便，主要卜居于城外沿运河一线，即河下一带，形成了早期的盐商聚落。《扬州画舫录》载有"黄家店""高家店""樊家店""夏家店""傅家店""史家店""安家店""宗家店"及"穿店"诸地名，都分布于新城，而且一半以上位于从北河下到南河下长达四里的狭长地带。据林苏门《邗江三百吟》卷3记载：

> 扬州运盐之家，虽土著百年，而厮仆皆呼其旗名，曰"某某店"，故高门大屋，非店而亦曰"店"也。

可见，这些带"店"的地名，都与盐商的经济活动有关。至于"店"的确切含义，《明实录》中有一段史料恰可用作注脚。隆庆三年（1569年），巡按直隶监察御史苏朝宗在《条陈盐法六事》中指出：

> 国初边商亲自支盐，至仪、淮二所掣卖。其后因于余盐，将河盐堆置淮、扬；存积渐多，不暇守候，乃分拨引目鬻之居民，故内商坐致富饶，而边商奔走益困。……两淮运司设有店户居停，近来店户计引征银，岁以万计②。

---

① ［清］金镇：《盐法考》，贺长龄辑：《皇朝经世文编》卷50《户政·盐课下》。
② 《明穆宗实录》卷6隆庆三年三月丙申。

所谓店户，即供边商积盐的扬州住户。事实上，这些店户可能大多是由内徙的边商和内商兼任。特别是在新城建筑以后，盐商更是比肩接踵地卜居河下，有道是——

> 醝客连樯拥巨赀，朱门河下锁葳蕤。
> 乡音歙语兼秦语，不问人名但问旗①。

说"歙语"的自然是徽商，而一口秦腔的则是西贾（山、陕商人）无疑。尤其是东南徐凝（宁）门一带，及至明末，"皆醝客侨聚，为财赋重地"②。

清代康熙中叶以后，淮盐销售极畅，盐商获利甚丰，卜居广陵者更是纷至沓来。"扬州好，侨寓半官场，购买园亭宾亦主，经营盐、典仕而商，富贵不还乡"③。河下一带，华屋连苑，"郁郁几千户，不许贫士邻"④，成为令人歆羡的富商麇居区。"通河（众商）"的提法，从此成了官方文书和当地俗语的习惯语汇，这说明河下盐商社区已颇具规模。特别是南河下街，"殷商巨族，高楼宅第，通衢夹道，阛阓市桥"⑤，鳞次栉比。著名的大盐商江春、徐赞候、黄晟和鲍志道等，全都定居于此。乾隆南巡时，召见士绅秦黉，垂询新、旧城有何区别，对以"新城盐商居住，旧

---

① ［清］何嘉埏：《扬州竹枝词》，康熙《扬州府志》卷35《艺文》。
② ［清］吴绮：《卓烈妇钱宜人墓志铭》，嘉庆《江都县续志》卷9。
③ ［清］惺庵居士：《望江南百调》，见《扬州丛刻》。
④ ［清］吴嘉纪：《陋轩诗续》卷上《河下》。
⑤ ［清］宗元鼎：《游康山草堂记》，嘉庆《江都县续志》卷9《艺文》。

城读书人居住"①，东城蔚成鹾贾之薮。及至河下社区形成以后，旧城盐商也纷纷徙居斯地——

> 半是新城半旧城，旧城寥落少人行。
> 移来埂子中间住，北贾南商尽识名②。

据笔者接触到的大量史料分析，到乾嘉年间，除了寓居旧城东门粉妆巷的总商罗荣泰③以外，其他盐商似都集中于新城。而且，随着纲盐制度的确立和发展，许多盐商逐渐脱离了运商队伍，纨绔相承，鲜知营运，成为垄断引窝专利的"蠹商"。为此，不少先前在仪征"马头"行盐的运商，也纷纷迁居河下，形成"仪征又太半居郡城"④的局面。众多的盐商群居终日，主要的商业活动便是炒卖盐引。当时，在新城五城巷有引行公店，大概就是炒卖盐引的机构。与此毗连的丁家湾，有丁家湾公店，凡替盐商经手代办的商厮商夥，全都集中于此，所谓"门非曝卤煎沙地，货有甲乙丙丁纲，交易无私寅夜盛，不关己事为人忙"⑤。

---

① 董玉书：《芜城怀旧录》卷1；参见陈懋森《休庵集》卷1《秦彤伯（茶申）补绘先世小盘谷图属题》。

② ［清］何嘉埏：《扬州竹枝词》，康熙《扬州府志》卷35《艺文》。

③ ［清］林苏门：《维扬竹枝词》："商总才从院上回，粉装巷内大门开，旧城犹有罗荣泰，飞轿都因议事来"，粉装巷即粉妆巷，北接小东门街，该地处官绅居住区。

④ 光绪《续修甘泉县志》凡例。

⑤ ［清］林苏门：《邗江三百吟》卷1《播扬事迹·丁家湾公店》；林苏门：《维扬竹枝词》："丁家湾里暮朝烟，中有西商住一边，上院上司皆代办，只因济美结良缘。"诗中的"代办"，即指替山西盐商尉济（跻）美办事的商厮商夥。

在丁家湾以西，有一条"引市街"（迄今尚存，南接河下街，西至渡江路），巷宽仅一米左右，极为湫隘，大致出现于乾隆年间，商贩商夥于此"专门囤积引窝，日望江、广（按：指江西、湖广淮盐引地）之卖价增长，其窝价亦可骤昂，坐收倍利"①。当时，淮南盐务如日中天，百数十家的徽商西贾辐辏邗上，"蓄资以七、八千万计"②，其中，殷实商人拥赀千万，其次也高达数百万。由于盐商的财聚力厚以及盐课在国家岁入中所占的地位，汇兑事业也迅速发展，扬州成了全国最大的金融中心城市。"淮南淮北生涯好，侨寄新添会票人"③，钱庄、典业都相当发达。

商家既囊丰箧盈，故而夸侈斗靡之风极为盛行。"其时，两淮司禺筴者侈隆富，多声色狗马投骰格五是好"④。新、旧两城集居的大部分服务性阶层，正是为了满足这种奢侈需求。史志屡称，"江都多富商大贾，民以末作依之"，"商人习为侈靡，其技巧役之贫民，藉以糊口者甚众"⑤。这就造成扬州城市地域分异的显著特征。商业区的形成和发展，便是其中一个显明的例证。

明清时期有关扬州商业区的记载，始见于嘉靖《惟扬志》。该志卷7《公署志（宅里附）》江都县下，列有十五个市。明末清初，扬州"历经劫火，井衍市廛迁改非一"⑥，到雍正年间，

---

① 《清高宗实录》卷739，乾隆三十年六月癸酉。
② ［清］汪喜孙：《从政录》卷3《姚司马德政图叙》；参见同书同卷《户部时事策十二条》。
③ ［清］林苏门：《维扬竹枝词》。
④ ［清］袁枚：《小仓山房诗文集》卷31《诰封光禄大夫奉宸苑卿布政使江公墓志铭》。
⑤ 光绪《续修甘泉县志》卷首。
⑥ 康熙《扬州府志》卷1《舆图》。

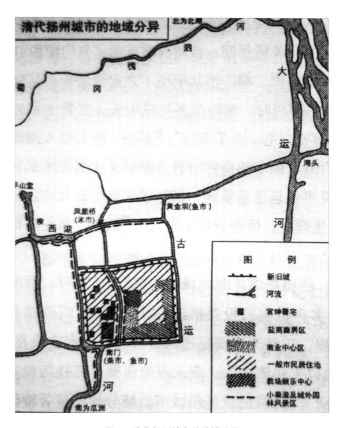

图6 清代扬州城市的地域分异

"旧志所载诸市率多更易，而新、旧两城之市且月增而岁倍，阛阓密联，檐牙参错，居者鳞次猬集，行者毂击肩摩"[1]。此后，因康、乾二帝数度南巡，新城商业区迅速拓展。原先，新城卫教场

_____

[1] 雍正《江都县志》卷7《疆域志·镇市》。

上建有一方圆 108 亩的扬州营盘，营北新圈门路通两淮盐运司，但因堪舆家言而长期堵闭，车骑不通，"草长及肩，哺无过人"，相当荒凉。康熙年间，由于"銮辂南巡，郡守始复辟行"①。康熙三十四年（1695 年），徽商汪简臣捐修教场街道，自通尺街至新圈门，南北道路得以畅通无阻。于是，军营被一分为二，为东、西二营。乾隆二年（1738 年），徽商汪承炳又捐修了自守备署至松风社巷的东西大路，教场成为商业区更趋加速。据翌年查勘的结果显示，在 108 亩的旧址上，共建有兵、民房屋 1200 余户，"操基较昔仅十分之一"②。教场日见逼削，"甚至演武厅前，仅堪旋马"③。到乾隆三十二年（1767 年），总督高晋不得不檄令移改教场于西门外蜀冈之下，原有隙地除供平时小操外，余者由徽州盐商黄源德等人召民领建认租，作为盐务公地，在上建立水神和财神庙宇，以期淮艖旺产旺销，财源茂盛。清高宗驾幸邗上，"由天宁门城内东入彩衣街，左折运司街、教场、辕门桥、多子街、埂子上，出钞关，右折花觉行，入九峰"，称为"小东门外新城御道"。为供邀宸赏，"南巡时，墁石清道，如铺沙藉路之例"④，沿途街衢都大加整治，从此，这条御道便成了扬城商业最为繁华的地段。《咸同广陵史稿》称之为"两淮精气"所在，沿途皆"高固新屋"。

　　清代前期淮南盐务繁盛时期，产销两旺，广陵城市经济也极

---

① ［清］陈述祖：《扬州营志》卷 16《杂志》。
② ［清］陈述祖：《扬州营志》卷 9《署舍》。
③ ［清］陈述祖：《扬州营志》卷 7《征款》。
④ ［清］李斗：《扬州画舫录》卷 9《小秦淮录》。

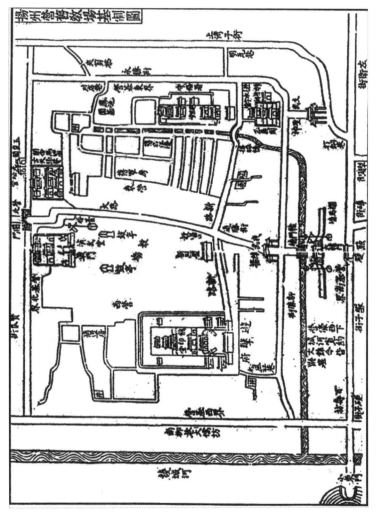

图 7 扬州昔日教场基制图

为繁荣。"三年看熟扬州肆，富室宅第密鳞次"①，新城商业市肆稠密，相当繁华。如多子街（即缎子街）两畔皆缎铺，"为扬城商贾富盛之所"②。乾隆十年（1745年）的一场大火，就烧去铺户五百余间，由此可以想见该街市廛的规模。"每货至，先归绸庄缎行，然后发铺，谓之'抄号'，每年以四月二十日为例，谓之'镇江会'"。又如翠花街（也名新盛街），"市肆韶秀，货分隧列，皆珠翠首饰铺"。再如埂子上（即钞关街），北抵天宁门，南抵钞关口，"其上两畔多名肆"③，像天下闻名的戴春林香铺，就坐落在该街之上。此外，皮市街上有经营各种皮货的店铺；彩衣街上，则有制作各式服装的衣局；硝皮袄者（俗称"毛毛匠"），又聚居于翠花街上。前街肆、后作坊，构成了扬城商业——手工业作坊区的基本格局。

除了商业区外，城外名胜风景区的形成，更是与两淮盐商结下了不解之缘。

"扬州园林之胜，甲于天下"④。城内名园有数十处，"增假山而作陇，家家住青翠城闉"⑤，蔚成一时风尚。城内园林以新城居多，尤以南河下盐商麇居区最为稠密。清代前期，城外名胜二十六处，共三十九个风景点，"率皆商人自修其业，供奉宸游之所"⑥。

---

① ［清］孔尚任：《蓬门行为张谐石韵》，《孔尚任诗文集》卷2《湖海楼·戊辰存稿》。
② ［清］陈述祖：《扬州营志》卷16《杂志》。
③ ［清］李斗：《扬州画舫录》卷9《小秦淮录》。
④ ［清］金安清：《水窗春呓》卷下《维扬胜地》。
⑤ ［清］李斗：《扬州画舫录》谢溶生序。
⑥ 嘉庆《两淮盐法志》卷4《恩幸五·行宫（附名胜园亭）》。

图 8 篠园花瑞

扬州园亭及所属盐商姓名表

名　胜	所属盐商姓名	名　胜	所属盐商姓名
平山堂	汪懋麟	梅岭春深	程志铨
	汪应庚	邘上农桑	王勖
	汪立德	杏花村舍	王协
	汪秉德	临水红霞	周枬
小香雪	汪立德	平冈艳雪	
双峰云栈	程玓	长堤春柳	黄为蒲
山亭野眺			吴尊德
尺五楼	汪秉德	趣园	黄履暹
万松叠翠	吴祖禧		张霞
春流画舫	汪文瑜	净香园	江春
	张熊	冶春诗社	王士铭
高咏楼	李志勋		田毓
	张绪	九峰园	汪玉枢
篠园花瑞	程梦星		汪长馨
	汪廷璋	倚虹园	洪征治
春台祝寿	汪廷璋		洪肇根
平流涌瀑	汪焘	西园曲水	张氏故园
			黄晟
锦泉花屿	吴玉山		汪羲
	张正治		汪灏
水竹居	徐士业	卷石洞天	员氏
白塔晴云	程扬宗		洪征治
	吴敹	城闉清梵	毕本恕
	巴树保	墅云春暖	闵世俨
桃花坞	黄为荃		汪重耿
	郑之江		罗绮
		东园	淮商
		康山	江春
		竹西芳径	尉涵
		锦春园	吴家龙

资料来源：嘉庆《两淮盐法志》卷首 4《恩幸五》。

明清徽商与淮扬社会变迁（全新修订版）

上述各名园绝大多数为徽商所建，沿着保障河两岸随着水流的脉络蜿蜒分布。由北门外直抵平山堂，两岸数里"楼台相接，无一处重复。其尤妙者在虹桥迤西一转，小金山矗其南，五顶（亭）桥锁其中，而白塔一区雄伟古朴，往往夕阳返照，箫鼓灯船，如入汉宫图画"①。从《扬州行宫名胜全图》中看出，当时禺笑富贾共建楼廊达5154间，亭台数则有196座，花费的金钱无从数计。

　　为了供邀宸赏，黄、江、程、洪、张、汪、周、王、闵、吴、徐、鲍、田、郑、巴、余、罗、尉诸盐商，"以重资广延名士为之创稿"②，对城外风景区加以系统规划。他们力图将各地名胜全都荟萃于维扬一地，以形成集萃型的旅游城市。于是，金陵、杭州、北京、镇江、苏州、山西和安徽等地的名胜，都移植到广陵二城内外，形成了颇具特色的小秦淮、瘦西湖、白塔晴云、小金山、观音山、桃花坞、小五台和小九华诸景点，典型地反映了盐务商家追求新奇、兼容并包的性格特征。

　　由于园林的大量构筑，城内外河湖系统的疏浚和沟通，广陵成为远近闻名的旅游城市，游子过客无不盘桓流连。加上城内达官贾客、帮闲篾片日益增多，"居斯土者，大多安乐无事，不艰于生"③，冶游风气日盛，因此，城市旅游业相当发达。天宁门外，平山堂下，画船箫鼓，殆无虚日。

　　适应城市的消费需求，四乡农村形成了依托城市、服务城市的城郊型经济区。以扬州城市的粮食供应为例，在乾嘉时期，主

---

①② ［清］金安清：《水窗春呓》卷下《维扬胜地》。
③ ［清］王士禛：《东园记》，嘉庆《重修扬州府志》卷30《古迹一》。

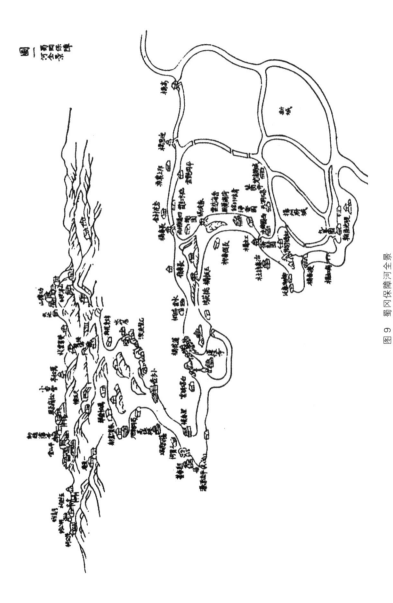

图 9　蜀冈保障河全景

要是依靠淮鹾引地的盐、米交易。如在湖南，"秋冬之交，淮商载盐而来，载米而去"①，便是一个典型的例子。除了川楚运来的"江米"等外，扬州西郊也产有"山米"，称"本山米"。据乾嘉时人林苏门记载，"（本山米）较胜江米，为其坚实也。扬城大户食米亦鬻于市，不曰'买米'，而曰'挑米'。将挑之时，必叮咛吩咐家人，不要江米，要本山米"②。故此，西山一带居人以田为业，颇多巨富，陈家集、僧渡桥"商贾市廛，甲第相属"，甚至有"小扬州"之称。雍、乾年间，"镇中号全盛，收藏名迹极富，名流多往来于此"，精谙昆曲工尺者也颇不乏人。随着城内盐商的衰落，"道光以来，富家式微，物力亦艰，灯市阑珊，迥非昔日矣"③。由此可见，城郊经济区与所依托城市间的密切关系。

（二）淮安关厢——西湖嘴的崛起

在扬州城市化进展的同时，淮安关厢也趋于繁盛。在明清时期，淮安府城地处南北要冲，是河、漕、盐、关重地。康熙二十四年（1685年），张鸿烈在《创修〈山阳县志〉序》中指出：

> 河、漕国之重务，治河与治漕相表里。欲考河、漕之原委得失，山阳实当其冲。……天下榷关独山阳之关凡三，今并三为一而税如故，……若盐筴尤为蚕丛。产盐地在海州，掣盐场在山阳，淮北商人环居萃处，天下盐利淮为上。夫河、漕、关、盐非一县事，皆出于一县。

① 嘉庆《长沙县志》卷 14《风土·商贾》。
② ［清］林苏门：《邗江三百吟》卷 4《家居其率》。
③ ［清］林溥：《扬州西山小志》，"西山渔唱·形势六首"，"轶事十二首"。

除了治河以外，漕运、盐务和榷关都与淮安府城（山阳）的转输贸易有关："自府城至西北关厢，由明季迄国朝，为淮北纲盐屯集之地。任鹾商者，皆徽（州）、扬（州）高赀巨户，役使千夫，商贩辐辏；夏秋之交，西南数省粮艘衔尾入境，皆泊于城西运河，以待盘验牵挽，往来百货山列……"①

其中，"城西北关厢之盛，独为一邑冠"②。所谓西北关厢，即指河下盐商聚落。

河下位于今淮安市西北三里之遥的古运河畔，是当年大批徽州盐商聚居之地，迄今仍然保持着明清时期的小镇风韵。据王觐宸《淮安河下志》卷1《疆域》记载：

> 明初运道仍由北闸，继运道改由城西，河下遂居黄（河）、运（河）之间，沙河五坝为民、商转搬之所，而船厂抽分复萃于是，钉、铁、绳、篷，百货骈集；及草湾改道，河下无黄河工程；而明中叶司农叶公奏改开中之法，盐笑富商挟资而来，家于河下，河下乃称极盛。

所谓"明中叶司农叶公奏改开中之法"，是指明代弘治年间户部尚书叶淇正式公布纳银中盐的办法——运司纳银制度，也就是招商开中引盐，纳银运司，类解户部太仓以备应用。从此以后，因商人只需在运司所在的地方纳银，就可中盐，故"耕稼积粟无

---

① 光绪《淮安府志》卷1《疆域》。
② 同治《重修山阳县志》卷1《疆域》。

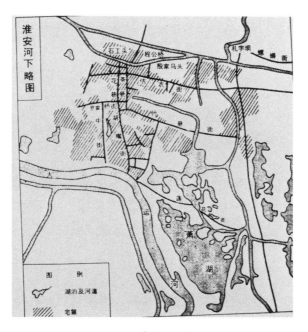

图 10　淮安河下略图

所用，遂辍业而归"①。不但两淮赴边屯垦的商人退归南方，而且在全国最重要的西北垦区之土商也迁至两淮。由于河下地处淮安城关厢，又为淮北盐斤必经之地，所以大批富商巨贾卜居于此。历明及清，繁盛共达三百余年。据《淮雨丛谈·考证类》记载：

> 郡城著姓，自山西、河南、新安来业鹾者，有杜、阎、何、李、程、周若而姓……

---

① 《明世宗实录》卷95嘉靖七年十一月辛酉霍韬疏。

其中，徽州商人为数众多。较早迁居河下的徽商有黄氏，清人黄钧宰《金壶浪墨》卷2《世德录》记载道：

> 黄氏之先，为皖南著姓，聚族于黄山。当明中叶，分支迁苏州，再徙淮阴，累世读书，科名相望，七传而至荆玉公，为明季诸生。

从这段《世德录》中，我们还看不出黄氏是否为淮北盐商。当时，淮北盐运分司驻安东（今江苏涟水县），大批徽商主要集中在那里。诚如明人文震孟在《安东县创筑城垣记》一文中指出的那样：

> ……安东为河、淮入海之路，淮北锁钥，百万盐笑辐辏于此[1]。

所谓"煎盐贵天产，商贾擅其利"[2]，应是当时盛况的真实写照。其中，就有不少徽州商人[3]。

由于明代中叶以后黄河全流夺淮入海，苏北水患日趋频仍，安东等地时常受到洪水的威胁。如淮北批验所本在安东县南六十里的支家河，"淮北诸场盐必榷于此，始货之庐、凤、河南"，批

---

[1] 光绪《重修安东县志》卷3《建置》。

[2] ［明］吴从道：《安东》诗，见丁晏、王锡祺编《山阳诗征》卷7。

[3] 如歙人程必忠，明季始迁安东；程易，"世居歙之岑山渡，后迁淮，治盐业，遂占籍安东"；程增，"父自歙迁淮之涟邑（即安东）"。俱见王觐宸：《淮安河下志》卷13《流寓》，淮安市图书馆古籍部据抄本复印。

验所旧基在淮河南岸，"当河流之冲"①，弘治、正德年间曾多次圮毁，后来虽移至淮河北岸，但洪水的困扰仍未减轻。据乾隆《淮安府志》卷11《公署》记载，安东为"盐艖孔道，土沃物丰，生齿蕃庶，士知学而畏法，近罹河患，丰歉不常"。在这种形势下，盐运分司改驻淮安河下，而淮北批验盐引所改驻河下大绳巷，淮北巡检也移驻乌沙河。随着艖务机构的迁移，更多的淮北运商卜居淮安河下②，但不少人则因祖先产业所在，仍然占籍安东③。这一点很像淮南盐商多占籍仪征，而又"太半居郡城（扬州）"。

与此同时，还有的徽商从扬州迁居淮安河下。其中，最为著名的首推程量越一支。另外，晚清李元庚还曾指出，程氏由歙迁淮者凡数支，清初在淮安从事盐业的计有十三家，"皆极豪富"④。他们行盐各有旗号，大多依族谱中的名号取名。据《讷庵杂著·五字店基址记》记载：

　　当时族人业盐居淮，有所谓公（功）字店、亘字店、大

---

① 嘉庆《两淮盐法志》卷37《职官六·庙署》引嘉靖《盐法志》。
② 光绪《重修山阳县志》卷4《盐课》："国初淮北分司暨监掣并驻河下，群商亦萃居于此。"
③ 光绪《重修安东县志》卷1《疆域》："国初时盐法尤盛行，富商来邑占籍，著姓相望。"卷12《人物四·流寓》："初，程氏以国初来邑占籍，代有令闻。"王觐宸：《淮安河下志》卷13《流寓》："程朝宣，字辑侯，歙人也。父以信，故有业在安东，召朝宣代之，弗善也，去而业盐，与淮北诸商共事，不数年推为祭酒焉。"程朝宣因出赀助卯良口决口，安东人"感其义弗衰，为请占籍。程氏之占安东籍，自朝宣始也"。此后，淮安史志中出现的程氏，多为安东籍。程鉴"先世歙人，业盐，家于淮，后入安东籍，实住山阳河下也"。
④ ［清］李元庚：《梓里待征录·奇闻记·淮北商人同姓十三家》。《梓里待征录》为淮安图书馆古籍部抄本，封面题作"淮壖隅史"。

字店者，皆就主人名字中略取其偏旁用之，如"亘字店"则用"朝宣公"宣字之半，吾家"五字店"，盖用"慎吾公"吾字之半也①。

"慎吾公"是程量越的父亲，所以程量越"所居之宅，曰五字店，五字乃其旗号也"②。此外，还有俭德店，"俭德，旗名店者"，为盐务总商程易的宅名③。程世桂与其兄程云松"均习禺筴，分行盐务，旗名观裕"④。淮安河下地名中，有五字店巷、仁字店巷、文字店巷和亘字店巷等，大多是"徽商顿盐之所，巷因此得名"⑤。这一点，也与扬州非常相似。

除了程氏以外，汪氏自"尧仙公"由徽迁淮，三世至"隐园公"卜居于相家湾路南。所谓"尧仙公"是清代著名官僚汪廷珍的曾祖父，"治家勤俭，赀产遂丰"⑥，成为以盐业起家的鹾商大户。吴氏"先世分运食盐，以金家桥为马头"⑦，也是河下的淮北盐商。此外，徽商曹氏在当地也有相当大的势力，河下曹家山就是该家族的产业。

因盐商的麋集骈至，河下聚落的面貌也大为改观。"高堂曲

---

① 王觐宸：《淮安河下志》卷 6《杂缀》。

② 王觐宸：《淮安河下志》卷 5《第宅》。

③ ［清］李元庚：《梓里待征录·逸闻记·俭德店相》。

④ ［清］李元庚：《山阳河下园亭记》(刊本，淮安市图书馆古籍部藏)"高咏轩"条。

⑤ 王觐宸：《淮安河下志》卷 2《巷陌》。

⑥ 汪继光：《山阳汪文瑞公年谱》，淮安市图书馆古籍部手抄本。王觐宸：《淮安河下志》卷 12《列女》汪士堂妻条：汪家"故业盐，号巨商"；另，［清］范一煦：《淮壖小记》卷 4，汪廷珍"家世本业禺筴，食指百余人"。

⑦ ［清］李元庚：《山阳河下园记》"梅花书屋"条。

　　　　　　　　　　　　　　　　明清徽商与淮扬社会变迁（全新修订版）

榭，第宅连云，墙壁垒石为基，煮米屑磁为汁，以为子孙百世业也。城外水木清华，故多寺观，诸商筑石路数百丈，遍凿莲花"①。罗家桥街一带，东自花巷头，西抵古菜桥，"商贾辐辏，里巷相望，横贯各巷，居人最为稠密"。徽商程氏"以满浦一铺街（即湖嘴街）为商贾辐辏之地，地崎岖，不便往来，捐白金八百两购石板铺砌，由是继成善举者指不胜屈。郡城之外，悉成坦途"②。石板街迄今犹存，共有九街（估衣街、琵琶刘街、中街、花巷街、菜巷街、湖嘴街、竹巷街、干鱼街和罗家桥街）、二巷（大成巷、粉章巷）、二桥（程公桥、萍果桥），都以石板铺成。据调查，铺造这些石板街巷和桥梁用的石板，是由回空盐船由各地运来，其厚度在半市尺左右，长度则有约两市尺半，因年代久远，已经断裂不少，但现存比较完整的仍有一万多块③。

由于淮北盐业及运河转输贸易的不断繁盛，河下聚落的规模也越来越大。清康熙年间编审人丁，鉴于山阳历年水患，百姓流离失所，土著丁银严重短缺，遂将"淮城北寄居贸易人户及山西与徽州寄寓之人，编为附安仁一图"④。以《淮安河下志》的记载来看，河下有22条街，91条巷，共达11坊，街衢巷陌十分繁密⑤，素有"小扬州"之称。

康熙、乾隆数度南巡，淮北盐商极尽献媚邀宠之能事。如康

---

① ［清］黄钧宰：《金壶浪墨》卷1《纲盐改票》。
② 王觐宸：《淮安河下志》卷2《巷陌》。
③ 参见傅崇兰：《中国运河城市发展史》第330页。
④ ［清］阮葵生：《茶余客话》卷22《京田时田》。
⑤ 王觐宸：《淮安河下志》卷2《巷陌》、卷1《疆域》。按：笔者1990年前往该处考察，据当地居民见告，河下镇目前住有一万余人。

熙皇帝第五次南巡过淮安时，百姓列大鼎焚香迎驾，数里不绝。这些活动，就是由磋商组织和策划的。当玄烨行至乌纱河，"有淮安绅衿百姓备万民宴，又盐场备彩亭七座迎接"。随后康熙在淮安寻欢作乐，"进宴演戏其一切事宜，皆系商总程维高料理"。有一次，在淮安漕运总督衙门行宫演戏十一出，"系择选程乡绅家小戏子六名，演唱甚好，上大悦"[①]。上述的程维高，就是指盐务总商程增。他曾三次接驾，因供奉宸赏不遗余力，康熙御书"旌劳"二字赐之。又如，乾隆四十九年（1784年）春，弘历南巡过淮安，"盐宪谕诸商人自伏龙洞至南门外起造十里园亭，以荻庄建行宫，开御宴"。据估计，这一工程需银三百万两，"因盐宪经纪稍后，诸商筹款未充，而为时甚促，遂寝其事"。但仍在"运河两岸周鹅黄步障包荒，中间错落点缀亭台殿阁，间以林木花草。时在春末夏初，林花萱草牡丹芍药绣球，一一争妍，由西门至于府前，家家舒锦悬灯，户户焚香然烛"[②]。

当时，河下一带，南自运河口，北抵相家湾，清人吴锡麒形容为"万商之渊，尤为繁盛"，"富有无堤，甲于诸镇"[③]。因富商大贾纷至沓来，商务渐趋繁荣。

商务的兴盛，使得河下一带市廛相连，商店鳞次栉比，如西湖嘴市，在运河东岸，早在明代就很繁华，商贾辐辏，舟楫停埠，百货聚集[④]。及至清代，当地售卖的染红，原本是苏州赤草所染，

---

① ［清］佚名：《圣祖五幸江南全录》，见汪康年：《振绮堂丛书初集》。
② 王觐宸：《淮安河下志》卷13《流寓》。
③ ［清］吴锡麒：《还京日记》，见《小方壶斋舆地丛钞》第5帙。
④ 天启《淮安府志》卷3《建置志一·巷市》。

后因淮安湖嘴专鬻此种，故得名为"淮安红"，蜚声远近。丘濬"扬州千载繁华景，移在西湖嘴上头"一诗，指的就是该处的市廛盛况。此外，姜桥市在竹巷、湖嘴之间，也是四达通衢。相家湾市、罗家桥市、古菜桥市、米市、柴市、西义桥市和兰市等，既满足了侨寓盐商的物质享受，而且也适应了他们的文化追求①。

市廛商务鼎盛，还可以从河下会馆的兴盛中窥其一斑。淮安会馆之设，大致始于乾、嘉以后。先是从业质库的徽州人，借灵王庙厅事同善堂为新安会馆。此后，侨寓淮安的各地商贾纷纷效仿，"每当春日聚饮其中，以联乡谊"②。其中，绝大部分会馆都分布在河下：

淮安关厢各地会馆分布表

馆　名	地　址	创建人	年　代
新安会馆	灵王庙同善堂	徽州典商	
福建会馆	福建庵	闽人	
润州会馆	北角楼观音庵	镇江人	
浙绍会馆	水桥	浙人	道光初年
定阳会馆	竹巷魁星楼西马宅	山西人	
四明会馆	湖嘴大街程宅	宁波人	
江宁会馆	中街张宅	句容人	
江西会馆	西门堤外	赣人	
湖北公所③	都天庙旁	楚人	

资料来源：王觐宸：《淮安河下志》卷十六《杂缀》。

---

① 《淮关统志》卷14《艺文下·花巷晓市》："曲巷深深一径斜，画楼高馆亦堪夸。溪头白舫添鲛客，门外青帘是酒家。人语雾边寻晓店，屐声雨后乱春沙。淮阴自古多遗市，不省年来只卖花。"
② 王觐宸：《淮安河下志》卷16《杂缀》。
③ 原文作"近有楚人在都天庙旁建公所，亦会馆之类"，"湖北"之名为笔者所加。

尽管从会馆名称来看，商人来自四面八方，但徽商在其中的地位无疑是最为重要的。这主要反映在淮安河下所体现的文化功能上。

　　据清人黄钧宰记载，盐务全盛时期，巨商富贾"出则仆从如烟，骏马飞舆，互相矜尚，其黠者颇与文人相结纳，藉以假借声誉，居然为风雅中人，一时宾客之豪，管弦之盛，谈者目为'小扬州'"①。淮北盐商麇集西北关厢，形成了一个特殊的社区。

（三）淮南盐运中枢——仪征

　　仪征南临大江，东有运河沟通扬州，历来就是淮南盐运的重要枢纽。早在元代，著名的意大利旅行家马可波罗就曾指出：

> ……大城镇真州（Chin-gui）从这里出口的盐，足够供应所有的邻近省份。大汗从这种海盐所收入的税款，数额之巨，简直令人不可相信②。

　　"真州"，与下文的"仪真"，均即今日的仪征。据《元史·百官志》记载，淮南批验所在元代大德四年（1300年）置于真州。及至明洪武初年，将淮南批验所改建于瓜洲，"掣盐渚上，冠盖络绎，商贾繁盛，居民殷阜，第宅蝉连，甲于扬郡"③。

---

① ［清］黄钧宰：《金壶浪墨》卷1《纲盐改票》。
② 陈开俊等译：《马可波罗游记》第68章，福州：福建科学技术出版社1981年版，第168页。
③ 嘉庆《瓜洲志》卷首《凡例》。

洪武十六年（1383 年）夏，根据兵部尚书单安仁的建议，移建于仪真县南二里的一坝、二坝间，隶属两淮转运司。从此，瓜洲陡然间萧条了下来，而仪真则因南盐移挈，加上地处北京和南京二都之间，得到了迅速的发展。及至明代中叶的嘉靖三十五年（1556 年），尹台在《皇明增筑月城记》中指出：

> 仪真东南偏邑也，然其地居江淮之会，近接吴楚，远极蜀黔，水浮陆走，贡筐漕艘，货贾鳌商，竹箭木材麻丝布绮粳粟器殖所转输，东南际万里，寸产尺供，辐集京师，莫不于是焉达之。故县上下仅一水，凡绕折不数里间，津梁市巷，鳞次栉比。挈挽诺呼，朝昏不绝，即名都巨镇，其盛鲜或过之。

当时，"一邑数万家，顾城不及其什之二、三"[1]。城厢居民众多，盐商富贾纷至沓来。徽籍官僚汪道昆在《太函集》卷 34《潘汀州传》中就曾记载道：

> 真州诸贾为会，率以资为差。上贾据上座，中贾次之，下贾侍侧。……邑中宿贾，若诸江、诸吴悉从（潘）公决策受成，皆累巨万。

文中提及的"诸江"，如江嘉谟，清代前期随伯父"左峣

---

① 隆庆《仪真县志》卷 14《艺文考》。

公"客寓真州，"举凡盐筴出入盈缩，以及交游酬接，皆能洞达明核"①，江左嵋"应当事之聘，为总真州醝务"②。这些"上贾"、"中贾"和"下贾"，都是出自徽州的盐商，他们中有许多人都占籍仪真。为了防止倭寇的劫掠，徽歙盐商汪灿和吴宗浩等人捐助四千余金修筑仪征城垣。这一点，与扬州新城的建立极为相似。

及至清代前期，淮南盐纲"转运半天下焉，惟仪征绾其口，列樯蔽空，束江而立，望之隐若城廓"③。盐业贸易又有了很大的发展，城市更臻于极盛。当时，仪征"路接竹西，津通扬子，醝客辐辏，估客骈阗，俗尚繁华，由来旧矣"④。"竹西"是指扬州，"扬子"则指长江。对此，诗坛巨擘袁枚在《真州竹枝词》中写道：

> 流过扬州水便清，盐船竿簌晚霞明。
> 江声渐远市声近，小小繁华一郡城⑤。

寥寥二十八字，便勾勒出仪征作为盐务中枢的繁华胜景。其时，随着两淮纲盐制度的进一步发展，许多盐商凭执世袭"根窝"，逐渐脱离了运商队伍。因此，先前占籍仪征的运商，有不少纷纷迁居扬州新城河下盐商社区，从而形成"仪征（盐商）又太半居郡城"的情形。不过，也有一些盐商在仪征构筑园林，其

---

① 歙县《济阳江氏族谱》卷9《清州同知覃恩驰封武义大夫南安参将嘉谟公原传》。
② 歙县《济阳江氏族谱》卷9《清敕授文林郎议叙知县岷公原传》。
③ ［清］汪中：《哀盐船赋》，载《江都汪氏丛书》。
④ ［清］惕斋主人：《真州竹枝词》李嗣昌跋。
⑤ ［清］袁枚：《小仓山房诗文集·诗集》卷27。

生活方式完全模仿扬州盐商社区，故而有"真州人拟小扬州"①的说法。

另外，仪征作为淮南盐运码头，掣捆夫役骈集鳞聚，"仪征捆工人等，不下数万余人"②。由于一年内除了繁忙时节以外，有不少时候是闲得无聊，所以赌博之风在城南尤其盛行：

> 若下河埠代，下及箕捆、脚驳，除掣捆外，别无所事，藉赌消闲，而又多财，趋承者众，遂相习成风，虽在深闺，亦夜以继日，乐此不疲。……河西、庙后、中街、草巷诸路，十室而九，或陈家湾以下，如拖板桥、三棵柳，放出河者，宴船老贩于家，喝雉呼卢，其赌尤盛，故城外茶肆常扰扰焉③。

上述的"埠代""箕捆""脚驳"和"船老贩"等，都是与淮南盐业有关的人员。这批人与其他一些依赖盐务为生者，所占的比例相当之大。以道光中叶为例，据《重修仪征县志》记载：

> 仪征户口人丁三十七万四百有余，其山圩民田计仅二千三百四十八顷九十余亩，无论年岁尚有丰凶，户口各分贫富，即以仪征之田食仪征之人，曾不及十之三、四，此外皆恃掣捆引盐为生计④。

---

① ［清］惕斋主人：《真州竹枝词》吴培楚题词。
② 光绪《两淮盐法志》卷53《转运门·淮南改票》。
③ ［清］惕斋主人：《真州竹枝词》引。
④ 道光《重修仪征县志》卷15《食货志·盐法》。

上述的比例未必完全正确，但仪征一地以掣捆引盐为生者至为多数，应是没有什么疑问的①。故此，围绕着盐业展开的民俗活动也最为盛大。

在清代前、中期，每年四月"开新盐门"，也就是一年的盐斤从此时起开始陆续地运往湖广、江西一带。届时，盐务官员率商人祭江，将盐象征性地提秤数包，发桄封，称为"江掣"。由于这关系到仪征人一年的生计，所以这一天就成了当地人一个盛大的节日。据惕斋主人的《真州竹枝词》记载：

> 是月开新盐门，盐宪驻察院，开所运新纲盐。邑人闻其来，欣欣然有喜色，举国若狂，少长咸集，自东关至天池，地无寸隙，南岸商家河房，结彩悬灯；北岸吕祖祠一带，居民搭板台卖座。河中屯船，排列如鳞，歌舞吹弹，各鸣其乐，每船桄上，扯连珠灯，高下一色，有如星桥火树。岸南河楼，斜对察院景阳楼，灯火相耀，盐宪楼上看烟火。其时（按：指嘉庆年间）烟火局未裁，商人供办，率皆上品，就

---

① 万历四年八月乙酉，巡抚直隶御史王晓言："两淮盐至仪征则解捆小包，盖因江西、湖广地方多山僻小县，河道浅狭，船小包大，承载为难，势不能不解包就船，水（商）、内（商）均便。……而仪真地狭差繁，小民亦以解捆觅利度日。"（《明神宗实录》卷63）康熙《仪征志》卷7《疆域志·风俗》："其地为盐商改掣入舟之次，诸游手逐末者或倍之"；"民寡恒产"，"罔事农业"。[清]朱彝尊：《曝书亭集》卷65："仪真县治当江介之冲，……邦人多居盐筴之利"。[清]彭兆荪：《小谟觞馆诗续集》卷1《仪征屠大令兴纺织记》："仪征古真州地，大江长淮所襟带，吴樯楚榜所鳞萃，兼以牢盆禺筴之所转输，而委属罢民流庸肩摩踵接，捆载盐盬以为生资……"参见[清]卢见曾：《雅雨堂遗集》卷3《仪征县都会桥子盐马头碑记》。

中栋两高桅架木点放，晶光四射，有目共睹。自初更起，至盐宪筵毕下楼归寝乃止，洵壮观也！城中人家，惟一、二老赢守门，余未有不往观者。一年盛景，当以是日为最。

《真州竹枝词》中还附有《开新盐门》诗，曰：

> 灯光联络万千枝，烟火迷离分外奇。
> 天上人间浑不辨，景阳楼下立多时。
> 天池来往尽轻桡，仁寿桥边永济桥。
> 莫道此间无隙壤，一年能得几今宵。

除了"开新盐门"外，正月十五日的上元节也颇具特色。上元节前后张灯五夜，盐船各帮水手，争相以龙灯为戏，"或城里嬉游，或郭外跃舞"。这些龙灯戏，逐渐形成仪征一带比较稳定的民俗传承：

> 其有年年入城者，三楚黄龙，咻声盈耳，金鼓震天，声闻数里。本地则有埠代，及各行工人，每制灯相夸耀。……龙灯外，俗尚花鼓灯，其前八人，涂面，扎抹额，手两棒，曰大头和尚，与戴方巾、穿红绿襄衣曰呆公子者，互相跳舞。厥后曰连相，曰花鼓，曰侯大娘，曰王二娘，曰渔婆，曰缝穷，曰疯婆娘。凡女装者，统曰包头。其男装者，曰瘸和尚，曰瞎道士，曰渔翁，曰补缸匠，曰花鼓老，相率串各戏文。于中择喉齿清脆者唱滚龙灯，所操皆本地时调，名翦

翦花，手执莲蓬灯，头顶小红凉篷，曰猴子头，唱惟此角色最多，旁有弹丝弦佐唱者，曰后场。主人延之家，各剧串毕，放赏。是若干人者，皆在门内饮啖，独后一人高戴白毡帽，反穿白羊皮马褂，一手摇铃，一手持灯，曰王夸（侉）子卖膏药，主人以卖者不祥，屏之门后，此即昔所谓社火也，世俗相沿，由来旧矣。

从上述的"三楚黄龙"和"龙鼓灯"来看，淮盐运销的主要口岸湖广和安徽等地的民俗，也随着船户麇聚仪征而移植于当地，成了仪征民俗的一个重要组成部分。

在诸多民俗活动中，徽商的影响尤其不应被忽视。例如，徽州最为重要的庙会之一是"都天会"，据《歙事闲谭·程古雪奇行》记载：

乡俗尚淫祀，每酷暑，奉所谓都天神者，奔走骇汗，烦费无度……

这种迎神赛会，随着徽州人的外出经商，而广泛传播于江南各地。其中，以镇江的都天会最为典型和隆重。镇江是徽州人聚居经商的一个重要区域，乾隆年间黄印在所著《锡金识小录》卷1中提到：

尝有徽人言汉口为船马头，镇江为银马头，无锡为布马头。言虽鄙俗，当不妄也。

图 11　仪所挈盐图

图 12　仪征天池图

这一记载透露出一个信息，那就是——相当之多的徽商资金集中在镇江市面。而现存于安徽省图书馆的《黄氏自徽迁润（镇江）宗谱》和《吴氏自徽迁润宗谱》等，也明白无误地告诉我们，有不少徽州人举族迁居镇江。因此，镇江都天会，当与徽商的纷至沓来有着密切的关系。晚清时期金安清在《水窗春呓》卷下《都天会》条下载：

> 都天会最盛者为镇江，次则清江浦。每年有抬阁一、二十架，皆扮演故事，分上、中、下四层，最上一层高至四丈，可过市房楼檐，皆用童男、女为之，远观亭亭然如彩山之移动也。此外旗伞旌幢，绵亘数里，香亭数十座无一同者。又有坐马二十四匹，执辔者皆华服少年。又有玉器担十数挑，珍奇罗列，无所不备。每年例于四月二十八日举行。

与镇江相似，在明清时期，随着大批徽商占籍仪征，都天会习俗也传入仪征，成为仪征的"三大会"（城隍、东岳、都天）之一。据惕斋主人《真州竹枝词》的描述，仪征都天会也是"仿镇江例"，据说：

> 都天为唐张睢阳，卜帅则南霁云，牛帅则雷万春。当日牵制敌军，使不南下，江淮晏然，故至今江南北人祀之，其说当不诬。邑人乃曰一书生夜遇疫鬼散毒井中，自拼死，以救万人。

"都天"是五显之一，关于一书生夜遇疫鬼投毒舍生就义之事，亦见于江南的其他地方，如福州的"五圣"或"五帝"的传说，就与此类似①。据笔者的看法，这些习俗，其传播源皆出自徽州。仪征建有都天庙，到都天庙进香，是仪征士女年节的好去处。与徽州、镇江相同，都天庙每年固定时间还有盛大的迎神赛会，这对仪征的其他迎神赛会，具有相当深远的影响：

> 又有埠行兴旱銮会，汰（大）凡仪仗庸熟者，而务为新巧，诸埠复更番为之，各出其奇。窃叹人事日趋于华，向仅都天会用灯仪仗，至嘉庆末年，则凡会皆灯矣。

灯，是道教斋醮法事中频繁使用的法器。明代撰修的《正统道藏》中就收录了不少灯仪类经典，《五显灵官大帝灯仪》是其中之一。而都天是五显之一，故此，徽州的都天会仪仗特别著名。甘熙的《白下琐言》就曾指出：

> 徽州灯，皆上新河木客所为。岁四月初旬，出都天会三日，必出此灯，旗帜伞盖，人物花卉鳞毛之属，剪灯为之，五色十光，备极奇丽。合城士庶往观，车马填闉，灯火达旦，升平景象，不数笪桥。

这种徽州灯，显然是源出都天会的灯仪。而从仪征都天庙会的习俗，不难看出徽商对该城市社会生活的重大影响。

---

① 参见拙文《谢肇淛》，载谭其骧主编：《中国历史地理学家评传》，济南：山东教育出版社 1993 年版。

（四）"天下货物聚买第一大马头"——汉口

汉口崛起于明代中叶，素有"九省通衢"之称，清人将它看成是"天下货物聚买第一大马头"[①]；清人刘献廷也称之为全国的"四聚"（北京、佛山、苏州和汉口）之一，所谓"汉口不特为楚省咽喉，而云、贵、四川、湖南、广西、陕西、河南、江西之货，皆于此焉转输，虽不欲雄天下，不可得也"[②]。在明清两代，虽然淮盐引岸地跨六、七省，但"行盐口岸，大半在湖广"[③]，而汉口则是淮鹾这一主要口岸的最大转运中枢。

明代，汉口盐船马头原在陈公套。清代乾隆年间，武胜门外一地名"塘角"处忽淤一洲，可以避风，而且洲浅，易于下锚，形成了较为理想的港口。于是，盐艘贾舶萃集于此。原先的僻野荒陬，到清代嘉、道年间，皆"筑室列廛"，形成了"市肆里遥，百货齐萃"[④]的盐商聚落。诚如江都人黄承吉（祖籍徽州歙县）《烟波词》所云：

> 通津十里住盐艘，怪底河中水不流。
> 解道人间估客乐，来朝相别下扬州[⑤]。

---

① ［清］吴中孚：《商贾便览》卷3《各省土产》。
② ［清］刘献廷：《广阳杂记》卷4。
③ 《李煦奏折》第217页，《湖广两淮行盐口岸地方官员借端抑勒请饬禁折（康熙五十六年三月十一日）》。按：明万历时人白公祖说："夫两淮之盐虽行于各省直（直省），……惟敝省（湖广）地最广，每岁解太仓者七十万，售边钞者四十万，楚居六七矣。"（［明］袁世振：《与白公祖》，见《明经世文编》卷477）可见，自明代以来，湖广就成了淮盐的最大口岸。
④⑤ ［清］范锴辑：《汉口丛谈》卷3。

作为长江中游淮盐的最大集散地，汉口是大批盐商、运丁聚居之地。"千樯万舶之所归，货宝珍奇之所聚"，号称"九州名镇"①。据载，道光年间，汉口人烟数十里，"贾户数千家，醝客、典商咸数十处"②。其中，"以盐行为大宗"，所以汉口商人称"盐行为百行之首"③。据道光初年湖广总督陈若霖的调查：

> 湖北、湖南两省岁销淮盐七十七万九千九百三十四引，向系扬州各商先行纳课领引办盐，运至汉口镇，交给汉岸卖商代为销售。其资本多而引课多者，祖孙父子世代业盐，扬俗称为"大商"，每年到岸盐船十居六、七；资本微而运盐少者，多系借他人资本，附别店之引，今岁行而改岁止，去来无定，扬俗称为"小商"，每年到岸盐船不过十之三、四④。

但无论是"大商"还是"小商"，无不利用淮盐产销的地区差价牟取暴利。山阳人黄钧宰曾指出，淮盐场价每斤仅十文左右，

①② ［清］范锴辑：《汉口丛谈》卷3。
③　光绪《两淮盐法志》卷145《捐输门·助军》。
④　中国第一历史档案馆：《道光初年楚岸盐船封轮散卖史料（上）》"湖广总督陈若霖为遵旨查核楚岸封轮销盐旧章并筹复散卖事奏折（道光元年六月二十九日）"，见《历史档案》1991年第1期。歙县西溪南吴氏是从事淮南醝务的盐商家族，该家族二十八世的吴尔襄（清人）就曾说过："江汉办淮南课大半，迩来难于得人，必得长者兼有干济才往。非惟为世业，且于国课有赖。"于是他溯江而上，在汉口数年，"汉江之人无不推为祭酒"。此后，该家族二十九世、三十世中都有人往来于扬州、江汉之间从事盐运的记载。（参见郑振满：《茔田、墓田与徽商宗族组织——〈歙西溪南吴氏先茔志〉》，载《安徽史学》1988年第1期）

加上课银三厘零，也不过七文；而转运到汉口以上，则需价五、六十文不等。再从汉口盐行批发给湖广各地的水贩，又层层加码，使得盐价"愈远愈贵"[①]。对此，叶调元的《汉口竹枝词》曰：

> 上街盐店本钱饶，宅第重深巷一条。
> 盐价恁提盐课贱，万般生意让他骄。
> ……
> 街上不居居巷内，门悬三字小金牌。
> 一包盐赚八厘钱，积少成多盈万千。

当时有"盐行生意是神仙"的说法。在两淮盐务中，"盐筴最称湖北，领之者立致巨富"[②]。这是因为在乾隆年间，淮、扬盐商在汉口设立公所，并"公举一、二人专司交解各官养廉及各项生息，并应酬抽丰游客等事，名为匣商"[③]。每年经匣商之手开支的经费，往往多达数十万两以至百万两。其人往往凭借职权，恣意侵吞。故此，汉上盐商囊丰箧盈者也不乏其人。晚清时人金安清在《水窗春呓·河厅奢侈》中指出，汉口齹贾的奢靡挥霍，与广东洋商、扬州盐商、江苏州县官员和南河衙门等可以相提并论。

在汉口盐商中，徽州人的势力最大。对此，胡适先生曾指出，汉口一镇是绩溪胡氏一族开辟[④]，此话是否夸张尚不得而知。

---

① ［清］黄钧宰：《金壶浪墨》卷1《盐商》。
② ［清］阮元：《淮海英灵集·戊集》"江昉"条。
③ 民国《湖北通志》卷51《经政志·盐法》。
④ 《胡适先生致胡编纂函》，见《绩溪县志馆第一次报告书》。引自张海鹏、王廷元主编：《明清徽商资料选编》（1985年版）。

不过，徽州盐商与汉口荣枯之关系密切，却断无疑义。汉镇童谣称："那（哪）怕你湖北人刁，徽州人要买断汉口的腰"①，就在很大程度上说明了这一点。早在康熙初年，汉口镇就建有新安会馆（书院），栋宇宏敞。当时徽州同乡欲"扩充径路，额曰'新安巷'，开辟马头，以便坐贾行商之出入"。因与当地土著发生冲突，"兴讼六载，破资巨万，不便成事"。及至雍正十一年（1733年），才借助同乡的官僚势力，"置买房店，扩充径路，石镌'新安街'额，开辟新马头，兼建'奎星楼'一座，为汉镇巨观。……更收买附近会馆房屋基地，造屋数十栋以为同乡往来居止，并设经学，延师儒以为同乡子弟旅邸肄业之所"②。从现存的不少地图中，仍可看出当年徽商聚居区的历史陈迹。由于徽商财力雄厚，其麋聚地附近迅速成为商业繁华的街区。"京、苏洋货巧安排，错采盘金色色佳。夹道高檐相对出，整齐第一是新街"。街道店面以此地最为"冠冕"，据说就是因为该处是"徽州会馆之出路"③。此外，鹾商公所"天都庵"，实际上也是以徽商为主、会馆性质的同业组织。有一首《汉口竹枝词》这样写道：

送别家山趁估船，他乡终觉异风烟。

年年报赛春秋社，醉后桑榆共促筵。

出于根深蒂固的乡土意识，扶孤恤贫、济急周乏是徽州盐商

---

① 转引自曹觉生：《解放前武汉的徽商与徽帮》（见《江汉论坛》编辑部编：《徽商研究论文集》，1985年版）。

② 《重修古歙东门许氏宗谱·观察蓬园公事实》。

③ 《汉口竹枝词汇编》卷1。

中常见的举措。如"汉口居人稠密，二水奔湍，祝融、风涛，其灾非他处可比。新安程子云偕其宗人楚峦，倡捐芦席千万，遇火灾，则给被灾之户构舍栖息。造巨舰二，放乎中流，每日挽救渡生……"[1]歙人巴树蕃，"理禹筴，客汉久，广交游。自缙绅以及闾巷，无不知其名者。尤能急人之急，故有'小孟尝'之目"[2]。江承东为匦商时，"凡徽人之游汉上者，多得赞助，周贫济困，不惜多金。间有殁于客邸，丧不能归，必解囊赠恤，以返其梓"[3]。这些睦姻任恤的义行，后来竟形成为一种"周恤桑梓"的举措，与扬州的"月折"制度相似。

与淮扬盐商相同，汉口醝商也以徽州人为主，他们对汉上文化风尚的影响也最大。《汉口竹枝词》曰：

> 徽客爱缠红白线，镇商喜捻旱烟筒，
> 西人不说楚人话，三处从来习土风。

汉口为各省商贾辐辏之地，除了徽商以外，自然还有其他各地的客商（如山陕商人、镇江商人）。然而，镇江商人不仅兴起较晚，而且财力微薄，只能附庸于徽商；西商虽然财聚力厚，但却粗鄙不堪。汉口当地俗呼山、陕人为"老西"或"跨子"。因"彼帮性嗜葱蒜，天雨不著钉鞋，袍子必用羊头而加长"，故此，叶调元有一首竹枝词这样调侃道："高底镶鞋踩烂泥，羊头袍子脚

---

[1] ［清］范锴辑：《汉口丛谈》卷4。
[2] ［清］范锴辑：《汉口丛谈》卷5。
[3] 歙县《济阳江氏族谱》卷9《清敕授儒林郎司马覃恩赠文林郎、湖北竹溪县令承东公传》。

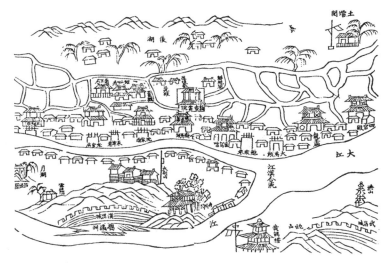

图 13　汉口

跟齐，冲人一阵葱椒气，不待闻声识老西。"[①] 这样的形象和装束，又怎能跻身于斯文之列？唯有徽商"贾而好儒"，才有文化上的潜力，足以影响汉上的社会风尚。据《汉口丛谈》卷6记载：

> 汉上盐醭盛时，竞重风雅。四方往来名士，无不流连文酒，并筑梵宫琳宇上下五六处，为公宴处。镜槛晶窗，洞房香案，咸具竹石花药之盛，且半临后湖，可舒远观，白云漾空，绿阴如幄，斜阳返映，影动于琉璃屏户间，宛如身在画中。每当雅集，相与覃研诗词，品论书画，时或舞扇歌裙，浅斟低唱，大有觞咏升平之乐。

----

① 《汉口竹枝词汇编》卷5。

这些倡予和汝、振雅提风的盐商，主要就是来自扬州的徽州盐商。

（五）苏北滨海市镇的发展及特色

不仅是淮、扬等大城市有徽商西贾聚居，滨海荒陬、乡村僻野也都有他们的足迹。单是淮南通州、泰州二十盐场，场垣就不下数百户[①]。

图 14　明清两淮盐场分布图

---

① 　陈庆年：《两淮盐法撰要》卷下《南北异同第十五》。

除了盐商外，典、钱诸商也纷至沓来。据嘉庆《东台县志·捐施》记载，该县七场一镇参与某次捐施的盐、典、钱各商共达 52 家。

东台县七场一镇盐、典、钱商名表

盐场	盐　　　商	典商	钱铺
安丰	员国泰、程介昌、鲍日新、李翕茂、程长德、汪恒兴、黄恒茂、邹恒裕、宋福大、程立生、鲍勤远、汪恒发	程震和	畅隆盛、姚立聚、郑春源
富安	罗牲泰、张广德	程恒泰	
栟茶	汪正泰、承裕、春元	汪道生	
角斜	汪瑶圃、宋绳武、郑亨嘉、胡昆源、黄双茂、郑恒泰、叶诞初		
秦潼镇		钟益大	
梁垛	程起茂、汪德兴、郑敏发、程兆梓	戴时昌	
东台、何垛	鲍日利、鲍永安、江昌茂、徐厚大、吴德麟、郑洪顺、吉世昌、殷润大、李树淮、洪裕升、叶吉泰、方恒泰	吴又新、戴达源、刘隆兴	

上表提及的姓氏共 21 个，其中至少有 16 个是徽商姓氏（程、鲍、汪、黄、张、江、方、郑、胡、洪、戴、宋、叶、徐、姚、殷等）；而在 52 家盐、典、钱商中，上述诸氏就占了 37 家。另，嘉庆《东台县志·流寓》记载流寓人物，明代 14 名，其中徽州人 4 名，没有山陕人；清代 32 名，徽州人达 19 名，而陕西人仅 1 名。显然，与淮、扬城市相同，滨海荒陬的徽商势力也远远超过山、陕贾客。徽商西贾的麇集骈至，促进了滨海市镇的发展和繁荣。

比起城市来，市镇植根于四乡农村，其功能及地理分布，往往更直接地体现区域经济的特色，盐业市镇自不例外。盐业市镇的类型依其形成方式，分别有团、场、坝、市、镇等多种不同的层次：

其一，盐场场署所在，一般都形成镇集。如"盐邑（盐城）之南，伍祐场为该处大市镇"①，就是一个例子。此类场镇，其设置主要是为了管理场产，因系盐官所在，一般都有街市，如梁垛场街市、安丰场街市、富安场街市、角斜场街市、栟茶场街市、丁溪场街市和草堰场街市等。这些是常市，与三、五集之类的农村墟市不同。乾、嘉盐务全盛时期，盐场市镇也异常繁荣。如富安场"路居冲要，人烟稠密，商贾辐辏"②；东台"户口殷繁，煮海为业"，"阛阓通衢，多茶坊、酒肆、浴渭"，"有小扬州之目，糜费日不下数千"③。而这一切，都以盐业为其命脉。譬如，小海场在明代曾有过盐业生产的黄金阶段，当时"自南闸穿场者三街，厦屋渠渠，开典当者七家，富庶甲于诸场"④。自仓盐折价（盐课折色）以后，"灶不筑亭，场商不入支卖，额课取办他场"⑤，明末清初屡遭潮灾，盐业衰退；小海场并入丁溪，场镇经济于是"中衰"，仅剩"寥寥数店，所货卖者，琐碎微物"⑥。又如天赐场，据民国《阜宁县新志》卷14《商业·市集》记载，

---

① ［清］林则徐：《林文忠公日记》第217页。另据嘉庆和光绪《两淮盐法志》"图说门"的场图部分，可知石港、金沙、吕四、余西、丰利、余东、刘庄、丁溪、新兴等场都有镇市存在。

② 《宫中档乾隆朝奏折》第36辑，第777页。

③ 嘉庆《东台县志》卷10《风俗考》。

④⑥ ［清］林正青：《小海场新志》卷8《风俗志·习俗》。

⑤ ［清］林正青：《小海场新志》卷首旧叙（天启五年徐光国撰）。

"昔为盐场，盐务颇盛，自盐场裁并，后遂荒落，今以三、八为集期"，后有小注曰"参旧志"。今据光绪《阜宁县志》卷3《建置·镇集》："……天赐场，明为盐场，嗣并入庙湾，天赐场遂废，其街巷官署，道光初遗迹尚存，今渐湮矣。"可见，天赐场定期集市的出现，当在明末清初或稍后，其市镇的嬗变，可能就经历了一个由常市向三八集转化的过程，这与盐业的旺衰息息相关。因此，盐务场署的废省，也影响着市镇的发展。

有的场镇也因辖境人口增长，上升为县。如"东台滨海，亭户所集，辖十盐场地"①。乾隆前、中期，由于湖广引岸销盐甚畅，促进了淮南盐业的持续发展，从事盐业生产的人口不断增加。乾隆三十二年（1767年），据两江总督高晋等奏：

扬州府属之泰州，襟江滨海，环列东台等十盐场，东西广二百九十余里，南北衮一百二十余里。……统计村庄一千零九百余处，幅员辽阔，烟户繁多，一切刑、钱事件，甲于他邑，知州一官，实有鞭长莫及之势。

当时，泰州东面的东台镇地方，"离州一百二十里，毗连何垛，地广人稠，为州东第一大镇"，于是析泰州东北境置县，以境内东台镇镇名名县②。

---

① 　嘉庆《东台县志》唐序。
② 　嘉庆《东台县志》卷6《沿革》。除东台县外，雍正九年（1731年）分设的阜宁县，系由明代庙湾镇升格而成，与此情形颇相类似（光绪《阜宁县志》光绪十二年序）。

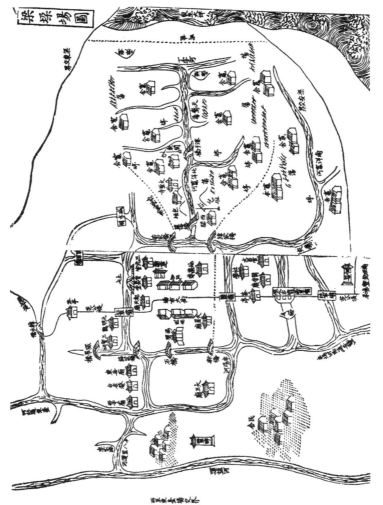

图 15　梁垛场图

　明清徽商与淮扬社会变迁（全新修订版）

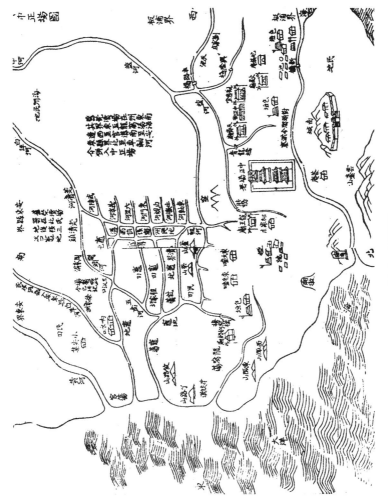

图 16　中正场图

其二，由盐灶转化而来，如金沙场的袁灶镇、姜灶镇，庙湾场的东坎镇，东台的富家滩街市、沈家灶街市等等。其形成的一般情况是"旧时距海不远，今则海沙涨起数十里，变为沙垣，亭场距海既远，卤气不升，渐移向外"[①]，灶虽易地，原地盐河如仍经流，该处继续地处交通孔道，则具备形成市镇的条件。

其三，是由坝转化，余西场有四甲坝镇、六甲坝镇，此类市镇主要是缉私功能，防止私盐透漏。如六甲坝即为缉私隘口。

其四，是由团、闸蜕变而成，如刘庄场大团镇，就位于大团河与范公堤交汇处的大团闸附近。所谓"团"，是明代"煎盐聚集之所，各有远近，大约皆滨灶河"；及至清代，"煎盐不复用团，而名尚存"[②]。其中，有不少"成市者"[③]。如小海场，"团中气象，户口倍于场，市肆肩摩，颇饶富庶"[④]。

以上四种类型，均系盐场及其附近市镇，与盐业生产关系密切。"海滨贫灶，俯仰皆赖盐利"[⑤]，市镇功能主要表现为盐、米交易。各盐场市镇都设有盐市，"海岸正穷冬，盐贱人休市"[⑥]，正反映了商盐交易旺衰的情形。有些商、灶交易的场所，还独立发展成市镇，如鲍家墩，"在射湖北岸，依陈盐河为市，盐商昔以此为屯（囤）盐地"。这种市镇，更为突出地体现了盐业经济的

① 光绪《两淮盐法志》卷16《图说门·通属图说》。
② 嘉庆《东台县志》卷8《都里·市》。
③ 嘉庆《东台县志》卷8《都里·市》小海团街市、西团街市。
④ ［清］林正青：《小海场新志》卷1《河道总论》。
⑤ ［明］刘宏宇：《铜桶记略》，嘉庆《东台县志》卷8《盐法》。
⑥ ［清］吴嘉纪：《陋轩诗集》卷4《送江左严之虎墩分得冬字》，参见《康雍乾时期城乡人民反抗斗争资料》下册，第554页。

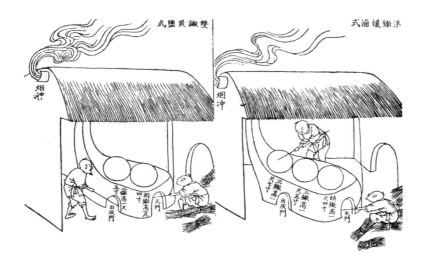

图 17　煎盐

特色①。

　　除了盐产交易功能外，"滨海斥卤之乡，地号不毛，居人煮盐为生，用代耕耨"②。因此，米市也异常活跃，何垛场彩衣街市、米市，"贾舶云集，为邑中第一市会"③；金沙"为粮艘通商要津，米市称盛"；"北石港中街桥，米市著名"④；……此类米市各场都有，只是规模大小不一⑤。由于盐场市镇大多濒临盐河

①　民国《阜宁县新志》卷 14《商业志·市集》。
②　光绪《两淮盐法志》卷 121《优恤门·恤灶上》。
③　嘉庆《东台县志》卷 8《都里·市》。
④　[清] 金榜：《海曲方域小志》，见《小方壶斋舆地丛钞》第 6 帙。
⑤　参见嘉庆《两淮盐法志》卷 5《图说下·金沙场图》、民国《东台县志稿》"水利"等。

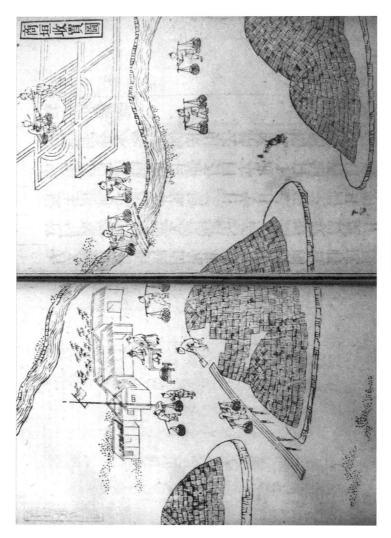

图 18 商垣收买图

明清徽商与淮扬社会变迁（全新修订版）

两岸，所以盐河畅滞对米市影响极大，直接关系到盐业农民的生计。

此外，还有一种则属于盐运范畴，主要有沿运盐河分布的诸市镇。

青口镇，嘉庆年间"烟火万家，商贾辐辏"[①]。自道光中叶票盐大行，"富商大侩麇集青口，始夏逾秋，凡六、七月，……于是宫室车舆、日用服食之需，赛神会饮、俳优倡乐之事，竞骛侈丽，……耳目积渐之久，风斯替焉"[②]。

大伊镇为盐运"锁钥之地"，距新坝五十里，板浦四十里，"人稠货聚，米粟流通"[③]。

板浦镇，设有盐关，是淮北三场盐斤总汇之地，引盐抵关呈核掣捆，市镇一向均较繁荣。道光初年，"板浦居民不及二千户，而大小场商百数十家，其业远者百余年，居民上者为其伙，下者为其厮，什而八、七。外贩集者不过数百人，而池户厮伙不啻什之"[④]。可见，板浦镇人口中，以从事盐业者占绝大多数。

地处盐运要冲诸镇，市镇功能则主要有两个方面：一是盐官所在，从事盐运的食力之人甚多，市镇具有转输贸易的特色，如板浦、河北等镇；二是以盐运服务业为市镇赖以生存的基础，如淮北票盐每引用盐包四片，以每纲运盐 29 万余引计，约需包

---

① 嘉庆《海州直隶州志》卷 14《建置考·集镇》。
② 光绪《赣榆县志》卷 12《风俗》；参见卷 3《建置·集镇》。
③ 嘉庆《海州直隶州志》卷 14《建置考·集镇》；参见嘉庆《两淮盐法志》卷 4《图说上·板浦放关图说》。
④ ［清］包世臣：《上陶宫保书》，见《安吴四种》卷 7 上《中衢一勺》。

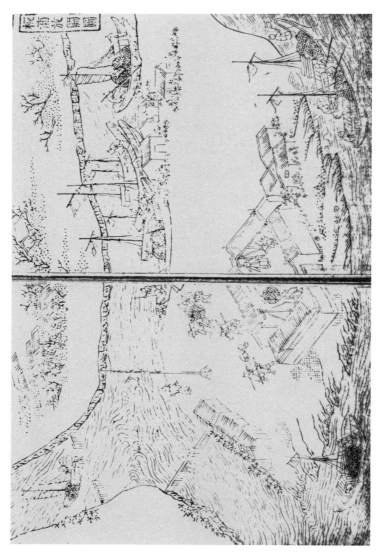

图 19 板浦放关图

明清徽商与淮扬社会变迁（全新修订版）

120 万片，板浦附近的龙苴、新坝等处，都生产这种土包^①。道光中、晚期，淮北票盐销售极畅，盐务大旺，市镇也因此繁盛。据道光十四年（1834 年）包世臣的考察，"板浦屋价较三年前十倍，一切食物皆三倍。即附近食盐，三年前每斤三、四文，今则二十余文"^②。商贩云集，人烟稠密，于此可见。

综上所述，盐业市镇依其腹地经济盛衰而变化。滨海地区以盐业为其经济的主要组成部分。因此，市镇也明显地呈现出单一经济的特色，这与江南市镇所表现出的多种类型迥异其趣。

---

① 光绪《两淮盐法志》卷 108《征榷门·淮北关税》，光绪十五年正月海分司项晋藩奏。
② ［清］包世臣：《答谢无锡书》，见《安吴四种》卷 7 上《中衢一勺》。按：1990 年 4 月 1 日，笔者赴板浦镇调查，据该镇派出所民警见告，板浦一镇共有九十多条巷。

徽商与东南文化变迁

一、两淮"盐商派"

以徽商为主体的两淮盐商是中国闭关时代的商界巨擘，盐务全盛时期，他们大批麇集于扬州、淮安等地，形成了独特的盐商社区文化——所谓的"盐商派"或"扬气"的生活方式。它以豪侈风雅为其主要特征，不仅孕育了丰富多彩的淮、扬城市文化；而且，流衍传播，对于明清社会习俗之隆窳，风尚之演替，无疑都有着深刻的影响。

（一）扬州盐商社区文化

1. 河下盐商社区的形成

在今天的扬州市区，小秦淮河纵贯南北，河西是明清旧城的所在地；嘉靖三十四年（1555年）以前，旧城以东直到大运河之间，基本上还是一片旷土。不过，早在元代至顺年间，淮南盐商就在运河两岸赁买仓基，存贮盐斤以俟候掣验。及至明朝成化、弘治年间，运司纳银制度确立，开中之法破坏，大批山、陕富民内徙淮、浙。嘉靖后期，在扬州的西北贾客已达数百人之多。与此同时，皖南的徽州商人也崭露头角。到万历年间，新安醝贾的势力，已足以与山右盐商比肩称雄，甚而逐渐凌驾于后者之上。

由于徽商的活动，和其桑梓乡族的利益紧密相联，他们外出谋生，常是共同经商，集体移徙。在移居时，明显地带着乡土传统和文化背景进入新的环境。徽州习俗，"每一村落，不杂他姓，其间社则有屋，宗则有祠"①。这种宗族聚居的传统，是形成扬州盐商社区的基础。歙县人郑景濂，迁居扬州，以盐筴起家，"食指千数，同堂共爨"②，至少维持了三代；吴氏为徽州望族，世业盐法，原先分居于西溪南、南溪南、长林桥、北岸、岩镇诸村，后来侨寓邗上，"即以所居之村为派"③；济阳江氏一族，"多事禺筴，聚处扬城"④；汪氏支派，虽然散衍天下各地，但以寓居广陵业醝者为最多，其中，拥赀千万的汪交如，"一门五世，同居共爨无间言"⑤，"甲第为淮南冠"，时人称呼其族为"铁门限"；祁门汪文德，迁居扬州附郭江都，"自祖、父以来同居四世"⑥；汪

① 许承尧：《歙事闲谭》第 8 册录程且硕《春帆纪程》。
② ［清］李斗：《扬州画舫录》卷 8《城西录》；乾隆《江都县志》卷 22《笃行》。
③ ［清］李斗：《扬州画舫录》卷 13《桥西录》。
④ 歙县《济阳江氏族谱》卷 9《清候选主簿嘉霖公原传》。
⑤ 歙县《汪氏谱乘》叙及《奉宸苑卿汪君事实》，参见［清］李斗：《扬州画舫录》卷 15《冈西录》。
⑥ 雍正《扬州府志》卷 32《人物·笃行》。

文相，与宗族兄弟和睦，聚食常数十人 [1]；歙县程量入，一脉子孙至三百人 [2]；此外，方氏也是宗族鼎盛的扬州望族，依其原先籍贯，又有"歙县方"与"桐城方"之别 [3]。一些大家族还建有宗祠，备置祀田，以供岁时奉祭。如侨居扬州的方士庹，在乾隆年间就曾创设宗祠和祀田；歙县郑鉴元，在扬州宅后建亲乐堂，"子孙以时奉祭祀" [4]，又修郑氏宗祠及族谱；《扬州画舫录》记载，新城东北部有汪家祠堂，当即汪氏盐商构建的宗祠。宗祠的建立和族谱的重修，说明侨聚扬城的族人已相当之多。这种鸠宗聚族的情形，还可以从新城的民居建筑中窥其端倪。扬州新城建于嘉靖三十四年（1555 年），主要是为了保护旧城以东盐商免受倭寇侵掠。其民居的一大特色是"总门"的运用，非常灵活地组成一个整体，在坊巷中大中藏小、集散成整，以适应聚族而居的生活方式 [5]。如引市街东侧的巴总门，西侧的洪家大院，南河下东段南侧的汪家大院等，都是迄今尚存、大致可确认为昔日盐商家族聚处的民居旧迹。

因为是聚族而居，所以，原先运河沿岸的"积盐处"，便很快形成为聚落。据笔者考证，成、弘时期内徙的田姓边商，卜居河下北端西侧，后来的田家巷即由此而得名。而且，至迟到嘉靖中期，便已出现市廛——田家巷市，可见该处人烟已相当稠

① 民国《歙县志》卷 9《人物志·义行》。
② 乾隆《江都县志》卷 22《笃行》。
③ ［清］李斗：《扬州画舫录》卷 4《新城北录》。
④ 民国《歙县志》卷 9《人物志·义行》。
⑤ 陈从周：《扬州园林和住宅》，《社会科学战线》1978 年第 3 期，见《园林丛谈》第 83 页。

密。在南河下东端、后来的新城徐凝门一带，也是盐商萃居的一个中心，在此基础上，形成了井巷口市。此外，旧城以东许多带"店"的地名（今讹变为"甸"），如黄家店、樊家店、傅家店（甸）、史家店（甸）等，都是盐商原先的积盐处，后来形成为民居巷陌①。

新城建成后，河下盐商聚落又有了新的发展。万历年间，新城居民大多是富商大贾，成为闻名遐迩的"一盐客薮"②。明末的徐凝门一带，盐客侨聚，号称财赋重地。及至清康熙年间，"冷鸦不到处，河下多居人，郁郁几千户，不许贫士邻"③，成为令人歆羡的富商聚居区。"通河（意指整个河下）"一词，也成了官方文书及民间俗语中的常用语汇，这说明盐商社区的规模已相当之大。到乾隆时期，"新城盐商居住，旧城读书人居住"，也一时成了定论。此后，除了个别盐商还宅居旧城小东门附近的官绅聚居区以外，绝大多数盐商，全都集中在扬州新城，尤其是河下街（北、中和南河下）。

2. 广陵盐商社区文化

从不同的角度着眼，社区既是一群居民，又是一个地理区位，同时，它还代表着一种生活方式。扬州的盐商社区文化，就包涵着独特的乡土传统、价值观念、习惯行为以及民间信仰，等等。

（1）明万历和清乾隆年间，淮南盐业极盛，盐商获利甚巨。

---

① 参见拙文《明清两淮盐商与扬州城市的地域结构》，载《历史地理》第10辑。
② ［明］王世贞：《张孟奇广陵怀古诗序》，见嘉庆《江都县续志》卷9《艺文》。
③ ［清］吴嘉纪：《陋轩诗续》卷上《河下》。

据何炳棣先生的估计，在 1750 年到 1800 年间，运商每年可获利润五百万两；在该半个世纪中，统共获利高达二亿五千万两。一些盐商巨子，在两至三代便可积资千万以上[①]。巨额的利润，使得这些从事盐业的商贾迅速致富。

然而，传统的中国社会，是一个主要以功名、官位和文采取定威望、地位高下的社会。在这种价值取向下，以经商而囊丰箧盈的商人，往往被人视作暴发户，尤为诗书举子所藐视。例如，明代松江华亭名士钱福（号鹤滩），垂涎于江都某妓，及至扬州，该妓已嫁与盐商，"乃往谒商，……祈一见妓耳。商许之，出妓把酒。酒酣，妓出白绫帨，请留新句，公遂书一绝：'淡罗衫子淡罗裙，淡扫蛾眉淡点唇，可惜一身都是淡，如何嫁了卖盐人。'"[②]文人学士根深蒂固的反感和偏见，溢于言表！乾隆六年（1741 年），扬州知府曹某，因整日在平山堂和商贾宴游，被一秀才题了一副长联横加嘲讽——

　　一派竹西歌吹路，自古好繁华。试看奢如炀帝，徒令人笑徒令人悲。要有些雅度高文，方领略得廿四桥头箫声月色。

　　几堆江上画图山，于今频仰止。正须品似庐陵，方为可

---

① ［美］何炳棣：The Salt Merchants of Yang—chou: A Study of Commercial Capitalism in Eighteenth—Century China，原文载 Harvard Journal of Asiatic Studies, 17，（1954）；收入《中国经济发展史论文选集》下册。

② ［明］佚名：《云间杂志》卷下。独逸窝退士辑：《笑笑录》卷 3 "素蛾" 条作："杭州妓者，多鬻身醵客，一妓号素蛾，为歙商所据，吾乡黄南谷过之，见壁上小像，书曰：'淡红衫子淡红裙，淡淡梳妆淡点唇，可惜一身都是淡，将来付与卖盐人。'"

传方为可法。莫漫把浓花艳酒，错认作（为）六一居士余韵流风①。

从此，虹桥修禊的胜会，凡是醝商都不允许参加②。当时，社会上称呼醝贾为"盐呆子"③，显然是讥刺他们缺乏文化修养。

在这样一种社会环境中，暴富的盐商在心灵深处，隐藏着极其强烈的自卑感。一种以财富弥补社会地位和个人声望的冲动，也就油然而生。显著的表现便是挥金如土，以此彰显自己的阔绰和不同凡响，并藉以发泄心中的郁闷：

> 奢靡之习，莫甚于商人。……各省盐商内实空虚，而外事奢靡。衣服屋宇，穷极华靡；饮食器具，备求工巧；俳优伎乐，恒舞酣歌；宴会戏游，殆无虚日；金钱珠贝，视同泥沙；甚至悍仆豪奴，服食起居，同于仕宦，越礼犯分，罔知自检。骄奢淫佚，相习成风。各处盐商皆然，而淮、扬为尤甚④。

在另一方面，盐商中的许多人出自徽州地区，"亦儒亦贾"是其传统，"贾为厚利，儒为名高"⑤，富裕的盐商家庭，通过将财富转化为科举及第，以及仕宦上的成功，可以大大地获得社会声望，而且还可以自立为官商，以保护其专卖权益。康熙年间，

---

① ［清］阮葵生：《茶余客话》卷12《平山堂长联》。
② ［清］李斗：《扬州画舫录》卷10《虹桥录上》。
③ ［清］吴敬梓：《儒林外史》第28回《季苇萧扬州入赘、萧金铉白下选书》。
④ ［清］萧奭：《永宪录》卷2下，雍正元年八月初二日。
⑤ ［明］汪道昆：《太函集》卷52《海阳处士金仲翁配戴氏合葬墓志铭》。

歙人吴从殷在扬州创建存园，"仿闱中号舍数十楹，每乡举之年，联同人遴日课题，以闲习之"。其子蔚起终南捷径，后为御史 ①。此一例子，就典型地反映了徽州盐商的这种心态。一些盐商家族，文人辈出，世代簪缨，成为提倡风雅的带头人。

歙县郑氏侨寓扬州，科甲仕宦不绝。晚明郑超宗有影园，在西门外，中有小桃园、玉勾草堂、半浮阁、潊翠亭、媚幽阁诸胜，岩壑窈窕，林木荟翳。著名画家董其昌以该园据胜于山影、水影和柳影之间，故命名为"影园"。郑超宗于此延礼名硕，四方知名之士纷至沓来，赋诗饮酒，殆无虚日。倡和投赠之什，结集而为《瑶华集》。影园中有黄牡丹之瑞，郑氏"大宴词人赋诗，且征诗江、楚间，奉虞山钱宗伯（谦益）主坛坫，论定甲乙，以粤东黎美周诗为冠，镂金罍遣傔致之，曰：贺黄牡丹状元，一时传为盛事" ②。

盐商马曰琯，字秋玉，号嶰谷，是祁门县诸生。过从交游，都是当代名家。四方游士过访，"适馆授餐，终身无倦色" ③。杭州人厉鹗，工于诗词及元人散曲，来扬州为马氏食客，利用后者的藏书，尤其留心于宋人文集、诗话、说部以及山经、地志等，

---

① 嘉庆《江都县续志》卷5《古迹》；直到今天，"清康熙癸未年科进士、贵州道监察御史加九级吴蔚起"的进士坊，还矗立于歙县南溪南村口。

② 《甲申朝事小记》初编卷12"郑元勋始末"；参见沈起凤《稗说》卷1"黄牡丹状元"（见《明史资料丛刊》第2辑）。清金埴《不下带编》卷1："广陵郑超宗，卤贾之巨豪也。明末时，其家园开黄色巨朵芍药花百朵，集南北名流，品花赋诗，币请钱宗伯为主坛甲乙，首选者侯朝宗方域作也。超宗又挥千金为公子寿，千秋盛业，独擅淮南，迄今士林艳之。"此处获奖者作侯朝宗，上为黎美周，未知孰是。

③ ［清］李斗：《扬州画舫录》卷4《新城北录中》。

著有《辽史拾遗》《宋诗纪事》《南宋杂事诗》《东城杂记》《南宋院画录》《湖船录》和《樊榭山房诗词集》等，蔚成大家；年届六十尚无子嗣，马氏为之割宅蓄婢。同时寓于小玲珑山馆的全祖望，一度曾得恶疾，马曰琯出千金招聘医师，加以治疗。吴兴人姚世钰客死扬州，马氏替他料理后事，刊刻《莲花庄集》。浙江诸生楼锜，年长未婚，也赖马氏为之择配完婚。……悉心招养食客的类似事例，不胜缕举。诚如袁枚在《扬州游马氏玲珑山馆感吊秋玉主人》一诗中所指出的那样：

> 横陈图史常千架，供养文人过一生 ①。

马曰琯本人好古博学，考校文艺，评骘史传，旁逮金石文字。曾经为著名学者朱彝尊刊刻《经义考》，花费千金为蒋衡装潢所写《十三经》；又刻《说文解字》《玉篇》《广韵》《字鉴》等书，当时称为"马板"。其弟曰璐，字佩兮，号半查，与兄齐名，号称"扬州二马"。建有"街南书屋"（即小玲珑山馆），有看山楼、红药阶、透雨两明轩、七峰草堂、清响阁、藤花书屋、丛书楼、觅句廊、浇药井和梅寮诸胜。其中，丛书前、后二楼藏书百厨，多达十余万卷。马氏兄弟与门人食客精心校勘，"得专家、学者论定一语，即浮白相向" ②，因此版本极佳。乾隆三十七年（1772 年）开四库馆，奉旨采访遗书。马氏后人进呈藏书 776 种，位居当时江、浙四大藏书家之首。为此，清高宗褒奖有加，

---

① ［清］袁枚：《小仓山房诗文集·诗集》卷 27。
② ［清］全祖望：《鲒埼亭文集·丛书楼记》。

御赐《古今图书集成》一部，以示青睐。马氏不仅藏书极富，而且字画也多珍品，"每逢午日堂斋，轩室皆悬钟馗，无一同者，其画手亦皆明以前人，无本、明手笔"①，令人叹为观止。

马曰琯擅长作诗，著有《沙河逸老诗集》，当世论诗有"南马北查"之誉。"迨秋玉（马曰琯）下世，方伯遂为秋玉后一人"②。这里的"方伯"，是指乾隆年间的盐务总商江春。他祖籍歙县，原先是仪征诸生，"工制艺，精于诗，与齐次风（召南）、马秋玉齐名"③，著有《随月读书楼时文》《水南花墅吟稿》和《深庄秋咏》等，曾得到诗坛领袖袁枚的大加叹赏。在《随园诗话》中，袁枚指出：

> 凡咏险峻山川，不宜近体。余游黄山，携黄震亨、江鹤亭（江春）两诗本作印证，以为江乃巨商，曹故宿学，以故置江而观曹，读之，不甚惬意，乃撷江诗，大为叹赏。

通过对江、黄二人的对比，他认为，江春"心胸笔力，迥异寻常，宜其隐于禺笑，而能势倾公侯，晋爵方伯也"。

江春在扬城北郊、东乡和南河下，都构筑了园林别墅。其中，以康山园最负盛名，"海内名流至邗江者必造焉"④。乾隆四十五年（1780 年）南巡，曾经于此亲御丹毫，题词留念。江春继子振鸿，也好读书，擅长诗歌。江氏"世族繁衍，名流代

---

① ［清］阮元：《广陵诗事》卷 7。
②③ ［清］李斗：《扬州画舫录》卷 12《桥东录》。
④ ［清］汪鋆：《扬州画苑录》卷 2。

出"，兄弟侄孙中，见于《扬州画舫录》记载的著名诗人、艺术家和鉴赏家，就达十五名之多。"坛坫无虚日，奇才之士，座中常满"①，蔚为一时之盛。

与江春齐名的有，著籍仪征的盐商郑钟山，是读书世家，"族广英多，率皆清华之选"；科甲辈出，"皆以文学显著"②。盐商汪棣，也是仪征廪生，为国子博士，官至刑部员外郎。工诗文，与两淮盐运使卢见曾为友，"多蓄异书，性好宾客，樽酒不空"。当时的著名学者戴震、惠栋、钱大昕和王鸣盛等人，都与之过从甚密。其子汪晋藩、汪掌庭，也都是名诸生。江都许氏一门四代词科，官宦辈出。汪懋麟、汪耀麟兄弟二人，并以擅长作诗闻名遐迩。此外，如康熙时的盐务总商程量入，子孙数百人，"成进士，官中外者弗绝"③。歙人吴杜村家"世以盐筴为业，寓扬州已百余年，家道殷实，乾隆乙未、戊戌两科，与其兄绍烁同中进士，入翰林"④。当时，读书登第、步入宦途，是时尚所趋。对此，《歙事闲谭·歙风俗礼教考》说得好：

> 商居四民之末，徽俗殊不然。歙之业醝于淮南、北者，多缙绅巨族，其以急公议叙入仕者固多，而读书登第，入词垣，跻膴仕者，更未易仆数。且名贤才士，往往出于其间，则固商而兼士矣。

---

① ② ［清］李斗：《扬州画舫录》卷12《桥东录》。
③ 乾隆《江都县志》卷22《笃行》。
④ ［清］钱泳：《履园丛话》卷6《耆旧》。

据何炳棣先生的研究，1371—1643 年间，两淮盐商中出的进士多达 106 名；及至清代，1646—1804 年间产生的进士数为 139 名。由于两淮盐商的财富创造了高度发达的文化，使得有清一代扬州府的进士总数多达 348 名，而且还出过 11 名一甲进士，成为国内重要的文化发达地区之一。其中，盐商的贡献是显而易见的 [①]。

（2）在上述那些"绅商"的提倡和影响下，扬州的盐商社区中形成了比较高雅的文化氛围。鹾商大都风雅好客，"喜招名士以自重" [②]。巨商大族，均以宾客争至为荣。于是，广陵成了全国的文化中心之一，"文人寄迹，半于海内" [③]。当时"士子稍读书者，即不忧贫矣" [④]，诚如梁启超先生指出的那样：

> 社会对学者有相当之敬礼，学者恃其学足以自养，无忧饥寒，然后能有余裕从事更深的研究，而学乃日新焉 [⑤]。

因此，乾嘉年间，扬州经学之盛，"自苏、常外，东南郡邑无能与比焉" [⑥]。扬州学派就是在这种背景下产生的。

乾隆初期，扬州诗文之会的盛况，首推马氏小玲珑山馆、程

---

① 《明清社会史论》第 2 章；另据该书第 6 章《科举和社会流动的地域差异》，在清代，进士产生总数超过 400 名的，全国仅有九府。
② 徐珂：《清稗类钞》第 8 册《师友类·扬州鹾商好客》；参见［清］薛寿：《学诂斋文集》卷下《读〈扬州画舫录〉书后》。
③ 《孔尚任诗文集》第 2 册，卷 6《广陵听雨诗序》。
④ 徐珂：《清稗类钞》第 1 册《巡幸类》。
⑤ 梁启超：《清代学术概念》十八。
⑥ ［清］刘寿曾：《传雅堂文集》卷 1《沤宦夜集记》。

氏篠园及郑氏休园。诗会以酒肴珍美蜚声远近，"诗成即发刻，三日内尚可改易重刻，出日遍送城中矣"①。盐务官僚卢见曾等人，也以"风流总持"自居，与文人交相唱和，游宴觞饮。一时间，扬州文风极盛。"邗上时花二月中，商翁大半学诗翁"②。邗城风尚大变，郑板桥曾

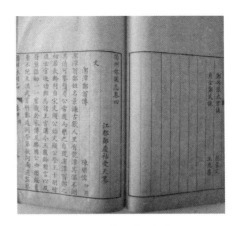

图20　《扬州休园志》

不无夸张地指出，在当时的扬州，"巨富之商，大腹之贾，于玩弄骨董余暇，家中都聘有冬烘先生，明言坐馆，暗里捉刀，翻翻诗韵，调调平仄，如唱山歌一般，凑集四句二十八字，使人扬言于众，某能做诗矣，某能作文矣"，以自抬身价，跻身地方名流之列。一些门人食客，在社会上大造舆论，"谓某诗近古，某诗逼唐，才由天授，非关人力，谁说商贾中无才乎？"到后来连他们的主人也飘飘欲仙，忘乎所以，真的以为自己确实是才华横溢。醝贾黄某，在园中开宴迎宾，居然传花行酒，刻烛催诗，一意附庸风雅；某商丧子，自撰哀悼诔文，出示旁人，令人不能卒读。③《儒林外史》中盐商万雪斋的七太太办了个诗会，"十日一

① ［清］李斗：《扬州画舫录》卷8《城西录》。
② ［清］林苏门：《维扬竹枝词》，见《扬州风土词萃》。
③ 《郑板桥外集·尺牍·与起林上人》。

会，文武衙门、官亲幕友，无一不在诗会中"。由于商家席丰履厚，天下文人稍能言诗，辄思游食维扬，当时有"扬州满地是诗人"的说法。

图21 "扬州八怪"之一金农的梅花册页

乾嘉盐务全盛时期，"士大夫起家盐筴，尤操赢余。华盛之族，席丰履厚；器物财用，力求精美。以故艺能日进。片长薄技，新巧相尚，争自揣摩，求其尽善"①。这在书画方面表现得尤为显著。其时，浙西画学极盛，扬州画坛成了名流竞逐的大舞台。仅据《扬州画舫录》的记载，从清初至乾隆末年，活跃于扬

---

① 徐谦芳：《扬州风土小记》稿本。

州的书画家就达一百数十名之多。在商品经济的氛围中，走俏的艺术作品，往往要趋合收藏者的旨趣。笔者以为，"扬州八怪"的形成，便是盐商社区文化的典型产物，它与鹾商追求怪诞、新奇的性格，至少是不谋而合。除了书画以外，癖好骨董之风也风靡一时。盐商中有不少收藏、赏鉴古董的专家，如江恂收藏的金石书画，就在东南地区首屈一指。歙县渔梁人、鹾商巴慰祖"收藏金石最富"[①]。銮江项氏的"彝鼎图书之富"，也甲于天下[②]。正是在这种环境下，乾嘉学派主将、江春甥孙阮元，才能撰录《积古斋钟鼎彝文款识》那样划时代的巨著。据嘉庆九年（1804年）阮元自序称，该书以芸台自藏鼎器，加上友人同好者（如江德量、朱为弼、孙星衍、赵秉冲、翁树培、秦恩复、宋葆醇、钱坫、赵魏、何元锡、江藩、张廷济等人）的藏器拓本汇集而成，著录器物多达560件。

明清前期，士大夫都能清唱昆曲，这是一种时髦的风尚。富贵人家，平日里虽然听惯了弋阳、四平诸腔，"极嫌昆曲之冷"，但因世人"雅重昆曲，强令歌童习之"，虽然每听一曲，"攒眉许久，坐客亦代为苦难"，但为了附庸风雅，却还是乐此不疲[③]。乾隆年间，扬州城内演唱皆重昆曲，称为"堂戏"。据《扬州画舫录》卷5记载：

> 昆腔之胜，始于商人徐尚志征苏州名优为"老徐班"。

① ［清］李斗：《扬州画舫录》卷2《草河录下》。
② ［清］李斗：《扬州画舫录》卷15《冈西录》。
③ ［清］李渔：《闲情偶记》卷3《声容部·丝竹》。

随后，各鹾商竞相仿效，黄元德、张大安、汪启源、程谦德等，都备有家班。洪充实蓄"大洪班"，江广达（即江春）为"德音班（又称内江班）"，又集花部（即"乱弹"）为"春台班（又称外江班）"。到乾隆末年，内江班归洪箴远，外江班隶罗荣泰。上述诸人，基本上都是当时的盐务总商；除了"春台班"外，余下诸班即为昆剧史上著名的扬州"七大内班"。弘历六次南巡，盐商备演大戏以供宸赏，经费则出自两淮鹾务：

> 梨园演戏，高宗南巡时为最盛，而两淮盐务中尤为绝出[1]。

当时，盐商家中都招养了一批名流，专门制曲。如蒋士铨在康山草堂的秋声馆，"所撰九种曲内《空谷香》、《四弦秋》，皆朝拈斑管，夕登氍毹"[2]。扬城内外精谙工尺的盐商，也颇不乏人。除了江春以外，富商程志辂也喜好词曲，收录的工尺曲谱多达十数橱，绝大多数是当世孤本。"凡名优至扬，无不争欲识。有生曲不谙工尺者，就而问之"。其子程泽，也擅长作诗，习承家传工尺四声之学[3]。此外，纳山胡翁、西乡陈集的詹政，也都是熟谙戏曲的富室。上述的这些富室，从其姓氏上看，基本上都是土著化了的徽商。由于商人的征召，姑苏名优络绎奔邗上，城内"苏唱街"是优伶族居之地，其上的"老郎堂"，为梨园总局之

---

① ［清］钱泳：《履园丛话》卷 12《艺能》。
② ［清］梁章钜：《浪迹丛谈》第 2 卷《小玲珑山馆》。
③ ［清］李斗：《扬州画舫录》卷 5《新城北录下》。

所在。嘉庆十三年（1808年），新城大树巷一带，以总商余晟瑞闲园，仿效京师样式，开设了戏馆①。扬州成了昆曲的第二故乡，征歌度曲极为盛行。乾隆四十二年（1777年），巡盐御史伊龄阿在扬州设局修改曲剧，黄文旸著有《曲海》十二卷，其中杂剧传奇多达一千余种。

　　和昆曲相同，园林艺术也是盐商追求士大夫生活方式的一种表现。园林是综合的建筑艺术，其主要功能是修身养性、闲适自娱，贯注文人学士寄老林泉、清高出世的高雅意境。醒商在积累财富的同时，也竭力追求自身在文化上的价值。"当明季承平日久，故家大族，多占地为园亭，以自娱乐。方其盛时，高台曲沼，酒座琴歌，意气雄豪"②。歙县郑氏，兄弟四人，各建有王氏园、影园、嘉树园和休园，以园林相互竞尚。及至清代，"广陵甲第园林之盛名冠东南，士大夫席其先泽，家治一区"③。如康熙、雍正年间，扬州盐商中有三"通人"，皆有名园——江春的康山草堂，汪懋麟的百尺梧桐阁，以及马曰璐的小玲珑山馆，"后先媲美，鼎峙而三"④。据黄钧宰记载，盐商张氏容园——

　　　　一园之中号为厅事者三十八所，规模各异。夏则冰绡竹
　　簟，冬则锦幕貂帷，书画鼎彝，随时更易。饰以宝玉，藏以
　　名香，笔墨无低昂，以名人鉴赏者为贵；古玩无真赝，以价

①　［清］林苏门：《邗江三百吟》卷8《适性余闲》。
②　《扬州休园志》序。
③　［清］刘凤浩：《个园记》，转引自朱江：《扬州园林品赏录》，第124页。
④　［清］梁章钜：《浪迹丛谈》第2卷《小玲珑山馆》。

高而缺损者为佳。花吏修花，石人叠石，水木清湛，四时皆春。金钗十二，环倚一堂，赏花钓鱼，弹琴度曲，惟老翁所命，左右执事，类皆绮岁俊童，眉目清扬，语言便捷，衣以色别，食以钟来。……梨园数部，承应园中，堂上一呼，歌声响应。岁时佳节，华灯星灿，用蜡至万数千斤，四壁玻璃射之，冠钗莫辨。只见金碧照耀，五色光明，与人影花枝迷离凌乱而已。埒于容园者，若黄，若程，若包，莫不斗靡争妍，如骖之靳[1]。

据当时人描绘，扬州"城中烟水胜如山"，园林多达数十处。其中，尤其是南河下盐商聚居区最为稠密，该处有一条"花园巷"，由徐凝门起向西，全长近二华里，巷南陌北，花园绵亘不绝。由于乾隆朝的六次南巡，盐商穷极物力以供宸赏，湖上山林也多得不胜枚举。黄、江、程、洪、汪、周、王、闵、吴、徐、鲍、田、郑、巴、余、罗、尉等商人，都建有园林。"扬州以园亭胜"[2]，也一时成了定评。其风格以取法自然、变化含蓄、淡雅朴素和文景结合等见长。园主在造园时，往往以"重资延名士为之创稿"，因此，文人画家的美学思想，也就渗透到园林建筑之中。例如丹青高手释道济（石涛），就兼工垒石。片石山房中的假山，相传就是石涛堆叠的，诗情画意，盎然成趣。总商江春园中的瀑布深潭，水树俱佳，论者谓"此善学倪云林笔意者之作

---

① ［清］黄钧宰：《金壶浪墨》卷1《盐商》。
② ［清］李斗：《扬州画舫录》卷6《城北录》。

也"①。故此，扬州的亭台楼阁，"结构曲如才子笔"，素有"翰墨园林"之誉。钱泳曾说："造屋之工，当以扬州为第一，如作文之有变换，无雷同，虽数间小筑，必使门窗轩豁，曲折得宜，此苏、松工匠断断不能也。"② 这正是当时文化氛围中的特殊产物。

康熙、乾隆二帝南巡，尤其是清高宗六次临幸邗上，盐商献媚邀宠，建构了大量园林，以供奉宸赏。在此前后，捐输、报效也极为频繁。据不完全统计，自雍正十一年（1733 年）起至嘉庆九年（1804 年）为止，两淮盐商共报效银两已达二千六百余万两③。皇帝为酬答输诚，纷纷奖以职衔。如乾隆二十七年（1762 年）二月上谕称：

> 朕此次南巡，所有两淮众商承办差务，皆能踊跃急公，宜沛特恩，以示奖励。其已加奉宸苑卿之黄履暹、洪征治、江春、吴禧祖各加一级；已加按察使衔之徐士业、汪立德、王勋俱著加奉宸苑卿衔；李志勋、汪秉德、毕本恕、汪焘，著加按察使衔；程征启著赏给六品职衔；程扬宗、程玠、吴山玉、汪长馨俱著加一级……④

一般中小盐商对此歆羡不已，也采取捐官的形式，获得一官半职。"扬州好，侨寓半官场，购买园亭宾亦主，经营盐典仕而

---

① ［清］李斗：《扬州画舫录》卷 4《新城北录中》。
② ［清］钱泳：《履园丛话》卷 12《营运》。
③ 参见景本白《票本问题》"两淮引商报效一览表"，见林振翰：《淮盐纪要》专件，页 20。
④ 嘉庆《扬州府志》卷 1《巡幸》。

商，富贵不归乡"①，一时蔚成风气。据统计，自清初迄至嘉庆七年（1802年），盐商家庭中共有140人，通过捐纳获得职衔②。由于盐场大使职别与知县相当，却无刑名钱谷之烦，因此，在鹾商圈子中，捐官大多喜欢捐个盐场大使。当时有人仿刘禹锡《陋室铭》，作《陋吏铭》以示讥讽：

> 官不在高，在场则名；才不在深，有盐则灵。斯虽陋吏，惟利是馨。丝圆堆案白，色减入枰青。谈笑有盐商，往来皆灶丁。无须调鹤琴，不离经。无刑钱之聒耳，有酒色之劳形。或借远公庐（署印官有借佛寺为公馆者），或醉竹西亭（候补人员每喜游平山堂，每日命酒宴乐而已）。孔子云："何陋之有？"③

盐商的心态，刻画得可谓惟妙惟肖，入木三分。据李斗记载，扬州城北买卖街上岸，有官房十号，为"十号公馆"，乾隆南巡过后，由盐务候补官居住。候补都有坐薪，每年达数百金④。道光初年，两淮额设分司大使及佐杂等官不过三十余缺，

---

① ［清］惺庵居士：《望江南百调》；到康熙时期，头戴水晶结子的方巾为盐商的时髦打扮。（吴敬梓：《儒林外史》第38回《季苇萧扬州入赘，萧金铉白下选书》。）"扬州好，商界势熏天，食客盈门工献策，财神大会广开筵，满座总貂蝉"，"扬州好，酬应好排场，手版高呼门子接，肩舆飞过仆夫忙，翎顶共辉煌"。（俱见《望江南百调》）

② ［美］何炳棣：The Salt Merchants of Yang-chou: A Study of Commercial Capitalism in Eighteenth-Century China。

③ ［清］钱泳：《履园丛话》卷21《笑柄》。

④ 参见《淮鹾纪略》"候补薪水"条。

但候补者却多达一百余员。于是，中饱之蠹窟穴其中，两淮盐务遂每况愈下。

（3）徽州人素有强烈的乡土意识，新安移民往往以"子孙不能守徽歙之古风"为隐忧①。清代著名学者汪中之子汪喜孙在宋《罗愿〈新安志〉跋尾》一文中指出：

> 吾家先世居歙西古唐，高祖快士先生始迁江都，嘉孙少孤，不获闻先世佚事，每遇人自歙来者，必敬问家乡风俗及遗闻佚说，听之忘寝食矣②。

显然，徽州人后裔也孜孜以家乡为念。由于道光以前的淮商巨子，主要以新安人为多，"扬州之盛，实徽商开之，扬盖徽商殖民地也。故徽郡大姓，诸如汪、程、江、洪、潘、郑、黄、许诸氏，扬州莫不有之，大略皆因流寓而著籍也"③。因此，扬州盐商社区文化，也明显地打上了徽州乡土风俗的烙印。河下盐商聚落，总让人想起皖南桑梓之地的村落景观，所谓"钞关滑踏任人行，河下门高闬竖成，若使自南还至北，奉宸苑忆旧时乡"④。"奉宸苑"指的是上述那些获得奉宸苑卿职衔的徽州盐商。迄至今日，徜徉于河下的长街短巷，青瓦白墙、马头山墙的建筑造型，以及残垣颓壁间依稀可辨的雕刻装饰，仍可强烈地感受到徽州的

---

① ［清］汪喜孙：《孤儿编·乾若先生墓表》，见《汪氏丛书》之十。
② ［清］汪喜孙：《孤儿编·罗愿〈新安志〉跋尾》，见《汪氏丛书》之十。
③ 陈去病：《五石脂》。
④ ［清］林苏门：《维扬竹枝词》，见《扬州风土词萃》。

乡土气息。这种聚落景观的神似，自然也令人追溯逝去的生活方式。近人有"广陵之风同于徽歙"[1]的说法，事实也确是如此。

徽州"乡俗不论贫富，卧起俱迟"，所谓"三竿红日尚高眠"[2]，就是其真实的写照。这种习俗后来成了盐商中的时髦风尚，"城内富贵家好昼眠，每自旦寝，至暮方兴，燃烛治家事，饮食燕乐，达旦而罢，复寝以终日，由是一家之人昼睡夕兴"[3]。对此，郑板桥有诗曰：

> 长夜欢娱日出眠，扬州自古无清昼。

这种陋习给乾隆皇帝留下了深刻的印象。南巡还京以后，有一皇子因睡懒觉耽误了读书，高宗责备说："汝欲逸乐，何不作淮南商人子，而必生我家耶!"[4]可见，昼眠晏起，也是盐商圈子中时兴的风尚。

徽州人祀土地神最为虔敬，据民国《歙县志·舆地志·风土》记载：

> 二月二日比户迎福德之神。盖前人以元日祀天，复以二月二日祀地，相传既久，遂讹为所奉土地偶像，而崇其徽号曰"福德正神"。商肆亦于是日陈设一新，谓之"开张"。

---

① 徐谦芳：《扬州风土小记》稿本。
② 许承尧：《歙事闲谭》第 7 册载方西畴：《新安竹枝词》。
③ ［清］李斗：《扬州画舫录》卷 11《虹桥录下》。
④ ［清］汤殿三：《国朝遗事纪闻》第 1 册《高宗南巡遗闻》。

有的地方每逢土地诞辰，"里中会次大小百计"，爆竹之声"过于元旦"①。扬州新城徐凝门附近通刘备井处，有一巷名"土地堂"，可能就是盐商早期聚落中所建的祭祀庙堂。"扬州好，二月月初头，土地祠前灯似锦，堆盐店里酒如油，歌吹不曾休"。在广陵，二月二日也称土地神诞，"盐笑家张灯设鼓乐，曰土地会，最称繁盛"②。徽商西贾侨寓邗上，中盐营运，财源茂盛。因此，对于冥冥之中的土地公公，充满了感激之情，将之看成"福神"，奉祀甚虔，相沿成俗。"二月二日，家家作土地会，其极盛者，鳌山彩树，比于元宵，年景至此始毕"③。扬州新、旧两城，街衢巷陌，处处建有小庙。每届土地生日，"预日各铺户雇画师画杂剧戏文于墙以侑神"④。届时，"画壁观瞻来妇孺，神灯攫取闹儿童，冠帔案头供"⑤，一派熙熙攘攘的热闹气象。扬城西北有一虹桥灵土地庙，每年二月二日，必有盛集，号称"增福财神会"。

扬州丧祭有"徽礼""扬礼"之殊。原先，士大夫之家"用司马及考亭家礼"。及至清代前期，扬城治丧"灵前笙簧丝竹之音，胜于哭泣；朝祖之夕，演剧开筵，声伎杂沓，名曰'伴夜'。至若刍灵明器，丹旐彩翠"，戚不胜文，相渐成俗⑥。"扬州好，家祭夹徽、扬，鼓伐三通呼就位，灯持五色学跑方，亭设纸猪

① 《沙溪集略·岁时》。
② ［清］费执御：《梦香词》，见《扬州风土词萃》。
③ ［清］焦东周生：《扬州梦》卷3《梦中事》。
④ ［清］林苏门：《邗江三百吟》卷3《俗尚通行》。
⑤ ［清］惺庵居士：《望江南百调》。
⑥ 雍正《扬州府志》卷10《风俗》。

羊"①，"年来极盛徽、扬祭，残腊丧门吊客多，鼓吹沸天真耐听，《将军令》与《捉天鹅》"②——这些，都是丧祭中徽、扬礼仪并具的最好注脚。同样地，婚礼也吸收了徽州的风俗。据说，徽州地区多虎，曾经有嫁女者遇虎，舆夫逃去，"虎来衔人，仅及花冠，不伤新妇"，于是，徽礼中就有了"抢花冠"的风俗——

> 嫁女入舆，不加笄饰，但盖红帕，外以篾丝为花冠，高尺许，缀绢绫人物戴于头上，到夫家下轿时，各亲属一揭彩舆之顶，花冠簇然露矣，因争抢之，以为喜祝之意③。

后来扬州沿而袭之，寝以成俗。所谓"徽州火把红油刷，翰院灯笼紫纸糊，抢过花冠传过袋，进房先看伴娘姑"④，就反映了徽、扬礼俗的杂糅。

徽州食物也盛行一时，如徽面、徽饼和徽包等。大盐商徐赞侯的侄孙徐履安，擅长烹饪，歙县岩镇街盐商聚居地的没骨鱼面，就是由他首创。乾隆初年，徽州人在扬州河下街卖松毛包子，开设了"徽包店"以飨同乡。又模仿岩镇街的没骨鱼面，以鲭鱼为面，开设"合鲭"面店。此外，仿效的还有槐叶楼火腿面，"合鲭"又改为坡儿上的"玉坡"面店，以鱼面精美可口见

---

① ［清］惺庵居士：《望江南百调》。
② ［清］孔庆镕：《扬州竹枝词》，见《扬州风土词萃》。褚人获：《坚瓠续集》卷5："苏俗有丧事，吊客至则传鼓为信。"［清］范祖述：《杭俗遗风》："徽调排场与歌司、大中箱子等，惟所唱徽调一门而已，人家问丧闹材多用之。"
③ ［清］林苏门：《邗江三百吟》卷5《周挚情文门》。
④ ［清］董伟业：《扬州竹枝词》。

长。从此，"郡城酒面馆列肆相望，连面各处驰名，点心制法极佳，有灌汤包子，尤擅一时"①。其中的"连面"，即徽面，称为"三鲜大连"，也就是鸡、鱼、肉大碗面。

徽州素有早婚习俗。明人王士性就曾指出："蜀中俗尚缔幼婚，男子十二三即娶，徽俗亦然。然徽人事商贾，毕娶则可有事于四方……"②也就是说，徽州男子年满十二、三岁，就得完婚，然后外出做生意。因前途莫测，有时需要几年、十几年甚或几十年，才能返乡省亲。因此，新安商人在娶妾、宿娼方面，一反菲啬故习，往往不惜挥金如土。明代中叶以后，盐商虽然大多举族迁居扬州，但追芳逐艳的欲望愈益变本加厉。于是扬州倡家对所蓄雏姬"教以自安卑贱，曲事主母"，相渐成习，形成了扬州的"养瘦马"风俗③——这实际上也是扬州盐商社区文化中的一个重要组成部分。

3. 盐商文化与扬州市民社会

三月烟花古所云，
扬州自昔管弦纷。
还淳拟欲申明禁，
虑碍翻殃谋食群④。

---

① ［清］林溥：《扬州西山小志·市肆十二首》；［清］林苏门：《邗江三百吟》卷9《名目饮食·三鲜大连》。
② ［明］王士性：《广志绎》卷5《西南诸省》。
③ 参见拙文《明清两淮盐商与扬州青楼文化》，载《复旦学报》1991年第3期。
④ 嘉庆《扬州府志》卷3《巡幸志三》。

早在明朝后期，淮南盐商谋得利润之后，除了花费其中的11.1％输饷以外，"以三百万充无端妄费，公私俱足，波及僧、道、丐、佣、桥梁、梵宇，尚有余五百万各商肥家润身，使之不尽，而用之不竭"[①]。盐商巨贾生活的奢侈豪华，固然是社会生活中的陋习，但也有利于财富的分散。诚如清高宗所指出的那样：

> 富商大贾出有余以补不足，而技艺者流藉以谋食，所益良多，使禁其繁华歌舞，亦诚易事，而丰财者但知自啬，岂能强取之以赡贫民！[②]

明清时期，扬州市民阶层以末作依附商家而沾其余润，其中颇多小康之家，甚至"贩夫走卒，工作隶役之人，无不绣衣丝履，持粱齿肥"[③]。在盐商社区文化的熏陶下，风尚习俗发生了巨大的变化。

明朝初年，扬州民风淳朴，"室庐佩服，无大文饰"。百姓惮讼劝业，婚丧交际，崇尚俭素。及至成化、弘治以后，盐商大量辐集邗上，"四方商贾陈肆其间，易与王者埒。……妇人无事，居恒修冶容，斗巧妆，镂金玉为首饰，杂以明珠翠羽。被服绮绣，袒衣皆纯彩，其侈丽极矣"[④]。于是闾左轻薄少年，率起效仿，广陵风气大变。"其民多嗜利，好宴游，征歌逐妓，袨衣媮

---

① ［明］宋应星：《盐政志》，转引自叶显恩：《徽商的衰落及其历史作用》一文，见《徽商研究论文集》。
② 嘉庆《扬州府志》卷3《巡幸志三》。
③ 光绪《两淮盐法志》卷150《杂记门》。
④ 嘉庆《扬州府志》卷60《风俗志》，引万历《江都志》。

食，以相夸耀"①。对此，嘉靖前期，有人曾一针见血地指出：

　　　　扬人俗尚侈，蠹之自商始②。

　　此后，奢风盛行，愈演愈烈，令人不禁有"沃饶而近盬"之叹。扬州盐务中人，竞尚奢丽。"一婚嫁丧葬，堂室饮食，衣服舆马，动辄费数十万"。以婚媾言之，郡城以"华靡相竞，财帛相高"③。富室侈汰无节，"赁一彩轿，费至数金，他物可知"，于是贫家也"称贷效之"④，娶亲无论大小户，"择吉之后入市，订好花轿"，虽然可供挑选的种类很多，但一般人都以新鲜华丽为佳⑤。民间婚姻，"男家责妆，女家责财"⑥，成为普遍的风尚。男子亲迎前一夕入浴，动辄费数十金⑦。

　　扬州人中，"大抵有业者十之七，无业者十之三。而业鹾务者任职不重，是以士耽乐逸，甚于他地"⑧。尤其是雍正以后，"根窝"世袭，不少盐商坐享厚利，迅速游离运商队伍，成为腐朽的寄生阶层。"扬州盐业，以吃酒看牌为事"，积习成例，积例成弊。自官场以至民间，无不三朋四友，群居终日，"论办公

──────────

① ［清］魏禧：《重建平山堂记》，见《平山堂图志》卷9《艺文》。
② ［明］邹守益：《扬州府学记》，民国《续修江都县志》卷8《学校考》。
③ 雍正《扬州府志》卷10《风俗》。
④ 康熙《扬州府志》卷7《风俗》。
⑤ ［清］林苏门：《邗江三百吟》卷5《周挚情文门》。
⑥ 嘉庆《扬州府志》卷60《风俗志》，引万历《江都志》。
⑦ ［清］李斗：《扬州画舫录》卷1《草河录上》。
⑧ 徐谦芳：《扬州风土小记》稿本。

则莫展一筹，论聚赌则迭生百计"①。市民中"同游会聚，多喜斗叶"②。甚至有"清明不看牌，死了没人抬"的俗谚，每届清明日，大家小户多为樗蒲之戏，置正事于不顾。适应有闲阶层的需要，城内外茶肆林立。两城之中，见于《扬州画舫录》记载的著名荤、素茶肆，就达十三个；城外湖山胜处，与园林融为一体的，更是不胜枚举。尤其是新城旧教场，茶馆更是鳞次栉比——

教场茶肆闹纷纷，每碗铜钱十四文。
午后偷闲来到此，呼朋引类说新闻③。

闲居茶肆，啜茗清谭，成为扬州人的普遍习惯。除了"皮包水"外，当地还有"午后水包皮"的说法。城内外浴室数以百计，浴渥之盛，"美甲他处"④。茶香酒碧之余，侍者"折枝按摩，备极豪侈"⑤，所谓"摹挲遍体客忘疲，香茗沁心脾"⑥，指的便是这种情形。由于城内的富商巨室，缙绅文人，大多是游手好闲之人，书场也是他们时常光顾的消遣场所——

书词到处说隋唐，好汉英雄各一方。

---

① 《申报》影印本第 7 册，第 113 页。
② ［清］焦东周生：《扬州梦》卷 3《梦中事》。
③ ［清］臧毂：《续扬州竹枝词》，见《扬州风土词萃》；参见《青溪旧屋仪征刘氏五世小记》，第 64 页。
④ ［清］费执御：《梦香词》；参见［清］林苏门：《邗江三百吟》卷 3《俗尚通行》。
⑤ ［清］李斗：《扬州画舫录》卷 1《草河录上》。
⑥ ［清］惺庵居士：《望江南百调》(见《扬州丛刻》)。

诸葛花园疏理道，弥陀寺巷斗鸡场。

董伟业《扬州竹枝词》所叙的东关一隅，即有数家书场，扬州街衢巷陌间书场之多，便可想而知了！李斗曾说，扬州书场，"各门街巷皆有之"①，大概并非夸张之辞。扬俗无论大小人家，凡遇喜庆吉事和设席宴会，"必择著名评词、弦词者，叫来伺候一日，劳以三五钱、一二两不等"②，相沿成习。

图 22 ［清］费执御：《梦香词》

① ［清］李斗：《扬州画舫录》卷9《小秦淮录》。
② ［清］林苏门：《邗江三百吟》卷8《适性余闲》。

游荡成性，积习成俗，也是扬州市民社会的一大特征。这主要表现在城市佳节名目的繁多，如土俗以二月、六月和九月的十九日为"观音圣诞"，四乡及城内坊铺街巷，结会上山；虹桥一带，"每岁正月，必有盛集"；画舫则有市有会，春季有梅花、桃花二市，夏天有牡丹、芍药、荷花三市，秋季有桂花、芙蓉二市。另外还有正月财神会市，三月清明市，五月龙船市，七月盂兰市，九月重阳市……除此之外，不见于《扬州画舫录》记载的节日尚有不少——

> 佳节则游船进橇，胜地则肩舆至止。
> 花晨则酒如渑池，月夕则觞如曲水。
> ……
> 三百六日，无冬无夏。
> 一十二时，无昼无夜[1]。

　　每逢节日市会，四方流寓及徽商西贾、曲中名妓，一切好事之徒无不咸集。尤其是那些商家妻妾，平日里"不事蚕织，珠翠纨锦，冶衔斗工，踏青结伴，钿舄纷委，土著之人为之所熏染"[2]。于是，扬州闺阃风俗大变，"凡在邻境皆有妇工，惟扬州群与嘻嘻，无所事事。共趁青春之景，约去看花；难消白日之闲，邀来斗叶"。甚至锣鼓响处，莲步争趋；茶酒肆中，玉颜杂

---

① ［清］陆舜：《广陵赋》（《海安考古录》，见《海陵丛刻》）。
② 康熙《扬州府志》卷7《风俗》。阙名《广陵竹枝词》："今日游来明日游，新穿花样巧梳头，引得三家村妇女，乱施脂粉抹香油。"

坐^①。时人深有感触地吟咏道：

> 扬州女儿忒风流，每到花朝镇日游。
> 手弄白团不掩面，生来那惯见人羞^②。

扬州人"以盐务为生，率习于浮华而精于肴馔"^③。商贾仕宦中，美食家极多，如盐商吴楷，精于烹饪，著名的扬州蝉螯糊涂饼，就是由其首创，广陵名菜"肉笑靥""玉练槌"，更是他的拿手佳作；亦儒亦商的江藩，也以"十样猪头"的风味，而闻名邗上。僧文思的甜浆粥和文思豆腐，也颇具盛名，后者还被载入扬州行宫御膳房的菜谱。当时，饮食宴会，"涉江以北，……扬州为最。民间或延贵客，陈设方丈，伎乐杂陈，山海罗列，一筵之费数金"，"豪家日食万钱，编户辄陈四簋"。"饮馔精凿，珍错中娱，肥甘不足，水陆搜奇，烹羔膰熊，炮鳖脍鲤，麟髓鼍脂，腥蜃凤脂"^④。于是，扬州饮食烹饪精益求精，甚至连乾隆皇帝也对此念念不忘，以至于"每饭不忘扬州"^⑤。一般百姓为满足口腹之欲，"一日所获，只供一日酒肉"^⑥，"浪子掷其缠头，妇人典尽簪珥"^⑦。

---

① ［清］桂超万：《宦游纪略》卷5。
② 阙名：《广陵竹枝词》，见《扬州风土词萃》。
③ ［清］林溥：《扬州西山小志》，"市肆十二首"。
④ ［清］陆舜：《广陵赋》。
⑤ ［清］汤殿三：《国朝遗事纪闻》第1册《高宗南巡遗闻》。
⑥ ［清］雷士俊：《上江都欧阳公论救荒书》，见光绪《续修甘泉县志》卷19《艺文》。
⑦ ［清］陆舜：《广陵赋》。

雍正曾指斥盐商"内实空虚而外事奢靡"，尤其是那些财力消乏的盐商，倚靠"月折"制度的支助，仍可过着奢侈的生活。嘉道以后，盐商势力逐渐衰微，但报效、捐输却与日俱增，究其实际则是"举库帑以借捐输，亏商课以为报效"[①]，给人以一种财聚力厚的假象；而且，在平日，"盐商于物，非贵弗愿，昂其值，乃所以副其求也"[②]。更有甚者，有些盐商"性喜泛施，有求必应。己囊已竭，乞诸其邻，久之，逋负山积"[③]。乾隆年间盐务总商江春蓄养食客，财力消乏时，门下仍有百数十人，"恒以长物付质库，分给数庖应之"[④]。盐商巴塏，"家中贫而喜施与"。这种风雅好客的故习，当时戏称为"萧盐孟尝"[⑤]。相应地，扬州市民中，也有不少人"家无盖藏而费乃不赀"[⑥]，一般人都"雅好饰观，往往家无升斗之储，外披晏粲之服"，以变产称贷满足服饰打扮的消费[⑦]。因此，扬州俗语中有"扬虚子""扬盘"的说法，"盘"是捧出来给别人看的意思，形容要气派的扬州人。又有所

---

① ［清］汪喜孙：《从政录下》卷3《记豁免淮商捐输银两事》。

② 《淮阴风土记》第5章《大河区·记忆中之西坝》。［清］吴敬梓：《儒林外史》第28回《季苇萧淮扬入赘，萧金铉白下选书》：鲍廷玺问道："我听见说，盐务里这些有钱的，到面店里，八分一碗的面，只呷一口汤，就拿下去赏与轿夫吃，这话可是有的么？"辛先生道："怎么不是，有的！"金先生道："他那（哪）里当真吃不下？他本是在家里泡了一锅锅巴吃了，才到面店去的。"这段描述虽然近乎刻薄，但对盐商举措多摆阔气的刻画，却亦入木三分。

③ ［清］袁枚：《小仓山房尺牍》卷上44《答鱼门》。

④ ［清］阮元：《淮海英灵集·戊集》卷4"江春"条。

⑤ 陈懋森：《休庵集》卷上《集萧大畏之补松堂》。

⑥ ［清］吴锡麒：《广陵赋》，同治《续纂扬州府志》卷23《艺文志下》。

⑦ ［清］桂超万：《宦游纪略》卷5。

谓的"商派"，讥笑那些仿效盐商奢侈生活的人。全椒人金棕亭客寓扬州，穷奢极欲，时人就称他"出手和盐商无二"①。

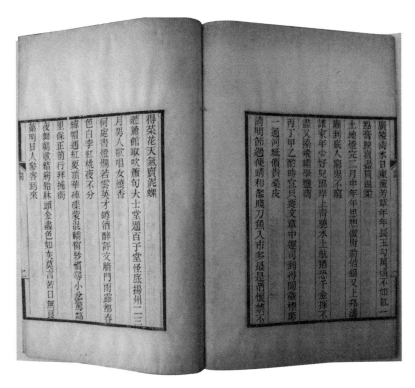

图 23　[清]董伟业：《扬州竹枝词》

　　仿效盐商派头，莫过于市井中的轻薄子弟。邗上豪右家子弟，多好声色裘马、博弈蒲饮，"年少儿郎性格柔，生来轻薄爱

---

①　小说《扬州梦》第4回，见《郑板桥外集》，第392页。

风流；不思祖业多艰苦，混洒银钱几时休"①。两淮盐商子弟的奢华，甚至连雍正皇帝都有耳闻②。在这样一个环境中，涉世未深的市井少年，往往很容易为声色货贿诱惑，而荡佚心志。盐商子弟的一举一动，便成为他们竞相模仿的对象，"谁家年少好儿郎，岸上青骢水上航，犹恐千金挥不尽，又抬飞轿学盐商"③。秋深斗蟋蟀，胜负百万，"家无斗储，一掷百万；汉称豪杰，广陵诸无赖皆能之"④。市井少年，修容整鬓，"粉傅何郎，香熏奉倩。……膏沐妆如妇人"⑤，流风余韵，蔚成时尚。

"土地灯完二月中，年年思想做财翁，借银又上邗沟庙，到底人穷鬼不穷"⑥。在一个富商大贾一掷千金的氛围中，市民的心理天平，也发生了巨大的倾斜。"好利之心，人皆有之，而扬（州）人士与富商久处，好利之心尤甚"⑦，整个社会都在做着发财的美梦。每逢新春佳节，各贸易铺户书写"对我生财"四字，或贴门头，或置柱上，以祈来年吉市。街头乞丐迎合这种心理，用纸做成财神，捧送以乞钱文，称"送财神"。正月初五日，俗祀财神，称"财神圣诞"，"家无贫富，必设供以招之，名曰'接

---

① ［清］林苏门：《邗江竹枝词》。
② 《宫中档雍正朝奏折》第 13 辑，第 109 页。
③ ［清］董伟业：《扬州竹枝词》。《儒林外史》会校会评本卧评曰："扬州乐府云：'东风二月吹黄埃，多子街上飞轿来。'"［清］林苏门：《邗上三百吟》卷 5《周挚情文门》："乃近日穿街过巷，似抬盐商轿子之飞，而逊盐商轿子之华。"显然，盐商飞轿成了当时扬州时髦的风尚。
④ ［清］焦东周生：《扬州梦》卷 3《梦中事》。
⑤ ［清］陆舜：《广陵赋》。
⑥ ［清］董伟业：《扬州竹枝词》。
⑦ 徐谦芳：《扬州风土小记》稿本。

财神'"①。据说，财神又称"崔纲神"，亦即"催纲"之意，"凡运致捆载诸物，古皆名'纲'"，如茶纲、花石纲之类。及至明清，只有运盐还称"纲运"②，因此，盐商祀奉财神尤为虔诚。乾隆三十二年（1767年），新城旧校场因商业的发展，逐渐为商民所蚕食，被迫搬出扬城。淮南盐商黄源德等，呈请在教场旧址上建财神和水神庙宇，以祝淮盐旺产旺销，祈神福佑盐艘行运安全。运河旁有邗沟大王庙，也称"邗沟财神庙"，内供吴王夫差和刘濞的牌位。庙中有"借元宝"的风俗，"以纸为钞，借一还十，主库道士守之，酬神销除"。每年春天香火不绝，号称"财神胜会"，城中人"连舳而来，爆竹振暄，箫鼓竟夜。及归，各持红灯，上簇'送子财神'四金字，相沿成习"③。类似的财神庙，在扬城内外尚有不少。东关街一邗沟大王庙，据说是扬州司理财帛之神，俗称"财神庙"，也有酬愿祈福、借宝发财的风俗。运署北彩衣街财神庙，正月五日"邦人士每往祀之，香火不绝者一昼夜"。此外，城北有个地名称"财神"，南门大街也有一财神庙巷，应当都与"崔纲神"的崇拜有关——

　　　　扬州好，借贷上邗沟，天鉴苦衷如我愿，人难应手向神像，黄白解穷愁④。

　　典型地反映了在盐商文化熏陶下广陵市民的趋利性心态。

---

①　［清］林苏门：《邗江三百吟》卷3《俗尚通行》。
②　［清］王敬之：《小言集》第5册《枕善居诗》。
③　［清］李斗：《扬州画舫录》卷1《草河录上》。
④　［清］惺庵居士：《望江南百调》（见《扬州丛刻》）。

（二）淮安盐商的生活方式

明人丘濬（琼山）曾建议回空漕船装载长芦州盐，"运至扬州河下，官为建仓于两岸，委官照数收贮。"[①] 有趣的是，他又作了《过山阳县》诗，对淮安"河下"之由来，有着生动的描述：

> 十里朱旗两岸舟，夜深歌舞几时休。
>
> 扬州千载繁华景，移在西湖嘴上头。

"西湖嘴"在运河东岸，即指"河下"。清代著名学者阎若璩以为，丘琼山所描述的是"成（化）、弘（治）时之西湖嘴"[②]。显然，淮安"河下"为扬州"河下"之翻版。

与扬州河下聚落南北呼应，淮安湖嘴盐商社区文化也蔚然兴起。据清人黄钧宰记载：

> （山阳）西北五里曰"河下"，为淮北商人所萃，高堂曲榭，第宅连云，墙壁垒石为基，煮米屑磁为汁，以为子孙百世业也。城外水木清华，故多寺观，诸商筑石路数百丈，遍凿莲花。出则仆从如烟，骏马飞舆，互相矜尚，其黠者颇与文人相结纳，藉以假借声誉，居然为风雅中人，一时宾客之豪，管弦之盛，谈者目为"小扬州"[③]。

---

① 《明经世文编》卷 72《丘文庄公集二·盐法议》。
② ［清］张穆：《阎潜邱先生年谱》卷 1 引《左汾近稿》。
③ ［清］黄钧宰：《金壶浪墨》卷 1《盐商》。

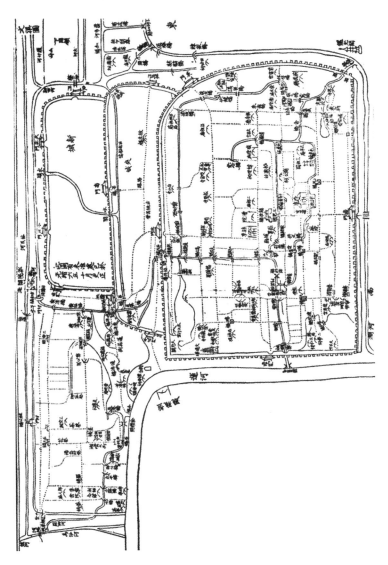

图 24　淮安图

由于晚明清代数百年淮北盐商的不断经营，淮安河下园林名胜鳞次栉比，"南始伏龙洞，北抵钵池山，东绕盐河一带约十数里，皆淮之胜境也"①。笙歌画舫，游人骈集。

据山阳文人李元庚《山阳河下园亭记》记载，自明嘉靖间迄至清代乾嘉时期，河下构筑园亭共有 65 例。其中主要是盐商构筑的，尤其是程氏盐商为最多，约占三分之一强（计 25 例）。

对此，另一位山阳人范一煦在《淮壖小记》卷 3 指出：

> 吾邑程氏多园林。风衣之柳衣园、菰蒲曲、籍慎堂、二杞堂也，澄亭之曲江楼、云起阁、白华溪曲、涵清轩也，筠江之晚甘园也，亨诞人（名云龙，字亨衢）之不夜亭也，圣则之斯美堂、箓竹山房、可以园、紫来书屋也，研民之竹石山房也，溶泉之巢经堂也，蔼人之盟砚斋、茶话山房、咏歌吾庐也，曲江楼中有珠湖无尽意山房、三离晶舍、廊其有容之堂。

从园林规模上看，程退翁隐居石塘之中桥，买废田万亩，掘渠四千余丈，"灌溉其中，遂成沃壤，植牡丹、芍药，以环其居，号曰'谁庄'"，极尽流连觞咏之乐事②；程嗣立的"菰浦一曲"，园有来鹤轩、晚翠山房、林芳山馆、籍胜堂诸胜；程鉴的"且园"，则有芙蓉堂、俯淮楼、十字亭、藤花书屋、古香阁、接叶亭、春雨楼、云山楼、方轩、亦舫计二十二所，假山曲折，林木

---

① ［清］李元庚：《山阳河下园亭记》"隰西草堂"条。
② ［清］李元庚：《山阳河下园亭记》"晚甘园"条。

园　名	园　主	地　点
漱石轩	程洙、程庆镕、程庆生	判官厅，后移中街
柳衣园	程埈	萧湖
菰蒲曲	程嗣立	伏龙洞
帆影楼	程爽林	运河西净土寺
师意园	程云龙	竹巷西
宜园	程兆庚	三条巷
且园	程鏊	五字店巷东
南园	程鏊	荻庄对岸
可继轩	程眷谷	文字店巷西
晚甘园	程茂	萧湖中
秋声阁	程勋著	粉章巷
懋敷堂	程梦萧	绳巷
寓园（可园、可以园）	程吾庐	竹巷后门，在柳家巷
燕贻轩	程晟	梅家巷
荻庄	程鉴	萧湖中
情话堂	程沆	湖嘴大街
耘砚斋	程世椿	竹巷状元楼西
可止轩	程成	罗家桥畔
高咏轩	程世桂	高家巷
亦庐	程孟昭	高家巷
引翼堂	程维吾	湖嘴大街
南藤花书屋	程昌龄	茶巷
培兰书屋	程宏楫	大绳巷市口，后移火巷
玉诜堂	程挺秀	湖嘴旧宅
乐天书屋	程长发	仓桥下关家巷

幽秀。类似于此的园林佳构不胜枚举。其中，盐商程氏所有的曲江楼、菰蒲一曲和荻庄诸胜，尤负盛名。

曲江楼原是乡绅张新标依绿园中一胜，张氏"尝大会海内名宿于此，萧山毛大可（奇龄）预其胜，赋《明月河》篇，一夕传钞殆遍"①。其后，该园为徽商程用昌所得，易名"柳衣园"，中有曲江楼、云起阁、娱轩、水西亭、半亩方塘和万斛香诸胜。乾隆年间，盐商程垲、程嗣立"聚大江南北耆宿之士会文其中"，他们互相切磋，"磨砻浸润，文日益上"。其中以程氏为首的"曲江十子"所著的《曲江楼稿》风行海内，"四方学者争购其文"②。

菰蒲曲在伏龙洞，主人是盐商程嗣立。据《水南老人诗注》云："癸亥正月，雪后招集园中看演《双簪记》传奇。晚晴月出，张灯树杪，丝竹竞奏，雪月交映，最为胜集。"③类似于此花晨月夕、酒榼聚谈的文人雅集，不胜枚举。

荻庄是盐商程鉴的别业，园在萧湖中，有补烟亭、廓其有容之堂、平安馆、带湖草堂、绿云红雨山居、绘声阁、虚游、华溪渔隐、松下清斋、小山丛桂和留人诸胜，其子程沆致仕后，"于此宴集江南北名流，拈题刻烛，一时称胜"。④园中的胜景，令过往文人留连忘返。性灵派巨匠袁枚题诗曰："名花美女有来时，明月清风没逃处。"赵翼则题云："是村仍近郭，有水可无山。"⑤都画龙点睛地描绘出河下园林的概貌和盐商们的生活追求。嘉庆年间，南河熊司马设宴于此，作荻庄群花会，备极一时之胜⑥。

当时，曲江楼、菰蒲曲和荻庄，与扬州马氏的小玲珑山馆、郑氏休园和程氏篠园等南北呼应，成为江淮间著名的园林名胜，

---

① ［清］李元庚：《山阳河下园亭记》"依绿园"、"柳衣园"条。
② 乾隆《淮安府志》卷 22《艺文》。
③ ［清］李元庚：《山阳河下园亭记》"菰蒲曲"条。
④⑤ ［清］李元庚：《山阳河下园亭记》"荻庄"条。
⑥ ［清］金安清：《水窗春呓》卷下《荻庄群花会》。

吸引着来自全国各地的文人学士，他们与当地的盐商相互揽胜访古，文酒聚会，质疑访学，搜藏古籍，刊刻著述，等等。

通过盐商与文人间的宾朋酬唱，提风倡雅，徽商的总体素质有了很大的提高，一时也文人辈出。

徽州是个文风极盛的地区，新安商人素有"贾而好儒"的文化传统。这种乡土背景，在侨寓徽商身上也表现得极其明显。河下姜桥、中街等处，均有文昌楼。二帝阁内供有文、武二帝，中有魁星。另外，康熙年间徽商还集资在河下竹巷建有魁星楼，"虔祀魁星于其上，文光四射"，希望冥冥苍天福佑徽商子弟"弦诵鼓歌，科第骈集"[1]。

河下徽商的确也不负众望。据载，从明末到清代，"河下科第极盛者莫如刘氏"[2]。不过，与刘氏相较，侨寓徽商程氏也毫不逊色。明清两代科甲蝉联，文人辈出。

程、刘二氏科目比较表

科目 ＼ 姓氏	程氏	刘氏
进士	6	7
举人	12	12
贡生	11	4
武举	1	0

资料来源：《淮安河下志·科目》。

---

① ［清］胡从中：《重建魁星楼记》，王觐宸：《淮安河下志》卷4《祠宇》"魁星楼"条。

② ［清］李元庚：《梓里待征录·奇闻记·菜桥刘氏五代巍科》。

袁枚曾经指出："淮南程氏虽业禺策甚富，而前后有四诗人：一风衣，名嗣立；二骖州，名鉴；一午桥，名梦星；一鱼门，名晋芳。"① 这四人是淮、扬一带提风倡雅最负盛名的人物。

程嗣立字风衣，号篁村，人称"水南先生"。原为安东诸生，廪贡生，乾隆初举博学鸿词。平素"善书法，好作画。或求其书，则以画应；求画，则以书应。求书画时，则与庄坐讲《毛诗》、《庄子》数则"②，一副文人名士的派头。上文提及的"柳衣园"，就是他所构筑的园林。程氏在此"集郡中诸文士讲学楼中，延桐城方舟、金坛王汝骧、长洲沈德潜诸耆宿为之师，极一时切磨之盛"。当时，他以"风流俊望"，倾倒一时，过从交游者遍于天下，"凡文人逸士道出淮阴，必下榻斋中，流连觞咏，历旬月不少倦"③。

程鉴字骖周（州），先世歙人，侨寓于扬州，"少即从方望溪（方苞）游，制义外，古文尤有家法。登癸巳进士，为部郎有声，寻告归"。他的哥哥程銮曾当过两淮盐务总商，"家门鼎盛，筑别业真州，选订明代及本朝古文，次第付梓，嗜音律，顾曲之精，为吴中老乐工所不及，凡经指授者，皆出擅重名，遂为法部之冠"④。征歌度曲是当时富商大贾慕悦风雅的一种文化表达方式，

---

① ［清］袁枚：《随园诗话》卷12；王觐宸：《淮安河下志》卷13《流寓》："先是爽林（程垲）、风衣（程嗣立）起淮上，开曲江坛坫，邗上则午桥（程梦星）集南北名流，缟纻交满天下。其后风流将歇，鱼门（程晋芳）复起而振其绪。"程垲是程嗣立的哥哥，即曲江楼的主人，原本是安东诸生，后中康熙四十三年举人，亦好读书，工诗文，善草隶。

② 徐珂：《清稗类钞》第9册《艺术类·程水南先生善书画》。

③④ 王觐宸：《淮安河下志》卷13《流寓》。

程鉴就是以精谙工尺闻名遐迩的盐商巨擘之一。

程梦星，字午桥，工部主事。康熙壬辰进士，"入词馆，有著作才，中岁假归"。当时，歙县"程氏之在扬（州）者最盛，梦星以清华之望负时名，江淮冠盖之冲，往来投赠殆无虚日。筑篠园于湖上，诗酒敦槃，风流宴会，辈行既高，后进望若龙门"①。据载，程梦星虽然占籍仪征，但时常也居住在山阳，其举手投足，对淮安河下文风的兴盛，也起了表率的作用。

程晋芳，字鱼门，蕺园是他的自号。歙人，业鹾于淮。据载，"乾隆初，两淮殷富，程尤豪侈，多畜声色狗马，君独惛惛好学，罄其赀购书五万卷，招致方闻缀学之士与共讨论，海内之略识字能握笔者，俱走下风，如龙鱼之趋大壑"②。后来御赐举人，授中书。不久又进士及第，授吏部主事，四库馆纂修。著有《周易知旨编》三十余卷、《尚书古今文释义》四十卷、《尚书古文解略》六卷、《诗毛郑异同考》十卷、《春秋左传翼疏》三十二卷、《礼记集释》若干卷、《诸经答问》十二卷、《群书题跋》六卷、《桂宦书目》若干卷。此外，还有不少诗文传世，可谓著作等身。

此外，盐商程增、程均、程坤、程銮、程钟、程蛰、程鉴等，"辈高文懿，行四世凡十余人，皆为时所推"③。

程氏之外，吴氏"门第清华"，为山阳望族。自明代至清"凡十一世，为茂才、掇巍科、登华胅、领封圻者，多有传

---

① 嘉庆《江都县续志》卷6《人物》。
② ［清］袁枚：《小仓山房文续集》卷26《翰林院编修程君鱼门墓志铭》。
③ ［清］李元庚：《山阳河下园亭记》"菰蒲曲"条。

人"①。盐商吴宁谔为邑庠生，与从兄吴宁谧"皆以文章名噪曲江楼"。他们还与"三吴名宿分题角艺于梅花书屋，慎公先生（宁谔）称巨擘焉"。其子吴玉镕"承籍家学，淹贯群书"，孜孜好学，终成进士。侄子吴玉搢、吴玉揖、吴玉抱以及从孙吴初枚、吴次枚等，"皆以科第文章显名于世"。其中，特别是吴玉搢，"尤究心于六书，博通书籍"，著有《山阳志遗·金石存》，当代金石专家翁方纲、朱筠等，"皆就山夫（玉搢）相质证"。秦蕙田所著《五礼通考》，也多出自他的手订②。此外，徽商汪氏、曹氏等也代出闻人。

综上所述，淮安河下盐商社区表现了与扬州河下相似的文化内涵，所谓"园亭之美，后先相望，又多名公巨卿、耆儒硕彦，主持风雅，虽仅附郭一大聚落，而湖山之盛播闻海内，四方知名士载酒问奇，流连觞咏"③。

从明代后期直到清代前期，徽商持续不断地迁入淮安河下一带。他们人数众多、财力雄厚且具备良好的文化素养。因此，对于徽州乡土习俗在当地的传播起了相当大的作用。对此，《淮安河下志》卷1《疆域》记载：

> 方盐筴盛时，诸商声华煊赫，几如金、张、崇、恺，下至舆台厮养，莫不璧衣锦绮，食厌珍错；阛阓之间，肩摩毂击，袂帏汗雨，园亭花石之胜，斗巧炫奇，比于洛下。每当

---

① 王觐宸：《淮安河下志》卷5《第宅》。
② ［清］李元庚：《山阳河下园亭记》"梅花书屋"条。
③ ［清］李元庚：《山阳河下园亭记》序。

明清徽商与淮扬社会变迁（全新修订版）

元旦元夕，社节花朝，端午中元，中秋蜡腊，街衢巷陌之间以及东湖之滨，锦绣幕天，笙歌聒耳，游赏几无虚日。而其间风雅之士倡文社，执牛耳，招集四方知名之士，联吟谈艺，坛坫之盛，甲于大江南北。好行其德者，又复振贫济弱，日以任恤赒济为怀，远近之挟寸长、求嘘植及茕独之夫，望风而趋，若龙鱼之走大壑，迹其繁盛，不啻如《东京梦华录》《武林旧事》之所叙述，狯欤盛哉！

乾隆时人阮葵生曾指出："吾淮缙绅之家，皆守礼法，无背情逆理之举，后因山右、新安贾人担笈至淮，占籍牟利，未与士大夫之列，往往行其乡俗。"[①] 所谓"担笈至淮，占籍牟利"，即指从事盐业、卜居城厢的徽商西贾。由于他们人数众多，在一个短时期内（明代中叶迄至清代前期）持续不断地迁入湖嘴河下一带，形成了特别的社区。其乡土习俗首先经过当地屠酤儿的"尤而效之"[②]，很快便成了淮安一带的时髦风尚。

歙县俗尚都天"淫祀"[③]，晚明清初，随着歙县程氏等盐商大批徙居河下，该民俗经过某种变异也被移植到当地。据《淮安风俗志》记载："赛会之风，随地都有，然未有如淮安之甚者。"一年之中，赛会次数不下十余次。其中，最重要的有都天会及东岳会。都天会又分为小都天和大都天（小都天庙在河下，大都天庙在河北）。都天会赛期在每年四月中、下旬，东岳会则必在五月初一，"与会者尽系商家，分米、钱、绸布各业，共有二十余业

---

①② ［清］阮葵生：《茶余客话》卷 22《生日祝嘏》。
③　许承尧：《歙事闲谭》第 3 册《程古雪奇行》。

之多。每业皆各有执事全副，区别其业，则以某安胜会辨之"。如钱业曰文安，绸业曰普安等等，"一次所费，约数千金"①。

徽州风俗，婚礼专要闹房"炒新郎"，凡亲戚相识的，在住处所在闻知娶亲，就携了酒榼前来称庆，说话之间，名为祝颂，实半带笑耍，把新郎灌得烂醉方以为乐②。在以血缘、地缘为纽带的河下盐商社区，闹房风俗在乡里宗亲间盛行不衰。乾隆《淮安府志》的作者将此形容为"闹房喧谑，恶俗不堪"。

不仅婚俗如此，其他的丧葬寿诞，也无不带有强烈的徽州乡土色彩。"淮俗祝寿吊丧最为劳攘，生辰虽非大庆，犹且仆仆往来，至丧事则讣者贸然而投，吊者亦率然而应"③。作为外来移民，徽州盐商为了扩大自己的社交圈，每逢生日"辄多招宾客，以为门庭光宠"④。甚至有十龄童子，即开筵演戏，"有降伯氏、舅氏之尊而区偻磬折其庭者，群饮谐谑，尤而效之。一日之间，团于酒食，士农工商，废时失业"⑤。尤其特殊的是，"新安人子于父母已故，犹作冥寿，明灯彩筵，籍口祝嘏"⑥。这种情形，让淮安正统的乡绅甚感骇异。

由于河下一带五方杂处，豪商巨贾相互矜炫，奢侈之习蔚然成风，衣食住行，糜费日盛。明代中叶以前，"淮俗俭朴，士大夫夏一葛，冬裘，徒步而行"。此后出现两人乘舆，到明末"通

---

① 胡朴安：《中华全国风俗志》下篇《江苏淮安风俗志·迷信之恶俗》。
② ［明］凌濛初：《二刻拍案惊奇》第 15 卷。
③ 乾隆《淮安府志》卷 15《风俗》。
④⑥ ［清］阮葵生：《茶余客话》卷 22《生日祝嘏》。
⑤ ［清］戴晟：《楚州二俗》，见《淮安艺文志》卷 6。

乘四轿，夏则轻纱为帷，冬则细绒作幔，一轿之费，半中人之产"。乾隆《山阳县志》卷4接着断言：

> 淮俗从来俭朴，近则奢侈之习，不在荐绅，而在商贾。

显然，挟资千万的盐商富贾是当地习俗嬗变的关键因素。

（三）两淮盐商与明清社会风尚

翻阅明清方志，披览之余，一个强烈的印象油然而生：明代中叶，是中国社会风尚习俗发生剧烈变化的重要时期，"风俗自淳而趋于薄，犹江河之走下而不可返也"[1]。那么，究竟是什么因素有以致之？以往论者多指出，这是当时社会商品经济发展的结果[2]。此说固然正确，却未免失之笼统。笔者认为，从扬州盐商社区文化的角度来看，这种嬗变，有其更加具体和更为直接的原因——那就是成化、弘治年间东南盐政制度的重大改革，使得大批疃商麇集淮、浙。万历年间，在扬州的盐商资本不下三千万两，从盐业经营中每年可获子息九百万两。其中的绝大部分，都用于疃贾的挥霍享受。及至清代，康、乾二帝多次南巡，盐商"时邀眷顾，或召对，或赐宴，赏赉渥厚，拟于大僚，而奢侈之习，亦由此而深"[3]，形成了所谓"盐商派"的生活方式。由于疃

---

① ［明］范濂：《云间据目钞》卷2。
② 陈学文：《商品经济的发展对社会意识和民情风俗的冲击》，见其所著《中国封建晚期的商品经济》，第288—346页。
③ 《清史稿》卷123《食货四·盐法》。

商雄踞闭关时代三大商（盐、典、木）之首，举手投足具有很强的示范性，所谓"奢靡风习创于盐商，而操他业以致富者群慕效之"①。而且，扬州盐商以徽商为主体，新安贾客的足迹，遍及全国各地，"天下都会所在，连屋列肆，乘坚策肥，被绮縠，拥赵女，鸣琴跕屦，多新安人也"②。这种风气也由东南逐渐向四方传播，以致整个社会的风气大变。近人在论述此奢风时说：

> 传之京师及四方，成为风俗，奢风流行，以致世乱，扬州盐商与有责焉③。

歙县商人遍布海内，但以业盐淮、扬者为最著。两淮八大总商中，歙人恒占其四，各姓代兴。如江村江氏，丰溪、澄塘吴氏，潭渡黄氏，岑山渡程氏，稠墅、潜口汪氏，傅溪徐氏，郑村郑氏，唐模许氏，雄村曹氏，上丰宋氏，棠樾鲍氏，蓝田叶氏等。其中，有许多人举族侨寓扬州。随着两淮盐业的发展，歙县风俗也发生了剧烈的变化。成化、弘治以前，民间安土重迁，勤于稼穑，生活崇尚节俭。及至正德末年、嘉靖初年，情况有了一些变化，出外做生意的人既然多了起来，种田便不被人们所重视。"操资交捷，起落不常。能者方成，拙者乃毁。东家已富，西家自贫。高下失均，锱铢共竞。互相凌夺，各自张皇"。相应地，民风也就有了一些变化："于是诈伪萌矣，讦争起矣，芬华

① 民国《歙县志》卷 1《舆地志·风土》。
② ［明］归有光：《震川先生集》卷 13《白庵程翁先生八十寿序》。
③ 邓之诚：《中华二千年史》卷 5 下第 2 分册"明清"下"生业"。

染矣，靡汰臻矣"。到了嘉靖末年至隆庆年间，情况又有所不同。以商致富的人居绝大多数，贫富分化悬殊，"贫者愈贫，富者愈富。起者独雄，落者辟易，资爱有属，产自无恒，贸易纷纭，诛求刻核，奸豪变乱，巨猾侵牟"。民风也进一步变化："于是诈伪有鬼蜮矣，讦争有弋矛矣，芬华有流波矣，靡汰有丘壑矣"。此后，从隆庆末年到万历年间的数十年中，社会状况又有了进一步的变化。特别是到了万历时期，伴随着徽商财力的如日中天，歙县"富者百人而一，贫者十人而九，贫者既不能敌富，少者反可以制多。金令司天，钱神卓地。贪婪罔极，骨肉相残。受享于身，不堪暴殄，因人作报，靡有落毛。于是鬼蜮则匿影矣，戈矛则连兵矣，波流则襄陵矣，岳壑则陆海矣"[①]。显然，歙县风尚的变化，正、嘉年间已露端倪，中经嘉、隆之际，至万历则开始大变化，这与全国的情况，基本上是吻合的。这种嬗变，明显地受到了扬州盐商社区文化的影响。以服饰为例，歙县风俗近于淮扬，相当奢侈华靡。原先，富贵家妇人衣裘者极少，后来奢风盛行，比比皆是，珠翠首饰，也琳琅满目，时人以为"大抵由商于苏、扬者启其渐也"[②]。到康熙年间，当地土著百姓，也有趋逐奢靡，家无宿春，而轻裘耀目，俨然一副"扬虚子"的派头。据当时人的记载，类似的情况，在徽州的其他地方也屡有所见。

　　盐商社区文化的影响，除了直接引起徽州风俗的变化外，在

---

① 万历《歙志·风土》。
② 许承尧：《歙事闲谭》第 18 册《歙风俗礼教考》。

两淮地区也反映得极为明显。两淮地当南北之中，幅员千里，水陆都会，舟车辐辏，四方豪商大贾鳞集麇至，侨户寄居者不下数十万。其中，以徽商为数最多。乾嘉时人焦循在扬州《北湖小志》中，曾详细叙述了江都北郊一带风尚的转变。从衣食住行到婚丧饮宴，无不由俭趋奢①。个中的原因，他在徽商《吴千为传》中曾详加分析。据焦循记载，吴千为名椿年，其先歙县歙南人，"业鹾于扬，遂入江都籍，祖于鸣迁居黄珏桥"。至椿年时，"其亲戚族姓友朋附之者，无不赫赫从事于衣裘仆马之盛"。焦循以为："吾里中变椎鲁为声华，自是始也。"②无独有偶，运河自扬州北流后，经淮安西北折而西流，在其转弯之处，也形成了一个鹾商聚落——河下，亦有"小扬州"之称。清代盐务全盛时期，"园亭池沼相望林立，先哲名流提倡风雅，他乡贤士翕然景从，诗社文坛，盖极一时之盛"③。其中，汪氏的观复斋，程氏曲江楼、菰蒲一曲和荻庄诸胜，都是江淮间著名的园亭名胜，与扬州的小玲珑山馆、康山草堂，以及天津的水西庄，后先辉映，成为文人学士竞相趋逐的场所。除了淮安河下以外，扬州近郊的西山、通州、清江浦、东台和泰州等地，也都有"小扬州"之目④，不同程度地受到盐商社区文化的影响。一些盐商的生活习惯，也成为其他地区悉心仿效的主题。如扬州城郊的西山，城中

---

① ［清］焦循：《（扬州）北湖小志》卷1《叙旧俗第六》。
② ［清］焦循：《（扬州）北湖小志》卷4《吴千为传第十五》。
③ 王觐宸：《淮安河下志》卷6《园林》。
④ 林溥《扬州西山小志》、惕斋主人《真州竹枝词》、丘浚《过山阳县诗》、乾隆《州乘一览》卷3《城邑》、范一煦《淮壖小记》卷4、《海陵竹枝词》。

赌博的风气竟成为时髦的风尚，樗蒲叶子，相习成风，甚至闺中幼女，也都精谙此道，"以为不习则不能见人，不可登大雅之堂"①。仪征、高邮等地，都有奉祀财神的习俗。其中，仪征县为淮盐发运之所，当地人多以盐业为生，祭祀尤为虔诚。初五日俗称"财神诞辰"，北乡焦山庙香火极盛，有向山神"借元宝"的风俗，其内涵与扬州邗沟大王的崇拜并无二致。当天，绅士宴客曰"请春卮"，铺家宴客曰"做财神会"②，其盛况不亚于扬城。此外，奉祀土地神也很隆重，"二月初二日土地神诞辰，纸扎铺剪纸为袍而粉绘之，人家买以作供。大街小巷公祀当坊土地，张多灯于神前。县署福祠旁搭草台演土地戏，众目纵观。商家福祠，众仆敛钱作土地会，嬉笑喧呶，主人不禁也"③。再如，扬州俗习豪靡，皆好花事，特别是城中富家以鲜花为陈设，更替以时。尤其是菊花，到雍、乾年间，栽种渐趋繁盛④。莳花赏鉴，蔚成一时风尚。于是，僻处海隅的通州，也渐染此习："西南人家，半就废宅隙地种菊，索值重阳前。富贵人家，每先定花，系牌为志。至期篮挑舟载，下及茶肆酒炉，莫不争购以博清赏，是一小扬州花市也。"赏菊之风盛行，连当时人也惊诧莫名⑤。

由于有不少盐商侨寓盐场收购盐斤，滨海荒陬的社会风气也大为改观。据康熙《中十场志》卷1记载：

---

① ［清］林溥：《扬州西山小志》，"市肆十二首"。
②③ ［清］厉秀芳：《真州风土记》，《小方壶斋舆地丛钞》第6帙。
④ ［清］李斗《扬州画舫录》卷3《新城北录上》、乾隆《江都县志》卷11《物产》。
⑤ ［清］金榜：《海曲拾遗》卷6《物产类·花卉》。

闻之故老，有明隆（庆）、（万）历以前，习尚风会，犹有淳庞朴茂之遗。（天）启、（崇）祯以来，渐趋浇漓，喜斗健讼，动以凌厉相加，汰侈之风，上下靡然，盖气运一大变更也。

淮南中十场是指安丰、富安、东台、何垛、梁垛、小海、栟茶、角斜、丁溪和草堰。在明清时期，海内产盐的省份有八个，两淮是最为重要的；而两淮产盐的地方有三十处，其中，中十场则是最主要的。当时人称中十场为"东南之泉府"①，富商鳞集，风尚变化也最大。例如，安丰场为滨海斥卤之区，"乡人以鱼盐为业，驵侩杂居，习尚凌竞"②；富安场在明末以前"民多殷富"③，俗习"喜驰骋，好华靡，肥马轻裘，扬扬闾里"；梁垛场则"高阁峨峨，竞夸得意"。当地俗谚有"富安马，梁垛楼"的说法④。在中十场中，小海场虽然"较之他场，似犹近朴"，但趋逐时尚、"衣鲜曳紫"的少年轻薄，却也不乏其人⑤。清代乾嘉年间，随着淮南盐业的兴盛，维扬风俗对于诸盐场的影响日渐加深。东台一带，"庆贺张筵，昔从简约，近稍事丰美，……寻常聚会，时有争罗珍错，穷极精奇，甚至演戏征歌，烧灯卜夜，是又郡城（扬州）之流风，未能骤变也"⑥。据嘉庆县志记载，邑俗

---

① 《重修中十场志》康熙十二年秋八月汪兆璋题。
② ［清］郑方坤：《吴陋轩小传》，嘉庆《东台县志》卷27《艺文》。
③ 康熙《中十场志》卷2《疆域》。
④ 康熙《中十场志》卷1《图经·风俗》。
⑤ ［清］林正青《小海场志》卷8《风俗》。
⑥ 嘉庆《东台县志》卷15《风俗》。

自乾隆中叶以后，衣冠日盛，文教日兴，与畴昔灶民椎鲁风习迥异。显然，这是由于"民灶杂处，商贾骈集，风尚遂有不同"。东台城内，"阛阓通衢，多茶肆、浴湢"，城市生活踔事增华，"靡费日不下数千金"，当时有"小扬州"的比喻①。在淮北，盐商文化的影响也不例外。明代中期，淮北盐资集于安东者，每年不下二十万两②。盐商多豪富巨贾，奢侈享乐，家蓄声伎，留心词曲，许多人定居于盐场附近。适应他们的娱乐需求，昆曲、徽剧等也逐渐传入，市民阶层深受感染，板浦居民甚至说："宁可舍掉二亩地，也要看大戏。"习俗移人，于此可见！

类似于两淮的情形，在全国各地都相当普遍。康熙《徽州府志》卷2《舆地志·风俗》记载：

> 徽之富民尽家于仪、扬、苏、松、淮安、芜湖、杭、湖诸郡，以及江西之南昌，湖广之汉口，远如北京，亦复挈其家属而去。

因此，以徽商为主体的扬州盐商社区文化之影响，也不局限于上述的徽州和两淮地区。一些盐商特有的文化现象，也逐渐成为全国的普遍风尚。比如"养瘦马"之风在扬州愈煽愈炽，扬州姬妾成了纳宠者趋之若鹜的理想人选。"要娶小，扬州讨"，在大江南北尽人皆知。到万历前期，更是蔚然成风，成为举国上下竞相趋逐的时髦风尚。《榕腔白话文》有一首《大挑一二等》这样

---

① 嘉庆《东台县志》卷15《风俗》。
② ［明］文震孟：《创筑城垣纪略》，光绪《重修安东县志》卷3《建置》。

写道：

> 　　分发去江苏，四轿玻璃双摆手。衣则穿乎湖绉，妾则买
> 于扬州。赫赫威风！太史公焉能及此？……

　　可见，在福州，应试及第的诗书举子，分到江苏做官，首先想到的就是穿湖绸、娶扬妾。四方商贾仕宦，买妾皆称扬州，甚至连贵为九五之尊的皇帝，也未能免俗——"扬州明月杜陵花，夹道香尘迎丽华"，崇祯的宠妃田氏，便是来自邗上的漂亮女子。

　　盐商拥赀巨万，为了炫耀财富，臂缠金镯以相竞尚，到乾隆年间，"世人多金挥不足，举袖满堂黄映肉"[1]，蔚成一时风气。茶社莫盛于扬州，流衍及于江南。以无锡为例，康熙以前，酒馆茶坊极少，大多在县治左右，"端方拘谨之士，足不履茶酒之肆"；及至康熙末年，茶肆遍布城内，虽偏僻巷陌也都开设，有"遍地清茶室"之谣[2]。即使是缙绅贵人，也不再以进茶馆为耻。这与扬州的情形颇相吻合，其间的相互影响是显而易见的。

　　盐商文化的流风所及，对于北京的影响似乎更大。据《歙事闲谭》记载，明朝隆庆年间，单单是徽州歙县一地，"聚都下者已以千、万计。乾隆中则茶行七家，银行业之列名捐册者十七人，茶商各字号共一百六十六家，银楼六家，小茶店数千"。北京作为明清两代的首都，达官贵人云集，其风俗与扬州的盐商

---

① ［清］袁枚：《随园诗话》卷2，参见《批本随园诗话》批注。
② ［清］黄印：《锡金识小录》卷1《备考上·风俗变迁》；参见王祚昌：《厚俗编四则》，见康熙《扬州府志》卷7《风俗》。

风尚，呈现出相互影响之势。诚如郑板桥所说的那样："扬州人学京师穿衣戴帽，才赶得上，他又变了。"① 扬州城内专门有一条街，叫彩衣街，服饰妆束，趋异竞新。乾隆后期，福康安远征台湾，途经扬州时，身着高粱红、樱桃红的服装，于是扬州竞相模仿，称之为"福色"。不过，由于康、乾二帝不断南巡，对扬州盐商的财力和生活方式多加叹赏，因此，河下社区文化对于京师的影响显然更为深刻。在北京，每届正月初二日，广宁门外的五显财神，天未亮就有候奉祀者，"终一日以千万人次，有'借元宝'之俗，发财后加倍还之"② 不言而喻，这与邗沟大王庙财神崇拜有着异曲同工之妙。逢年过节，送财神爷、书写"对我生财"等习俗，也与扬州盐商社区文化有着相似的内涵。在戏曲方面，后者的影响尤为显著。在北京舞台上，康、雍及乾隆前期，优伶绝大多数出身西北，"有齿垂三十，推为名色者，余者弱冠上下，童子少矣"。乾隆时期，扬州昆剧极盛，不仅吴门名优络绎奔赴邗上，扬州市井小民中，鬻身学戏的也相当之多。盐商蓄养雏伶，相渐成习。因此，此后的京师优童也大半是苏、扬小民；而且，优伶年纪"尽在成童之年矣，……弱冠无过问者"③。稍后，徽剧艺人高朗亭、郝天青等，把徽剧带到扬州演出，他乡逢知音，博得了盐商们的一阵喝彩。乾隆五十五年（1790 年），高朗亭等又晋京献艺，引起了随后的四喜、春台、和春等徽班进京。嘉庆初年，向习昆腔的扬州，已厌旧喜新，皆以乱弹诸腔为

---

① 《郑板桥外集·尺牍·与江昱、江恂书》。
② ［清］崇彝：《道咸以来朝野杂记》，页 87。
③ ［清］张际亮：《金台残泪记》卷 3。

新奇可喜。相应地，在北京，嘉庆以还，梨园子弟多皖人，吴儿渐少。当时，京师著名的昆班，见于小铁笛道人的《日下看花记》者，仅有三数班，与花部诸班的比例约为一比六。及至嘉庆十四、五年（1809、1810年），仅有的三数班也先后解散，著名艺人纷纷改隶三庆、三和等徽班演出。从此，纯粹的昆班已不易在北京立足，南方名角北上，也只能搭徽班插演昆剧，这是北京剧界在乾隆年间的巨大变化。其中，扬州盐商的影响是显而易见的。

二、徽商与盐业城镇、文化的衰落

> 当年盐笑盛淮南，歌舞千家醉梦酣。
> 几辈大商最豪侈，子孙陵夷多不堪。
> 康山草堂九峰圮，麓村大宅空遗址。
> 仅余洪氏故园存，可怜三易主人矣。
> ……①

民国年间江都陈懋森的这首诗，道尽了数百年间扬州的世事沧桑。

乾嘉年间盐商的夸奢斗富，挥霍无度，是造成自身衰落的一

---

① 陈懋森：《休庵集》卷上《寿鲍翁春圃（亮宣）七十》。

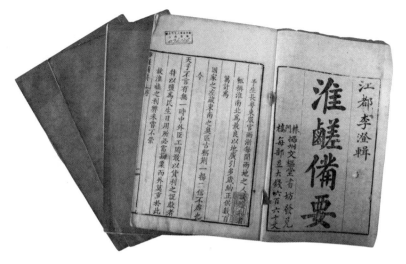

图 25 《淮鹾备要》

个重要原因。江都人李澄在嘉末道初曾说过：

> ……闻父老言，数十年前，淮商资本之充实者以千万计，
> 其次亦以百万计。商于正供完纳而外，仍优然有余力以夸多
> 而斗靡，于是居处、饮食、服饰之盛，甲于天下。迩者财力
> 远逊于曩时，而商人私家之用，有增而无减，则财力耗于内
> 矣，内不足而借资以济运，所得不偿所失，则资竭于外矣①。

当时，捐输、报效日趋频繁，动辄捐款数百万以上，惯例是

---

① ［清］李澄：《淮鹾备要》卷7。

由两淮运库垫解，让商人分年带缴，按引派捐，致使盐商成本加重，积欠累累而日渐疲乏。道光年间鸦片的大量输入，也导致银、钱比价的波动，使得银价不断上涨，而商人报效必须用银，交纳国课亦须用银，但卖盐所得却是铜钱，一入一出，负担加重，商人更趋没落。

据记载，在晚明清初，挂名纲册的盐商虽有数千，但真正行盐的通常仅有百数十户至数百户。嘉庆末年，湖广岸销不畅，商人成本占搁，日益艰窘。到道光初年，因商力消乏，仅存数十家"半虚半实之商"①。所谓的半虚半实，是指他们自身的资本极为单薄，而大多是借资营运。道光九年（1829 年），理财专家包世臣就指出，两淮领引办运的本银需要三千万两，但当时各商的实际资本却不到四分之一，其余的全靠举债挪垫（主要是向镇江商人借贷）——"余皆借赀，赀息重至每月分半，盐去课回，非六百日不可，盐滞本压，赀息日行，完课则无资捆运"②。这种拮据的困境，直接影响了盐运的规模。从前，每年运销十万引以上的淮南盐商相当之多，但到此时运销五万以上者就被称为巨商。到道光十二年（1832 年），商本更形枯竭，力能办运者不过十数家。及至道光十七年（1837 年），更是每况愈下，仅存数家。至道光晚期，淮南盐商几乎无不竭蹶困窘。对此，盐运使姚莹在《上陆制府（建瀛）九江卡务情形禀》中言之甚详：

> ……昔者徽商如鲍有恒、江广达，西商如王履泰、尉跻

<hr>

① ［清］李澄：《淮鹾备要》卷 3。
② ［清］包世臣：《小倦游阁杂说上》，见《安吴四种》卷 5《中衢一勺》。

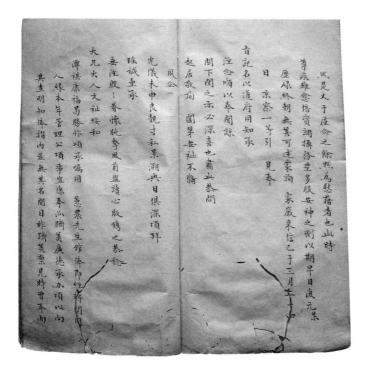

图 26　清代前期扬州盐商信底（抄本）

美，皆挟千万金，资本行之数十年。及其败也，不过三、四年，岂惟奢淫，亦由多运滞销，转输不及。其次如庄王兴、许宏远，资本原不甚厚，而以频年派运，有加无已，旋即身亡业歇。又如浙商黄滢泰，原办数旗，竭力奉公，实多客本。及其亡也，亦即倒歇，数旗惟存溥生一旗，勉强支柱，虽门面尚存，时为债主追呼。仅存包振兴一商稍称殷实，然资本亦不过二、三百万。……自楚、西年年滞销，成本占搁，

图 27　镇江商人包氏的棣园

资力愈不如前。……（然）尚办十余万引，在目前以为殷实，然较之往昔，犹其小焉耳①。

　　文中提及的西商王履泰和尉跻美，到嘉庆年间还是财聚力厚的大盐商。当时，其他大部分盐商日渐贫乏，运商多借资营运。因此，专门出现了一种"賀商"。所谓賀商，亦即放高利贷的商

---

① 光绪《两淮盐法志》卷 157《杂纪门》。

　　　　　　　　　　　　　　　　　　明清徽商与淮扬社会变迁（全新修订版）

人，"以己银质押根窝硃单取息者为賀商"①。在嘉庆初年，尉跻美、王履泰和鲍有恒三家出賀最多。但到道光前期，賀商则大多由镇江商人充当。

由于原先的徽商西贾渐次告乏，两淮盐务不得不另立新章。道光十一年（1831 年）后，杭州、镇江商人主持扬州盐务。不过，上述的浙商黄氏、镇商包氏虽为道光年间的淮南大商，但较之此前挟资千万的徽商巨子，却只能说是小巫见大巫了。

在淮、扬盐商日趋衰落的过程中，有两个事件加速了这个进程。道光中叶，陶澍出任两江总督，筹议厘革淮盐积弊，裁撤根窝，使得原先据为世业的窝本变为废纸，而且因盐商历年积欠课税数目庞大，政府抄没家资以抵亏欠，此前盛极一时的两淮盐商纷纷破产。道光末年汉口后塘角盐船的一场大火，更使得盐商损失惨重，不得不公禀请退。至此，煊赫一时的徽商西贾基本上退出了淮南盐业的运商队伍，而镇江和杭州商人也受到了重大打击。

咸丰年间，太平天国运动爆发，长江一线交通阻塞。淮盐引地尽失，课绌引悬，盐法梦乱。太平军三次攻占扬州城，"商人之居于镇、扬二郡者，十有八九亦遭荼毒"②。盐商经此打击，多数家破人亡。如两淮盐商张氏，先辈曾世为淮南总商，道光中叶盐务改章后家境中落，以开银匠店为业。咸丰兵燹时，"全家散陷，张死，（其妻）江氏被掳至金陵"。后虽逃出，与子

<hr>

① ［清］林苏门：《邗江三百吟》卷 1《播扬事迹》。
② 光绪《两淮盐法志》卷 105《征榷门·淮南就场征课》。

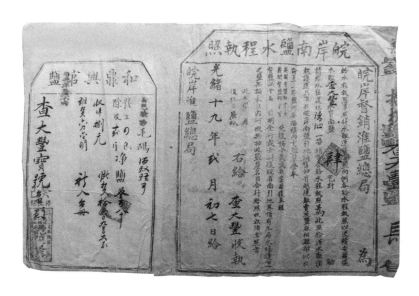

图28　晚清皖岸南盐水程执照

相失，转徙数年，乱后归扬，住东关对岸草房，靠为人洗衣度日[①]。类似的情形比比皆是。其他侥幸脱身的旧商（主要是嘉道以还新兴的镇江和杭州商人）仅十余人，也都是兵燹余生，家资罄尽。

同治初年，曾国藩、李鸿章和马新贻诸人，相继将票法参以纲法，藉以招徕新商。鹾商垄断盐利的情形，又死灰复燃了，盐商藉此起家而囊丰箧盈者亦不乏其人。不过，当时淮南的主要引地——湖广为川盐久占，积重难返；加上淮南盐场海势东迁，盐产日减。因此，淮南盐务极滞，盐商财力也与畴昔

①　《申报》影印本第19册，第433页，光绪辛巳八月念五日"母子巧遇"。

　　　　　　　　　明清徽商与淮扬社会变迁（全新修订版）

迥异。从总体上看，在两淮盐务中，"自行票法，商变为贩，大率宦家戚幕，初学持筹，资本无多，局面狭隘，求如曩日西商、皖商之体大物博、豪富甲天下者，绝无其人"①。同、光年间，号称"江苏第一家"的沭阳程翁，在道光中叶以票盐起家，资本也不过二百万②，与乾隆年间挟资千万的盐务总商不可同日而语。这种情形显然制约于两淮盐业的日趋衰落。光绪前期，淮盐销售一度虽曾畅旺，然较之乾嘉全盛时期，销量却相差悬殊，川盐以质优价廉、运输便捷等有利条件，侵销于淮盐的最大销岸——湖广地区。再加上淮南一带海势东迁，盐产日绌，产盐重心向北倾斜。于是从总体趋势上看，两淮盐商走向没落。

城镇是区域的核心，而区域则是城镇的基础，城镇的盛衰与其区域社会背景休戚相关。苏北是河、漕、盐奥区，因江南三大政兴盛而崛起的苏北城镇，也必然随着河工、漕运和盐务之衰落而趋于式微。道光五年（1825 年）黄河大水，漕运梗阻。翌年，江南漕运改由海道北上，河运呈动摇之势。此后，海运以其费省运捷而逐年增多，于是靠转搬为生的运河沿线城镇日渐萧条。道

---

① ［清］方浚颐：《二知轩文存》卷 10《两淮盐法议中》。太平天国以后，盐商与此前不同，"闻道金陵罢战争，两淮盐务是谋生。自从同治三年后，多少官绅总进城"。（［清］臧毅：《续扬州竹枝词》，见《扬州风土词萃》）又有"阔人多半做盐商"之说。（同上）光绪《两淮盐法志》卷 104《征榷门·验资》，同治十年（1871 年）盐政曾国藩咨户部："……从前富商巨贾，各有专业，携资赴验者，类多业鹾之商，他人无所冀幸；今则官商营弁及富户钱铺人等，一闻盐务验资之信，均挟巨资呈验，迨经得引，并不办运，辄即重价卖号，凭空渔利，遂至得引者俱非办盐之人，实在办运者转多不能得引。"

② ［清］金安清：《水窗春呓》卷下《大富必大寿》。

光中叶的盐务变革，导致淮、扬城市更趋衰微。咸丰年间，黄河北徙，清江浦顿失旧貌。此外，太平军和捻军时期的兵燹战乱，也给苏北城镇带来了严重的破坏。

（一）扬州、淮安商况市景的变化

"扬州繁华以盐盛"，道、咸以还的盐务变革和天灾人祸，对城市的发展有着极其深刻的影响。徐廷珍《小醉经室诗集》卷2《读赵瓯北先生集中泛舟平山诗感赋》曰：

> 繁华旧说扬州好，我生扬州苦不早。
> 国初以来极盛时，空听南巡传故老。
> 儿时记作平山游，出城红板摇轻舟。
> 水关一带小桥跨，沿河垂杨夹岸头。
> 冶春不唱阮亭曲，犹见虹园芳草绿。
> 长堤十里接山堂，山下还闻箫度玉。
> 辛卯以后醖商穷，频年歌管歇春风。
> 谷林堂剩龛灯碧，平远楼余夕阳红。
> 壬寅兵警民四散，丙午火灾兼水患。
> 湖天冷落画船稀，萧萧芦荻波弥漫。
> 何堪癸丑贼氛来，满地烽火卷战埃。
> ……

"辛卯"即道光十一年（1831年），当时陶澍改革两淮盐法，裁撤根窝，"一时富商大贾顿时变为贫人，而倚盐务为衣食者亦皆失业无归"①。"壬寅兵警"是指道光二十二年（1822年）英国兵船闯入圌山关堵截江路，威胁扬州，"城中人人危惧，移徙者十之七、八"②。除了社会变革和兵燹战乱外，还加上天灾人祸接踵而至，江淮并涨，水火频仍；咸丰三年（1853年）太平军兴，"广陵地当兵火劫余，沧桑变后，人民城郭市肆顿改荆榛，尚非繁盛二三"③。此后虽力图恢复，但却因作为"扬城命脉之所寄"的盐务"已不绝如缕"，"昔以繁华著闻者，不旋踵将虞衰歇矣"④。

扬州是鱼盐辐辏之地，原为全国的金融中心。"扬郡财源，向恃盐务，通利则各业皆形宽裕"⑤，市面"以盐业为根源，而操奇计赢，牢笼百货能为之消长者，厥为钱业，岁获利颇丰"⑥。有人做过一个比喻，钱庄是钟，而盐务是摆，盐务一旦停顿，钱庄也非跟着停顿不可。盐务全盛时期，天下财富之巨，首推两淮，盐商本丰利厚，蓄资以七、八千万计，钱庄仰赖商家存款（主要是俟期解缴的两淮盐课），"即可借此转通贸易，故钱庄与盐商来往，必获大利"⑦。及至嘉道年间，淮南盐务大敝，盐商无不困窘竭蹶。当时，两淮运本须三千万两方敷转输，但各商实际资本却不到四分之一（仅有四百至五百万左右），其余的都靠借债挪垫。

---

① ［清］金安清：《水窗春呓》卷下《改盐法》。
② ［清］梁章钜：《浪迹丛谈》第2卷《颜柳桥》条；参见"但都转寿联"条。
③ ［清］芬利它行者：《竹西花事小录》叙。
④ 民国《续修江都县志》卷5《盐法考》。
⑤⑦ 《申报》影印本第18册，第133页，光绪辛巳正月十二日。
⑥ 民国《续修江都县志》卷6《实业考·商业》。

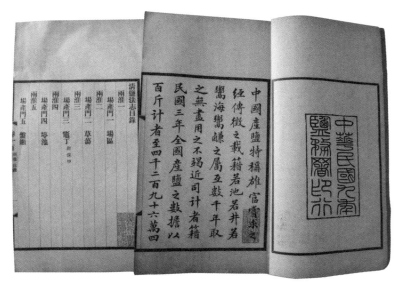

图 29 《清盐法志》

而且，运盐到岸，又因滞销而占搁成本，自无课银存贮钱铺。特别是太平天国以后，承办盐运的商人财力更是今非昔比，"只得借力于钱铺，以支持弥补"[1]。所以，当时有俗谚称："钱行通，盐务松；钱行塞，盐务息。"[2]与全盛时期相比，情形恰好相反。扬州盐务既衰，商利脆薄，于是钱业日疲，弊端日甚，买空卖空，积弊莫除。光绪年间，扬州钱铺"半患资本短绌，故一经转

---

[1] 光绪《两淮盐法志》卷 92《督销门·南北加引下》，光绪十年四月署盐政曾国荃奏，盐商"金称商本半由钱庄通挪"。

[2] 《申报》影印本第 18 册，第 133 页，光绪辛巳正月十二日。

运不及，即有倒闭之虑"①。光绪二十五年（1899年），淮南盐业极滞，"扬州钱铺殷实可靠者，不过数家，市上现在银时虑不敷周转，全赖上海、镇江等处通融挹注"②。这种银根紧缺的窘境，制约着清代后期淮南盐场恢复生产的能力。早在同治十年（1871年）八月，直隶总督李鸿章就声称：

> 见在各岸滞销，扬州银路艰窘，运商势难速措（资金），场商乏本，收盐尤为危迫③。

及至光绪十年（1884年），盐政曾国荃也说：

> 场灶为盐务根本，垣商本足，尽产尽收，灶户糊口有资，场私（场灶私盐）有净。（但）淮盐近年销数疲滞，存岸之盐既多，积压存栈之盐，转运不灵，场商资本已形占搁，上年各钱庄纷纷倒闭，银路艰窘，始则通移不易，继则借贷俱穷，当此春产旺收，闻各场几有坎桶（停收）之虑。本爵部堂道出邗江，目击商情困苦，有岌岌不可终日之势④。

---

① 《申报》影印本第17册，第25页，光绪庚辰六月初一日，《钱铺倒闭》；第725页，光绪庚辰十一月念八日，《钱业禀批》。
② 《刘坤一遗集》第3册，第1173页，《淮商邀免岁捐仍准循环转运折》。
③ 光绪《两淮盐法志》卷143《捐输门·助赈上》，同治十年六月直隶总督李鸿章咨。
④ 光绪《两淮盐法志》卷144《优恤门·济收下》，光绪十年三月盐政曾国荃札。

当时，沿海各场都因场商缺乏资本深感忧虑。光绪十四年（1888 年），丁溪（小海附）场甚至在《申报》上公开招股，筹集资金。据说，该场原有场商数家收买转运，"近因销路不旺，各该垣商一时资本转运不及，遂不得已纷纷呈报坎桶停收"。但煎丁灶户"八口之家，咸赖煎盐为糊口，……一日不煎，即有一日不食之势，万难中止"[1]。这间接导致滨海产盐区的废盐改垦。光绪二十六年（1900），新兴、伍祐两场首先放垦，继而于翌年，通海垦牧公司在吕四场成立，近代大规模的垦殖活动自此开始，滨海盐垦区从此成了我国主要的棉产区之一。民国十五年（1926 年），江苏合计产棉量 8129000 担，其中苏北产 5130000 担，占 65.32% [2]。明清两代以盐业占主导地位的东台县，到民国初年，也以产米、麦和棉花为其经济的主要成分，渔盐之业则退居其次。而晚清农垦的增加，又意味着扬州城市赖以生存的腹地盐业经济正逐渐缩小。对此，民国《续修江都县志》卷 5《盐法考》言之甚详：

　　　　江都者内河食岸之一也，通、泰各场所产之盐及北盐南运，必经县境运河出江，以达于岸。运使驻节郡城，兼管下河水利，特设淮南总局为承转之枢纽。凡运司之按纲输课，场商之计引领价，胥于此以综其成。而地方政务、学务、善举诸经费，亦靡不于是乎取之，实与扬州关系为至巨。……其有关于时局变迁、民生日用者匪细。光绪《续

① 《申报》影印本第 33 册，第 427 页，光绪十四年七月二十六日，《鹾商招股》。
② 王培棠：《江苏乡土志》。

志》备载淮盐大要，而以商利脆薄，习俗奢侈为隐忧。今距光绪初叶又数十年矣，商情凋敝，倍甚于前日：言增产而修亭之事只托空言，言疏销而缉私之设徒糜巨饷，上则以官为市，任流弊之潜滋，下则唯利是图，俑陈规而莫守，加以票额递增，轮销停滞，大捐迭派，竭蹶输将，兼值海势东迁，新滩接涨，西水下注，卤气益衰。于是，亭灶荒，收数绌，而场商病。浮费多，成本重，而运商病。厘课增，中饱巨，而国家亦病。甚至有票者不能自运，惟按纲以出租。有垣者无力开收，托邻垣以代顾。……扬州命脉之所寄，今已不绝如缕。使犹醉饱酣嬉，日以侈靡相尚而不知变，恐菁华既竭，褰裳以去，昔以繁华著闻者，不旋踵而将虞衰歇矣。

民国某年，扬州盐号倒闭者有三、四家之多，扬州的钱庄搁浅的也有八九家之众。民国时期，扬州钱庄资本与上海不可同日而语，其运作直接是跟着镇江，间接则是跟着上海[①]。由上文所引刘坤一奏折可知，这种情形早在光绪年间就已存在。显然，扬州作为金融中心的地位，已被诸通商口岸所取代。而随着金融中心地位的被取代，扬州城市的地位也相应地下降。对此，有人这样描述道：

　　江都为扬州府附郭首县，地当南北之冲，商贾辐辏，百

① 　王叔涵：《两淮盐务与钱庄》，见《经济学季刊》第 2 卷第 3 期。

货云集，在昔醝业之盛，莫与伦比。洪杨乱后，虽稍凌夷，犹为江淮间一都会也[①]。

从此，作为全国性商业都会的时代已成往事，广陵沦为苏北区域性的商业贸易中心。

盐务衰落后，扬州城市也日趋萧条。明末清初泰州文人陆舜在《广陵赋》中描述道："富室既夥，商家更崇，樛流河下，铁壁金镛"，这是对盐商麇居区的简要概括。在盐务全盛时期，徽商西贾聚居河下一带，势力煊赫。尤其是其中的新安商人，在扬州尤为商界巨擘。除了醝贾外，徽州还多木商。早在明末，扬州"城中故殷富，多木客、盐贾"[②]。到乾隆年间，新城东北还有一闻角庵，原来就是木商会馆。此外，邗上"质库无土著人为之，多新安并四方之人"[③]。如旧城徽商吴老典，"以质库名其家，家有十典，江北之富，未有出其右者"[④]。显然，在闭关时代的三大商（盐、当、木）中，徽商都占有举足轻重的地位。然而，太平天国以后，这种情形有了根本性的变化。虽然，南河下一带仍然是"浮梁巨贾荟萃之区，大厦云连，华堂丽日"[⑤]。但商界牛耳，却已操持易人。据刘声木的《苌楚斋续笔》卷1记载：

粤捻初平，扬州设立安徽会馆，皖南商人欲供朱子（朱

---

① 民国《续修江都县志》卷6《实业考》；参见民国《江都县新志》序。
② ［明］佚名：《扬州变略》。
③ 康熙《扬州府志》卷7《风俗·俗习》。
④ ［清］李斗：《扬州画舫录》卷13《桥西录》。
⑤ 《申报》影印本第65册，第279页，光绪二十六年五月初九日，《邗沟柳色》。

熹），皖北商人欲供包孝肃（包拯），相争不已，无可解诘，乃于正中供历代先贤位。

安徽会馆设于花园巷，原处是典型的徽商社区，此时却因会馆的供主，与皖北商人争持不下，显然昭示着徽商主盟扬州商界的情形已成明日黄花。于是，河下一带已不再完全是盐商聚居地，许多徽商旧宅也纷纷被收买为各地会馆。

晚清时期扬州会馆分布表

会馆名称	地　点	会馆名称	地　点
片石山房（粤）	花园巷	岭南会馆	旗杆巷
湖南会馆	南河下街	浙绍会馆	达士巷
江西会馆	南河下街	嘉兴会馆	仓巷
湖北会馆	南河下街	京江会馆	达士巷
安徽会馆	花园巷		

资料来源：光绪《江都县续志》卷12《建置考》第二下；参见民国《续修江都县志》卷12《名迹考》。

随着广陵商界的巨变，新城商业区也迥异畴昔。咸丰兵燹期间，号称"两淮精气""繁华极顶之区"的多子、新盛、左卫、辕门桥一带，"楚炬一空"，遭受了极大的破坏[1]。太平天国以后，新城"市廛牢落"[2]，商业区萎缩。到民国年间，扬州市街以辕门桥、多子街、教场街和左卫街为商业集中区，其余均甚荒凉，商业也以供本城消费为主。

---

[1]　［清］佚名：《咸同广陵史稿》第二。
[2]　［清］刘寿曾：《传雅堂文集》卷1《记水烟刘叟》。

徽商西贾的衰落，以及兵燹战乱纷至沓来，还使得城外园林风景区面貌全非。著名学者阮元在道光十四年（1834年）曾说过："扬州全盛，在乾隆四、五十年间。……方翠华南幸，楼台、画舫十里不断"。乾隆六十年（1795年）"扬州尚殷阗如故"。但嘉庆八年（1803年）以后渐衰，"楼台倾毁，花木凋零"。这是因为"扬州以盐为业，而造园旧家多歇业贫散，书馆寒士亦多清苦，吏仆佣贩皆不能糊其口"。到道光十九年（1839年），《扬州画舫录》所载楼台园馆，"大约有僧守者，如小金山、桃花庵、法海寺、平山堂尚在；凡商家园丁管者多废，今止存尺五楼一家矣"。究其原因，原先，湖上山林系属官园，经费出自盐务，此后"各园虽修，费尚半存。而至道光间则官全裁，园丁因偶坏歇者，鸣之于商；商之旧家或易姓，或贫无以应之。木瓦继而折坠者，丁即卖其木瓦，官商不能禁；丁知不禁也，虽不折坠亦曳折之"[1]。及至咸同之际，烽火频仍，"湖山名胜尽作战场，北郊外惟虹桥独存，邗水不波，绿扬非旧"[2]，苍茫四顾，令人怅然！

如前所述，清代后期金融中心地位的失落，不仅使扬州城市地位相应下降，也导致四郊农村不再完全以本城为依托。例如，江都为鱼米之乡，轮船、火车通行以后，水产贩运沪上。在本地，水产入市，反而日见其少，而且价格甚贵。仙女庙、塘头一带的皮毛骨角行，买牛皮、鸡鸭毛及各种骨头运销上海，"颇

---

① ［清］阮元：《〈扬州画舫录〉二跋》(见《研经室再续集》卷3)；参见［清］钱泳：《履园丛话》卷20《园林》。

② ［清］黄图成：《扬州慢》，《希陶轩诗钞·诗余》。

获利"。又仿广东制咸鸭，每年数十万只，转贩上海。浦头萝蔔干，"运销苏、沪等地"。扬州的两个制蛋厂，也招女工"分析鸡蛋黄白，装运上海"[①]。凡此种种，都说明原先扬州的城郊经济区在很大程度上变成了上海所需商品的初加工地，这显然昭示着扬州失去了昔日占据的煊赫地位，而成为上海这个巨大商业中心的附庸。民国二十一年（1932 年），因两淮盐业重心北倾，两淮盐运使署北迁，以淮北运副移淮南，扬州的地位更是一落千丈。"自两淮运使迁胸后，市面益形凋敝。昔为金融枢纽之钱庄，倒闭殆尽"[②]。时人江都李豫曾深有感慨地写道：

> 江淮盐官转运使，一路福星千万里。
> 商人富厚甲天下，需盐俱煮东海水。
> 忆昔康乾称盛世，云龙南幸非一次。
> 逐户琵琶饭甄多，过江如鲫知名士。
> 扬州明月异常明，二千余年花锦城。
> 谁谓此邦非乐土，谁忧豪族不公卿。
> 入室笙歌出车马，往来都是行盐者。
> 即今节署迁长淮，骤雨疾风飘屋瓦[③]。

与扬州的衰落几乎同时，道光年间，因票运改经西坝而纲盐废止，河决铜瓦厢而漕运停歇，淮安也与以往大不相同。"居民

---

① 民国《续修江都县志》卷 6《实业考》。
② 徐谦芳：《扬州风土纪略》卷下。
③ 李豫曾：《北桥诗钞》卷 4《新乐府·迁运署》。

峕一弦诵佃作，无他冀幸，间艺园圃，课纺绩。贫者或肩佣自给，曾不数十年坚贫守约，耳目易观，昔之漕、盐杂沓，浩穰百端，则相与忘之稔矣"①。显然，河、漕、盐三大政的骤变，对淮安城市都有着深刻的影响。

在西北关厢的河下一带，"自更纲为票，利源中竭，潭潭巨宅，飙忽易主，识者伤焉。捻寇剽敚，惨遭劫灰，大厦华堂，荡为瓦砾，间有一、二存者，亦摧毁于荒榛蔓草中"②。其中，道光中叶的盐务改革，影响尤巨。有一首《淮北盐政歌》这样写道：

> 昔年盐归淮北掣，掣盐人家声势赫。
>
> 男不耕耘女不织，笑指盐引有正额。
>
> 自从改票拙谋生，生计既窘生命轻。
>
> 为农无田商少钱，咄嗟朝夕难支撑。
>
> 悔不从前事耕作，斥卤新垦地方薄。
>
> 稍余菽粟即为乐，繁华退尽归淡泊③。

---

① 同治《重修山阳县志》卷1《疆域》。

② 《山阳河下园亭记》王锡祺跋。

③ 丁晏、王锡祺：《山阳诗征》卷25；同卷《河下口占》曰："河下盛处是湖嘴，往时极目多帆樯。北来运道久淤塞，南去江天空阻长。乱后车尘灰已冷，旱余稗屑价都昂。故人相遇一慰问，话到兴衰欲断肠。"卷28《西头书屋四咏》云："河下背临新城，当时之盛，城中鳞横，衡宇骈接，夕阳梵寺，杨柳红桥，隙地连畦，春风引蝶，每一登眺，金碧满目，虽古都会，何以加兹！河下代有谢才，继多枚笔，燠怜温室，凉爱平泉，于以开辋川之别墅，挹兰亭之清流，逸客骚人，酒筒茶灶，花晨月夕，画舫笙歌，是实开一代之风，匪仅踏六朝之绮。泊乎齚变，光景遂非，才数十年，流风顿尽，盛极而衰，固其所也。"

原先，河下一带号称"小扬州"，甲第连云，冠盖阗咽。所谓"生涯盐筴富连廛，甲第潭潭二百年"①。改票后不及十年，"高台倾，曲池平，（盐商）子孙流落，有不忍言者，旧日繁华，剩有寒菜一畦、垂杨几树而已"②。例如，著名的荻庄柳衣园，是淮北总商程氏的私家园亭，盐务极盛时，"招南北知名之士宴集其中，文酒笙歌，殆无虚日"③。道光中叶北齰改道西坝，盐商失业，售拆此园，夷为平地。转眼之间，只剩老屋三椽、紫藤一树，令人叹息不已。类似的例子比比皆是，据山阳人黄钧宰描述："自程氏败而诸商无一存者，城北井里萧条矣。"④ 于是，"里之华堂广厦，不转瞬间化为瓦砾之场；巷陌重经，溪径几不可辨"⑤，聚落景观与畴昔迥异，整个河下触目皆是圮墙、破寺和废圃。盐商既已困窘不堪，淮安河下夸奢斗富之习，大有力不从心之感。以元夕观灯视之，"淮、扬灯节最盛，鱼龙狮象禽鸟螺蛤而外，凡农家渔樵百工技艺，各以新意象形为之，颇称精巧"。道光中叶以后，虽然"火树银花，人影衣香，犹见升平景象"，但却因"盐务改票以来，商计式微，（而）不及从前

① ［清］李元庚：《山阳河下园亭记》徐嘉题跋。
② ［清］黄钧宰：《金壶浪墨》卷1《纲盐改票》。
③ ［清］黄钧宰：《金壶浪墨》卷3《萧湖》。
④ ［清］黄钧宰：《金壶浪墨》卷3《萧湖》。［清］李元庚：《山阳河下园亭记》"退一步轩"条，盐商黄灿"自禺筴变后，家业荡然，资田以养"；"南藤书屋"条，"盐务改道，司马（程昌龄）郁郁卒，园售他氏"；徽商殷氏原是盐业大户，至今河下估衣街西段北侧的市河南岸，还留有一处该家族为运盐建造的"殷家码头"。后因纲盐改票，殷家近百口人东奔西散，外出谋生，饥寒穷困，交相煎迫。（参见王汉义、殷大章：《晚清水利专家殷自芳》，载《淮安史志》第8辑）
⑤ ［清］李元庚：《山阳河下园亭记》序。

繁丽"①。

由于盐商衰落，河下的商业也骤然萧条了下来。淮安河下原本是"万商之渊"，"富有无堤，甲于诸镇"，由于富商大贾的纷至沓来，成了当时的一个金融中心。嘉庆二十五年（1820年）以后，河下钱铺约有三、四十家，"大者三万、五万，本小者亦三、五千不等。上自清江、板闸以及淮城并各乡镇，每日银价俱到河下定，钱行人鼎盛，甲于他处。加以河工、关务、漕务生意特输（殊），有利可图"，因此十分繁荣。起初河下银价每两仅八百余文，道光初年略有上涨，但也不过一千一二百余文。纲盐改票后，因淮北实行场下挂号验赏之法，"板浦每年挂号银堆积如山，约有七八百万，存分司库，故（淮安河下）银陡贵至二千二百零。咸丰八、九年价或落，乱后更贱至一千四百余文，而河下钱铺日见萧（条）淡泊"②。

道光中叶的盐政变革，不仅使"富商巨室，均归销歇，甚者至无立锥地"③。而且，对于其他阶层也有极大的影响。据王觐宸描述，"河下自盐务改票，贫民失业，生无以养，死无以葬"④。"游手骄民逃亡殆尽，……即不事盐筴耕且读者，亦强半支绌，苟且图存。求如曩日繁富之万一，邈然不可"⑤。

晚清时期，淮北盐业一度虽曾渐趋恢复，麇集西坝的一些盐商，出于安全的原因在河下"凿池筑室，以为休息之所者，寄

---

① ［清］黄钧宰：《金壶浪墨》卷4《元夕观灯》。
② ［清］李元庚：《梓里待征录·奇闻记·钱铺》。
③⑤　王觐宸：《淮安河下志》卷1《疆域》。
④　王觐宸：《淮安河下志》卷3《义举》。

兴书画，逸情歌咏"。不过，与全盛时期的"画栋飞甍，崇林茂竹"，显然不可同日而语。而且，"曾几何时，而变为瓦砾者，比比然也"①，很快便消失得无影无踪了。

（二）其他盐业城镇的盛衰递嬗

1. 西坝之盛衰

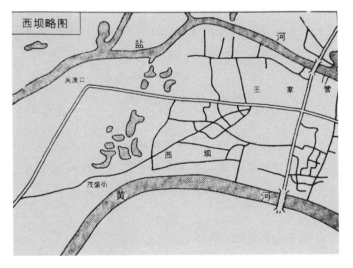

图 30　西坝略图

河下既衰，西坝代兴。西坝在清河县境，原先是王家营镇所在。因水灾频仍，康熙六年（1667 年）居民数百家遭水淹没，镇东迁，分东、西二营，于是旧境荒落。道光中叶票盐立法之

---

① 《河下园亭记续编》序。

初，淮北盐由盐场出洪泽湖转运各地，以西坝为转输之枢纽，设有盐栈囤盐，让票贩和湖贩在此交易。所谓票贩，是指向池商（淮北盐场商人）购盐的小贩，他们将北礣由盐场运往西坝堆储，售于湖贩（在西坝向票贩购买淮盐、经洪泽湖转运至正阳关的商贩）。由于西坝是商贩交易的中心，因此很快发展起来。对此，清人包世臣曾说：

> 彼西坝者，在票盐未行之先，只一沙堤耳，两年间连甍成市，此固非人力所能为，而实淮北旧事也[1]。

咸丰《清河志》卷8《民赋（附盐课）》亦载：

> 自票盐总经西坝，西坝故滨海荒卤，一旦走集，日月成市，土著赁地以居货，游客积屋而招商，列栈二十有二，编户相接，空手白徒转移趋役，因缘庞杂，藏葳亦多。

该志卷3《建置》又曰：

> 民间设立场栈，间阎相接，日以繁浩。其客多辇金腰玉，豪贵闲游。初至有倍称之息，南北争趋，息乃小。诚然风已为之变易：有弹筝跕屦，日夜喧乐，河声上下屯集之区，亩值至数万钱，土人亦用是饶业，然不能久也。

---

[1] ［清］包世臣：《上陶宫保》，《安吴四种》卷7《中衢一勺》。

所谓"不能久"，是指稍后的捻军兴起，淮盐销岸沦为兵燹之区，场、坝盐壅堆积，市镇萧条。不过，及至同、光年间，随着淮北盐业的恢复，又渐趋复苏和繁盛。

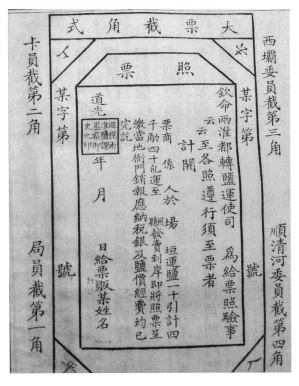

图31　淮北票盐照票

民国十五年（1926年）时，淮北每年行盐250万包，国家岁收直接税千万元，虽与全盛光景无法相比，但也还可勉强支撑。当时的西坝，析为坝西、坝东两镇，西起茂盛街，东抵小盐庄，市廛相接，居民有 4000 户，计 12600 口。"尘闸扑地，歌吹沸天，泱泱乎淮北之名区也"。在当时人的观感中，西坝虽与城市不同，但与一般乡镇也有所区别。十八家盐栈各占地十余亩，"栈门高阔，长垣缭绕"。栈门之外，有供盐商欢宴的番菜馆，有备湖客俊游的娼寮，还有迎合盐商服药癖好的药店等，都具有都市化的气息。诸商之家，虽多编茅为屋，但结构"类极精好，无尘土气"①。

早先，"淮北改票之始，一年三运，利至倍蓰，其空手挂号者皆得巨赀"②。如江北沭阳程翁，六十余岁始起家，年届八十拥资二百万，据说一半是由淮北票盐获利所得，虽经咸丰兵燹，其财产未遭耗损，到同光年间还号称"江苏第一家"。晚清、民国时期的淮北盐商虽与盐务全盛时期的淮南鹾贾无法比拟，但北盐商贾之于西坝地方财政、社会福利诸方面，都有广泛的影响。盐商"皆急功好义，不让弦、汪；地方有大兴作，靡役不助"。开办学校、施药、施材、散米券等，"邻镇皆沾其福庇"。甚至县府支应兵差，摊派公债，盐商也"恒出十之五六"③。

晚清、民国时期，与淮南盐业相似，北鹾亦蠹弊丛生。道光年间两江总督陶澍改行票法之初，盐课较轻，所以销售甚畅。民国以还，税率日加，西坝盐商获利遂微。及至 20 世纪二三十年代，淮盐河运又面临着车运和海运的有力竞争，西坝盐务更是每

① 《淮阴风土记》，第 90 页，第 5 章《大河区·回忆中的西坝》。
② ［清］金安清：《水窗春呓》卷下《盐务四则》。
③ 《淮阴风土记》，第 88 页，第 5 章《大河区·回忆中的西坝》。

明清徽商与淮扬社会变迁（全新修订版）

况愈下。到民国二十五年（1936年）前后，西坝盐商"受自然淘汰，已去消灭不远"。当时镇上只有少数商贩，在每年水大时期，运盐二三十万包，储栈守销以维持生活，"此中况味，已同鸡肋矣"[①]。

盐商的中衰，使得西坝面貌大变。民国二十五年（1936年）七月，《淮阴风土记》的作者参观西坝，有"如行乌衣巷口，徒慨六代繁华"之感。"镇上土垣坏其什九，居民坏其什三"，原先与盐务相配套的各种机关（如公安局、巡缉队、贻德小学、运商小学等），纷纷裁撤或紧缩。镇上街道年久失修，一旦阴雨，泥泞不堪。据个中人言，"盐商之力非不能使道路尽归平直，但鉴于草湾未废时，其石路甚修广，一旦改道，鞠为茂草，商人禁忌多，故不为也"[②]。显然，盐商此时仅以西坝为逆旅，不作长久打算。

由于盐业的衰落，西坝各个社会阶层的贫困化日甚一日，这又反过来进一步导致了淮北盐务的衰落。"自盐务衰落，饥民无所得食，荒春剽夺，更属公然对面为之"[③]。富室大户纷纷徙居淮安，西坝更趋衰败。

2. 瓜洲、仪真（仪征）和十二圩

淮南批验盐引所，明洪武十六年（1383年）夏，改建于仪真县南二里的一坝、二坝间。从此，作为淮南盐斤总汇之区，数

---

① 《淮阴风土记》，第92页，第5章《大河区·积衰之由》。
② 《淮阴风土记》，第5章《大河区·眼中之西坝》。
③ 《淮阴风土记》第1章《大河区·坝市鸟瞰》，参见第5章《大河区·生计问题》。

万掣捆夫役骈集鳞聚。他们"专赖捆盐以为日食之资"①，世代相承，历数百年。以往淮南额引每年多达一百四十余万，而在仪征改捆的至少达七八十万。道光晚期，因湖广口岸销盐疲滞，连续数年仅捆三十万引，仪征"捆工数万人，饿死太半，环监号呼乞食，而无以应之"②，城市经济极为萧条。咸丰三年（1853年）的兵燹战乱，更给奄奄一息的仪征城市以致命的打击。富室迁徙一空，贫民坐以待毙。因避太平军的攻击，淮盐转输改在泰兴口岸镇行掣。咸丰七年（1857年），惕斋主人在《真州竹枝词》自叙中指出：

> 余不获睹仪征之盛，闻故老言，南涵洞口、北拂云亭、东水香村墅、西美人石，皆昔日亭台旧址。其时人民富庶，百物蕃昌，侈然为余言之。余生也晚，付之想象已耳。乃江河日下，壮年与童时异矣，晚年而与壮时又异矣。陵夷至今，垣颓井堕，十室九空，余将为后人言之，不又令后人付之相象乎！后之视今，犹今之视昔！

与他差相同时的仪征人程晼深有感慨地吟咏道："如此欢场逝水流，一编风土小扬州，倾城士女今何在，半作虫沙半鹄鸠。"

太平天国以后，仪征一片荒凉，上文提及的程晼在《啸云轩文集》卷5《乐仪书院落成》中写道：

---

① 光绪《两淮盐法志》卷33《转运门·淮南改票》。
② 光绪《两淮盐法志》卷157《杂纪门·艺文五》。

县官初来我廛市，稽查户口甲令编。

空城只余五百户，一半胥吏相蝉连。

　　同治四年（1865年），因仪征盐运河淤塞，两江总督曾国藩改设淮盐总栈于瓜洲，仪征更加衰落。自瓜洲改捆后，仪征"天池鞠为茂草"。前述嘉庆年间"开新盐门"时的喧阗嘈杂，再也无从看到了。自洲捆后，"垣中寂然"，原先的盐垣，现在都成了一片废墟。盐垣的主人号称"小地主"，也日渐困窘不堪，令人不禁有"世道靡常如是夫"的感喟！

　　由于盐商的迁徙和小地主的衰落，仪征人夸奢斗侈之习也大为改观。《真州竹枝词·叙》深有感慨地写道："今者盐务歇绝，酒馆凋零"，就从一个侧面反映了当时的面貌。

　　代替仪征为转运中枢的瓜洲，自明初南掣改移仪真后，虽已衰落不堪，但因一些盐商慕悦风雅，于此建构园林（如乾嘉时盐商吴家龙的锦春园），瓜洲仍为扬州南乡巨镇，"临江风景绝佳"，旧有十景之说，"鹾商诗人，携酒赋诗，名流吟啸"，有《南溪倡和集》等。及至同治十二年（1873年），江坍城陷，上述诸景与瓜洲淮盐总栈一道"尽湮没崩涛骇浪中矣"①。

　　瓜洲淮盐总栈既为江流冲坍，同治十二年（1863年），于仪征县东南十二里的"普新洲"重建淮盐总栈，此即十二圩。从前，此地百姓筑圩而居，仅有"耕氓编芦为舍苫"，但自从设立盐栈以后，稗贩逐利者纷至沓来，沿江泊船处设立码头，分

---

① 董玉书：《芜城怀旧录》卷3。

为十三帮。"岸上纵横设肆，建公所，造神祠，……居然一小会也"①。《啸云轩诗集》卷6有一首《十二圩》诗这样写道：

> 终古荒江惟荻渚，转眼千门叠万户。
> 盛衰由运不由人，前列盐仓后官府，
> 更有商贾开市廛，……，
> 仁寿桥边列万舟，新盐捆向梳妆楼，
> 民殷物阜极欢乐，春花秋月争风流。

风俗市景，都与往日大不相同。及至民国二十四年（1935年）前后，仪征县城面积狭小而商业不振，全县人口627778人，仅有32000人居住城内。而十二圩则蔚为一小都会，繁盛程度超过了仪征县城②。

3. 汉口

嘉道以后，两淮盐业萧条，淮南盐商日渐困窘。道光二十九年十一月十九日（1850年1月1日），汉口后塘角盐船大火，烧去课本银五百余万，盐商受到了致命的打击。对于塘角火灾情形及其后果，《汉口竹枝词》有相当详尽的描述。叶调元指出：

> 塘角在省垣之东，各船停舶，汉口精华之所也。今年己酉冬月十九夜丑时，尾五帮起火，烧至首都，辰止方

---

① 光绪《两淮盐法志》卷19《图说门》。
② 李长傅：《江苏省地志》，第321页。

熄。……计焚大舟五六十帮，小者不计。于时风狂月黑，波浪如山，即出帮者亦遭沉溺，真天数也①。

当时，在汉口停泊的船只多达七十帮，每帮约三十余艘，上下延袤二十里，用铁锚竹缆连环锁，所以一旦大火，皆成釜内游鱼，无处可逃。

由于盐商的衰落，汉口的金融业也受到了打击。如所周知，盐商是闭关时代三大商（盐、典、木）之一，盐课又居国家财赋岁入的绝大部分。原先，在长江中下游一带，盐斤销售是贸易大宗，这极大地促进了金融业的形成和发展。据乾嘉时人林苏门描述：

> 客有来扬贸易，其原籍亦有扬州，彼此捎带银两，殊多未便，立票汇兑相沿已久。

例如，"黄鹤楼通系马台，量银才过涌钱来。走盘不胫为奇宝，只一封书是货财"②，就是指淮盐运至汉口销售后得银以会票汇回扬州的情形。这种长期而又持续不断的淮盐贸易，促进了汉口金融业的蓬勃发展。而一旦盐业衰落，金融汇兑事业深受影

---

① 《汉口竹枝词汇编》卷6。
② ［清］林苏门：《邗江三百吟》卷1《播扬事迹》；费执御：《梦香词》："盐价自楚来者曰楚（湖广）课，自豫章（江西）来者曰西课，总名之盐课"；董伟业：《扬州竹枝词》曰："坐得船归是武昌，便投本店说新纲。"这些，都可作扬州与汉口间贸易和汇兑事业之注脚。

响，也就在所难免了。例如，塘角失火后，山西票号纷纷倒闭。对此，叶调元深有感触地吟咏道：

> 赀财千万作灰扬，富客豪商气不狂。
> 九九归元谁受累，大东道主是西帮。

他认为，"塘角无与汉口，汉口之性命存焉；火灾无与票号，各行之倒帐归焉"[①]。盐业与汉口商况市景的盛衰递嬗，于此可见一斑。

除了钱庄、票号以外，典当业也深受其害。汉口原有十五家当铺，经此巨变，只剩下四家。所谓"十家典当九家关，揹得穷人没路钻。直一千文当三百，棉花铜锡尽丢还"[②]。可见，典当业的困境，迫使他们不得不加紧勒索，以转嫁危机。从此，穷人的日子更加艰难。而且，由于盐商的衰落，原先对平民"乐善好施"的慈善事业也继起无人，遇上道光以后频繁的自然灾害，无藉小民也就遍地皆是了。对此，《汉口竹枝词》指出："富人多迁，江夏贫户始则无财，继而无路，待毙而已"，真所谓"富室迁移贫户毙，十家到〔倒〕有九家空"[③]。

盐、典、钱诸业的衰落，还导致了汉上文化风尚的巨大变化。清代后期，汉口虽然还有不少的园林名胜，但文化风尚却迥异畴昔——

---

①②③ 《汉口竹枝词汇编》卷 6。

名园栽得好花枝，供奉财翁玩四时。

可惜主人都太俗，不能饮酒不能诗①。

这首竹枝词所描述的，与当时的真实状况想来不会相距太远。汉上文风的衰落，也就可以想见了！

4. 泰州等地

泰州地处通扬运河要冲，为通泰十一场盐斥必经之地。乾嘉时期，每年泰州盐场运盐八九十万引，通州盐场运盐四十余万引，所需力役甚众：

其代扬商开发屯船过坝总费者，谓之"坝客"。掣盐时代商写帐（账）者，谓之"抄写"，抬盐者谓之"扛夫"，钩盐者谓之"钩手"。邑之力作藉以谋生者无算②。

盐业转输在泰州城市经济中，占有重要的地位，所谓"闻道此邦财力富，南门田与北门盐"③。咸丰年间，扬州为太平军攻占，初试就场征课法（也就是盐由产地收税，一税之后，听民运

---

① 《汉口竹枝词汇编》卷5。随着盐业的衰落，一些原先依靠鹾务为活的从事消费娱乐业者也外徙他乡。如梨园子弟，汉口向有十余班，但后来只剩下三部，所谓"梨园子弟众交称，祥发、联升与福兴，比似三分吴、蜀、魏，一般匣子各般能"。

② 道光《泰州志》卷11《盐法》；参见林振翰：《盐政辞典》亥十"坝店"、"坝客"条。

③ "南门田，北门盐（按泰州腴田皆在南乡，北门乃掣盐过坝之所也）"。（见《海陵竹枝词》，金长福等著，同治三年李肇增序，原书藏北京图书馆，此转引自《读〈海陵竹枝词〉》一文，载《扬州师院学报》1988年第1期）

销，不问何往），盐运司暂时改设于泰州。于是，"泰州繁富，几与往昔郡城相埒"①。同治初年，运使乔松年在泰州北门内明珠寺建盐宗庙，祀夙沙氏，附祀殷大夫胶鬲和齐相管仲。及至光绪年间，北厢为"商旅麇集、市廛鳞比之区"②。泰坝"仰盐事而活者"多达数万家③。当时有人拟议于串场河外别辟一新运河，淮盐改由通州天生港出江，分销于淮南各引岸。时人以为，此计划倘若付诸实施，"泰县之盐务商场将一落千丈，一转瞬而为贫瘠地矣"④。

此外，滨海盐业市镇依其腹地经济的盛衰而变化。清代后期，川盐侵占着淮南的主要引地，盐无销路，淮南盐业生产一落千丈，区域经济呈现萧条景致。于是市镇赖以存在的盐业经济基础遭到极大地削弱，当地经济布局发生了明显变化，市镇发展形态也大为改观。以通州地区为例，清朝末年余东市商业"以盐店为最盛"；吕四市，"其地居民多以鱼盐为生计"；石港市，"商业以米为最盛"，"次于米者，则惟盐业"。除了这些市镇仍保持或基本保持原有特点外，随着清末民初盐垦的发展，滨海地区逐渐成为重要的棉花生产基地，不少盐业市镇也纷纷转变职能。如余中乡，"每届棉业畅旺，尤形热闹"；金沙市，"商业以土布为大宗"。当然，也出现了一些新兴的专业市镇（如棉业、粮食业市镇等）。南通的平潮市，"市之人多业花纱布，而久于织带者，

①　［清］臧穀：《扬州劫余小志》。
②　光绪《泰州乡土志》。
③　《续纂宣统泰州志》卷 5《公署》。
④　《续纂宣统泰州志》卷 2《河渠》。

图 32　泰坝过盐图

颇具各种花样”①，成为远近闻名、颇具特色的棉布业市镇。光绪中叶以前，下河之米由新洋港出口天津，“山东之船大集”，盐城成为一大米市。后来，“海禁既严，邑米转销于内地各埠，在南者有邵伯、仙女庙、姜堰、海安、曲塘等处，在北者有东坎、羊寨、北沙、响水口等处”②。其中的东坎、北沙、响水口等，就是在滨海附近兴起的粮食业市镇。这种市镇的兴起，显然与当地的经济发展背景息息相关。据民国《续修盐城县志》卷4《产殖》记载，晚清民初“县境农田所艺，稻谷中稔，应获五六百万石，

---

① 《南通县乡土志》。
② 民国《续修盐城县志》卷4《产殖》。

除供民食外，岁可赢二三百万石"。

城镇的兴盛式微昭示着区域经济布局的变化。就两淮盐业与苏北城镇变迁而言，植根于四乡农村的市镇之嬗变，自然更显著地反映了盐业的盛衰。若干市镇的发展成为当地的政治中心，如东台县和阜宁县都是如此。以东台为例，在明末清初，东台有十盐场，但实际上生产淮盐的仅有五个，盐业生产极为衰微。及至清代盐务全盛时期，东台一带，产盐居两淮之半。当时，两淮盐场分为海州、通州和泰州三分司。泰州分司下辖十一盐场，分隶四县，以分布在东台县的为数最多（有七个）。可见，东台由一个普通小镇升格为一县的治所，主要原因就在于当地盐业的飞速发展。及至清代中后期，淮南主要引地为川盐所占，加上时值海势东迁，各场卤气渐淡，灶户纷纷废煎改垦，淮南各场灶户日见减少。到民国十三年（1924 年）七月前后，当时淮南最大的伍祐场，也只有男女煎丁 20365 人[1]，仅占嘉庆九年（1804 年）灶丁数的 25.4%。这从一个侧面为我们揭示了苏北区域经济中主导产业部门的巨大变化，由此也就不难看出当地市镇变迁的真实背景了。

（三）从"扬气"到"洋气"

作为苏北区域经济和文化发展的表征，淮、扬城市的变迁，更加直接地体现了上述的这种演变过程。

纵观明清两代，淮、扬城市的地位有了显著的变化。在元

---

[1] 《盐政汇览》民国十三年七月份第 91 编附录。

代，从大德年间的商税收入来看，真州是全国三个特大商业城镇（中统钞万锭以上）之一，但与扬州和淮安同属于大商业城镇（中统钞三千至一万锭）的城市却多达31个。及至明代，在全国的七个主要钞关（临清、河西务、淮安、扬州、浒墅、北新和九江）中，苏北地区就占了两个。而到了清代，淮、扬二关也在全国重要税关中名列前八位以内①。

淮、扬城市地位的明显提高，与河、漕、盐、关诸大政均有关系。不过，盐业的影响尤其不能忽视。这是因为：

其一，元代真州之所以跻身于特大商业城镇之列，就因为它是淮盐的集散地。明代中叶运司纳银制度确立以后，内徙的西北边商和徽歙盐商大批土著化，形成了淮、扬两地的河下盐商聚落；而且原先著籍于仪征的盐商富贾也纷纷移徙扬州，更促进了资本的汇集。嘉靖中期，"海内平乂久，江淮为京南北中，天下所辐辏，擅赢利其间、号素封者林积"。尤其是"扬州聚海内上贾"②，"以盐筴祭酒而甲天下者，初则有黄氏，后则汪氏、吴氏，相递而起，皆由数十万以汰百万者"③。这里的黄氏、汪氏和吴氏都是徽歙盐商，他们的资本一个超过一个。由于盐商巨子纷至沓来，及至清代，"盐业集中淮、扬，商

---

① 参见王珽:《元代的国内商业》(载《历史地理研究》第2辑)、林葳:《明代钞关税收的变化与商品流通》(《中国社会科学院研究生院学报》1990年第3期)、陈国栋:《清代中叶以后重要税差由内务府包衣担任的几点解释》(载许倬云、毛汉光、刘翠溶主编:《第三届社会经济史研究会论文集》)。
② [明] 汪道昆:《太函集》卷15《赠吴伯举序》。
③ 万历《歙志》卷10。

人势力足以左右天下"①，"全国金融几可控制"②。典业和钱庄等金融汇兑事业也蓬勃兴起，广陵从此成了全国最大的金融中心城市。此后，"天下殷富，莫逾江、浙；江省繁丽，莫盛苏、扬"③。

其二，由于"贾而好儒"的徽商鳞集骈至，创造了良好的文化环境，使得扬州成了清代"士大夫必游"的天下五大都会之一，与北京、南京、苏州和杭州，同为全国最重要的文化中心城市④。

在鹾务全盛时期，不仅淮扬盐商耽嗜风雅，而且，盐务官僚也以"风流总持"自居，"两淮盐政及运使素有丰称，多以财交结权贵与四方宾客，以其余赡给寒士，取声誉，皆高资也"⑤。故此，盐官门下，文人清客萃集。以乾隆时运使卢见曾（雅雨）言之，帮闲文人"或以势干，或以事干，或以歌舞、卜筮、星巫、烧炼之杂技干"，"或以诗干"，济济一堂。对此，著名诗人袁枚曾说："偶过公（指卢雅雨）门，士喁喁然以万数"⑥。揆诸实际，此话并不夸张。乾隆二十二年（1757 年），卢见曾主持虹桥修禊，作七言律诗四首，当时"和修禊韵者"竟达七千余人。从《扬州画舫录》所列的部分人物来看，这些文人清客来

① 伍承乔：《清代吏治丛谈·金山寺僧弥缝大狱》。
② 民国《歙县志》卷 1《风土》。
③ ［清］黄钧宰：《金壶浪墨》卷 1《南巡盛典》。
④ 《孔尚任诗文集》卷 6《郭匡山广陵赠言序》。
⑤ ［清］姚莹：《中复堂全集·识小录》卷 8《俞都转》。
⑥ ［清］袁枚：《小仓山房文集》卷 17《与卢都转》。

自全国的四面八方。正像光绪年间江都人薛寿所说的那样："昔所称为文望者，多借才于异地。"①这就决定了人才去留的倏忽无定，一切均取决于扬城所提供文化环境，取决于鹾商盐官财力的丰啬腴瘠，从而形成"扬州客聚如繁星，扬州客散如流萍"②的特点。一旦盐商歇业贫散，门下食客便移徙他乡。道光十五年（1835年）海陵文人陈晋元作《邗上寓舍杂述》，就颇耐人寻味：

> 冷雨酸风逼绮窗，一宵裘葛判炎凉。
> 棱棱四月寒如许，不信扬州是热场③。

从当时人的文集中，类似于此失意文人生不逢时的落寞心态随处可见。不仅是流寓文人裹足不入，土著士子也困窘不堪。薛寿就认为：

> 今之生长其乡者，恒不乏束修自好之流，大为之通经博学，小而书画篆刻，以今视昔，未遑多让，特文艺处有余而殷富不足也。

他指出，当时"友朋中笃志好古而有所不为者，多不能安

---

① ［清］薛寿：《读〈画舫录〉书后》，《学诂斋文集》卷下。
② ［清］卢见曾：《雅雨堂遗集》卷下《长歌行》。
③ ［清］陈晋元：《清味斋存稿》卷下。

于其乡。即有困守里门，取二三同志为文酒之会，屈指亦甚不易"[1]。清末光宣之际，扬州文人追怀康乾盛世，创建冶春后社，每逢花晨月夕，醵金为文酒之会，刻烛催诗。该社虽说在民初曾有过极盛时期，一时也人才辈出，蔚然可观。但据冶春后社人名表分析，统共仅只110人（见下表）。

冶春后社人名籍贯表

籍贯	江都	仪征	高邮	泰州	东台	兴化	淮安	江阴
人数	68	16	1	1	6	2	1	1
籍贯	句容	丹徒	天长	衢县	衡阳	旌德	福建	不明
人数	1	1	1	1	1	1	1	6

资料来源：董玉书《芜城怀旧录》卷1。

其中，江都、仪征籍有84名，加上其他苏北籍诗人，至少占了85%，而其他各地的诗人则不足总数的15%。冶春后社是清季民初苏北最负盛名的诗人雅集，但从以上诗人的籍贯来看，似乎昭示着原先作为全国文化中心之一的扬州，已完全蜕变而为一个地区性的文化中心。这种文化中心地位之沦落，与淮、扬城市地位的变化恰相吻合。此后，随着扬州城市经济的进一步萧条，冶春后社觞咏日稀，风雅渐衰。文人学士受米盐困累，纷纷移徙他乡。怪不得"吾扬地瘠人才弱"[2]，会成为邗上文人无可奈何的喟叹。

与扬州的衰落相似，淮安河下社区文化也因盐务的中衰而式

---

① ［清］薛寿：《读〈画舫录〉书后》，《学诂斋文集》卷下。
② 李豫曾：《北桥诗钞》卷1《送之瑛入闽》。

微。《淮安河下志》卷5《第宅》曰："当其隆也，势焰烜赫，甲第连云，寇盖阗咽；及其替也，歌台舞榭，几易主人"。诗社文坛，黯然失色。文人朱玉汝在《吊程氏柳衣、荻庄二废园》诗中吟咏道："盐醝事业尽尘沙，文酒芳名挂齿牙"。显而易见，乾嘉年间扶助风雅、宾朋酬唱的文人雅集，早已成了过眼烟云。

淮、扬文化的式微，还可以从它与其他城市的关系中窥其端倪。据嘉庆《上海县志》卷1《风俗》记载："城内慕苏、扬之余风。"随着盐业的衰落，河下社区文化也迅速衰微，及至乾隆晚期，一些提倡风雅的绅商，如马曰琯、江春"诸诗人零落殆尽，而商人亦无能知风雅者"[①]。盐商文化开始趋于末流，"富贵则流于逸乐"[②]。到了道光间，"扬州耆旧如晨星，提倡风雅者绝无人，而鉴藏书画之风，亦久阒寂"[③]，"从此名士舟，不向扬州泊"[④]。此后，因财力消乏，原先的徽商西贾，纷纷退出了历史舞台。道光时人曹氏指出：

　　作事轩昂，向日"扬气"，以江南盐商扬州为多，其作事尽事奢华也。今则竟曰"洋气"[⑤]。

这反映了盐商社区文化的彻底衰落，以及近代资本主义洋场

---

① ［清］袁枚《随园诗话》卷3。
② ［清］薛寿：《读〈画舫录〉书后》，《学诂斋文集》卷下。
③ ［清］梁章钜：《浪迹丛谈》第3卷《童石塘郡丞》。
④ ［清］阮元：《广陵诗事》卷7。
⑤ ［清］曹晟：《夷患备尝记·事略附记》。此话为曹晟之父于道光二十年（1840）以前所言。

文化的勃兴。可见，所谓"苏、扬之余风"，实际上指的就是前述的"扬气"。随着淮、扬城镇及文化的衰落，"洋气"迅速取代了"扬气"，成为海内人人艳羡惊叹的生活方式。关于这一点，成书于道光年间的《风月梦》（邗上蒙人著），就处处流露出对上海洋场文化的韵羡和向往。

主要参考文献

一、奏折、档案、政典及史料汇编

《关于江宁织造曹家档案史料》，故宫博物院档案部编，中华书局 1975 年版。

《李煦奏折》，故宫博物院档案部编，中华书局 1976 年版。

《宫中档雍正朝奏折》，（台北）台湾故宫博物院印行，1977 年版。

《宫中档乾隆朝奏折》，（台北）台湾故宫博物院印行，1982 年版。

《明实录》，台湾"中央研究院"历史语言研究所校印，1962 年版。

《明史》，〔清〕张廷玉等撰，中华书局 1974 年版。

《清史稿》，赵尔巽等撰，中华书局 1977 年版。

《大清历朝实录》，（台北）台湾华文书局股份有限公司印行 1970 年版。

《明会典》，〔明〕申时行等修，万历朝重修本，中华书局 1988

年版。

《明经世文编》，［明］陈子龙等选辑，中华书局 1962 年版。

《续文献通考》，［明］王圻撰，现代出版社 1986 年版。

《皇朝经世文编》，［清］贺长龄辑，"近代中国史料丛刊"（沈云龙主编，（台北）台湾文海出版社出版）。

《皇朝经世文续编》，［清］葛士浚辑，"近代中国史料丛刊"。

《皇朝经世文三编》，［清］陈忠倚辑，"近代中国史料丛刊"。

《皇朝经世文四编》，［清］何良栋辑，"近代中国史料丛刊"。

《皇朝经世文新编续集》，［清］杨凤藻编，"近代中国史料丛刊"。

《皇朝经世文编续编》，［清］盛康辑，"近代中国史料丛刊"。

《皇朝政典类纂》，［清］度裕福、沈师徐辑，"近代中国史料丛刊"。

《南巡盛典》，［清］高晋辑，光绪壬午年（1882 年）秋七月上海点石斋缩印本，"近代中国史料丛刊"。

《古今图书集成》，［清］陈梦雷纂，中华书局、巴蜀书局 1988 年版。

《古今图书集成续编初稿》，杨家骆主编，（台北）台湾鼎文书局 1977 年版。

《小方壶斋舆地丛钞》，［清］王锡祺辑，杭州古籍书店 1985 年影印版。

《天下郡国利病书》，［明］顾炎武著，"四库善本丛书初编"。

《清朝掌故汇编内、外编》，张寿镛等纂，"近代中国史料丛刊三编"。

《明实录经济资料选编》，郭厚安编，中国社会科学出版社1989年版。

《明清徽商资料选编》，张海鹏等编，黄山书社1985年版。

二、盐务专志

康熙《两淮盐法志》，〔清〕谢开宠总纂，（台北）台湾学生书局刊，"中国史学丛书"（吴相湘主编）。

嘉庆《两淮盐法志》，〔清〕铁保撰，同治九年（1870年）扬州书局重刊本。

光绪《两淮盐法志》，〔清〕王定安总纂，魏光焘等修，光绪三十一年（1905年）金陵刊本，上海图书馆藏。

《清盐法志》，盐务署辑，1920年铅印本。

《盐法通志》，〔清〕周庆云纂，1914年文明书局铅印本。

《淮鹾纪略》，〔清〕陈炳辑录，道光鱼湾官舍钞本，安徽省图书馆藏。

《淮鹾备要》，〔清〕李澄辑，道光三年（1823年）刊本。

《两淮盐务资料》，夏伯雨等辑，1964年扬州师范学院图书馆抄本。

《淮南通泰二十场调查一览表》，朱克谐、肖韩均同编，刊刻年地不详，扬州师范学院图书馆藏。

《淮南盐法纪要》，〔清〕庞际云编，同治十二年（1873年）淮南书局刊本。

《淮北票盐志略》，〔清〕童濂、许宝书等编，同治七年（1868年）刊本。

《淮北票盐续略》，［清］许宝书编，同治九年（1870 年）刊本。

《两淮盐法撮要》，陈庆年著，益智社铅印本。

《盐政汇览》一〇二编，盐务署编，1925 年盐务署铅印本。

《淮南醝务文牍》，不著编辑人，鞠华吟馆抄本。

《南醝志要》，题"［清］冰壶外史辑"，光绪间刊本。

《淮醝驳案类编》，［清］陈方坦，光绪十八年（1892 年）金陵刊本。

《淮醝问答》，［清］周济撰，光绪中周佐臣刊本。

《中国盐政实录》，戴传贤题签，铅印本。

三、地方志

《江苏省鉴》，赵如珩编，民国二十四年（1935 年）铅印本，"中国方志丛书"（台北：成文出版社出版）。

《江苏省地志》，赵长傅编，民国二十五年（1936 年）铅印本，"中国方志丛书"。

嘉靖《惟扬志》，［明］朱怀幹修、盛仪等辑，"天一阁明代方志选刊"（上海古籍书店 1981 年版）。

万历《扬州府志》，［明］杨洵修，徐銮、陆君弼等纂，万历二十九年（1601 年）修，三十三年（1605 年）刻本，上海图书馆藏。

康熙《扬州府志》，［清］金镇纂修，1962 年江苏扬州古旧书店复制油印本。

雍正《扬州府志》，［清］尹会一、程梦星等纂修，雍正十一年（1733 年）刊本。

嘉庆《扬州府志》，〔清〕阿克当阿等修，姚文田等纂，嘉庆十五年（1810 年）刊本，"中国方志丛书"。

同治《续纂扬州府志》，〔清〕英杰等修，晏端书等纂，同治十三年（1874 年）刊本，"中国方志丛书"。

《扬州丛刻》，〔清〕李斗等撰，陈恒和辑刻，民国刊本，"中国方志丛书"。

《（扬州）北湖小志》，〔清〕焦循著，嘉庆十三年（1808 年）刊本，"中国方志丛书"。

《（扬州）北湖续志》，〔清〕阮先著，道光二十七年（1847 年）扬州阮氏刻。

《平山堂图志》，〔清〕赵之璧编纂，乾隆三十年（1765 年）刊，光绪九年（1883 年）重刊本，"中国方志丛书"。

万历《江都县志》，〔明〕张宁修，陆君弼纂，万历二十七年（1599 年）刻本，"稀见中国地方志汇刊"第 12 册（北京：中国书店 1992 年版）

雍正《江都县志》，〔清〕陆朝玑修，程梦星、蒋继轼纂，雍正七年（1729 年）刻本，上海图书馆藏。

乾隆《江都县志》，〔清〕高士钥、五格等纂，乾隆八年（1743 年）刊，光绪七年（1881 年）重刊本，"中国方志丛书"。

嘉庆《江都县续志》，〔清〕王逢源、李保泰同辑，嘉庆十六年（1811 年）刊，光绪六年（1880 年）重刊本，"中国方志丛书"。

光绪《江都县续志》，〔清〕谢廷庚、刘寿曾等纂，光绪九年（1883 年）刊本，"中国方志丛书"。

民国《重修江都县志》，钱祥保等修，桂邦杰纂，民国十五年（1926年）刊本，"中国方志丛书"。

民国《江都县新志》，陈燊修，陈懋森纂，民国二十六年（1937年）刻本。

乾隆《甘泉县志》，［清］吴鹗峙修，厉鹗等纂，乾隆八年（1743年）刊本。

光绪《增修甘泉县志》，［清］洪汝奎等修，徐成敿等纂，光绪七年（1881年）刊本，"中国方志丛书"。

民国《甘泉县续志》，钱祥保等修，桂邦杰纂，民国十五年（1926年）刊本，"中国方志丛书"。

《扬州西山小志》，［清］林溥撰，抄本，扬州师范学院图书馆藏。

嘉庆《瓜洲志》，［清］吴耆德、王养度等纂修，冯锦编辑，民国抄本。

民国《瓜洲续志》，［清］于树滋编辑，民国十六年（1927年）铅印本。

隆庆《仪征县志》，［明］申嘉瑞修，李文等纂，"天一阁明代方志选刊"。

康熙《仪征县志》，［清］陆师纂修，1982年江苏扬州古旧书店抄本。

道光《重修仪征县志》，［清］王检心修，刘文淇等纂，光绪十六年（1890年）刻。

天启《淮安府志》，［明］宋祖舜修，方尚祖纂，明天启六年（1626年）刻，崇祯增刻本，清顺治六年（1649年）修锓本，江苏淮安市图书馆藏。

乾隆《淮安府志》，〔清〕卫哲治等纂修，陈琦等重刊，乾隆十三年（1748 年）修，咸丰二年（1852 年）重刊本，"中国方志丛书"。

光绪《淮安府志》，〔清〕孙云锦等修，吴昆田等纂，光绪十年（1884 年）刊本，"中国方志丛书"。

乾隆《山阳志遗》，〔清〕吴玉搢纂，1922 年刊本。

同治《重修山阳县志》，〔清〕文彬、孙云等纂修，同治十二年（1873 年）刊本，"中国方志丛书"。

民国《续纂山阳县志》，周钧、段朝瑞纂，民国十年（1921年）刊本。

《淮安河下志》，王觐宸纂、程业勤增订，抄本，江苏淮安市图书馆藏。

光绪《重修安东县志》，〔清〕金元烺修、吴昆田等纂，光绪元年（1875 年）刊本，"中国方志丛书"。

咸丰《清河县志》，〔清〕吴棠修、鲁一同纂，同治四年（1854 年）刊本。

光绪《清河县志》，〔清〕胡裕燕等修，吴昆田等纂，光绪二年（1876 年）刊本，"中国方志丛书"。

民国《续纂清河县志》，刘樾寿等修，范昆纂，1938 年刻本。

民国《淮阴志征访稿》，徐钟龄撰，1982 年江苏扬州古旧书店抄本。

《王家营志》，张震南撰，"中国地方志集成·乡镇志专辑"，江苏古籍出版社 1992 年版。

隆庆《海州志》，［明］张峰纂修，"天一阁明代方志选刊"。

嘉庆《海州直隶州志》，［清］唐仲冕等修，汪梅鼎纂，嘉庆十六年（1811 年）刊本。

《海州文献录》，［清］许乔林编辑，道光乙巳（1845 年）序，手抄本，江苏扬州师范学院图书馆藏。

道光《云台新志》，［清］许乔林纂辑，道光十一年（1831年）修，光绪二十一年（1895 年）重刊本，"中国方志丛书"。

光绪《赣榆县志》，［清］王豫熙修，张謇等纂，光绪十四年（1888 年）刊本，"中国方志丛书"。

万历《泰州志》，［明］李存信修，黄佑、章文斗编纂，1982 年江苏扬州古籍书店抄本。

崇祯《泰州志》，［明］李自滋修，刘万春纂，1982 年江苏扬州古籍书店抄本。

道光《泰州志》，［清］王有庆等修，陈世镕纂，道光七年（1827 年）刊本。

《续纂宣统泰州志》，［清］韩国钧、刘显曾等纂，江苏扬州古旧书店抄本。

《泰州乡土志》，［清］马锡纯编，光绪三十四年（1908 年）锦章书局石印本。

万历《盐城县志》，［明］杨瑞云修，夏应星纂，万历二十一年（1593 年）刊本，"中国方志丛书"。

乾隆《盐城县志》，［清］黄垣重修，沈俨编纂，江苏扬州古旧书店油印本。

光绪《盐城县志》，[清]刘崇照、陈玉树纂修，光绪二十一年（1895年）刊本。

民国《续修盐城县志》，胡应庚、陈钟凡纂，1936年印。

《盐城县乡土历史》，印鸾章纂，民国八年（1919年）商务印书馆排印本。

《盐城县乡土地理》，印鸾章纂，民国八年（1919年）商务印书馆排印本。

乾隆《小海场新志》，[清]林正青编辑，1983年江苏泰州新华书店古旧部传抄本。

《姜堰乡土志》，钱锡万编，民国六年（1917年）文明书社石印本。

《东台县栟茶市乡土志》，张正藩、缪文功编，民国间修，抄本。

《丰利镇志》，丰利镇志编写组，1981年12月。

《掘港镇志》，掘港镇志编写组，1981年9月。

嘉庆《高邮州志》，[清]杨宜崙修，夏之蓉增纂，嘉庆十八年（1813年）增修，道光二十五年（1845年）重校本，"中国方志丛书"。

道光《续增高邮州志》，[清]左辉春等纂辑，道光二十三年（1843年）刊本，"中国方志丛书"。

光绪《再续高邮州志》，[清]龚定瀛修，夏子鐊纂，光绪九年（1883年）刊本，"中国方志丛书"。

民国《三续高邮州志（附补遗）》，胡为和修，高树敏纂，民国十一年（1922年）刊本，"中国方志丛书"。

光绪《阜宁县志》，［清］阮本焱修，陈肇礽等纂，光绪十二年（1886年）刊本。

民国《阜宁县新志》，吴宝瑜修、庞友兰纂，民国二十三年（1934年）铅印本，"中国方志丛书"。

嘉庆《东台县志》，［清］周右修，蔡夏午等纂，嘉庆二十一年（1816年）刊，道光十年增刊本。

《东台采访见闻录》，［清］王璋纂辑，1973年江苏泰州新华书店古旧部抄本。

《江苏东台县民政事略》，杨葆寅辑，铅印本。

弘治《州乘资》，［明］邵潜纂修。

嘉靖《通州志》，［明］钟汪修，林颖等纂。

万历《通州志》，［明］沈明臣纂修，林云程订正。

康熙《重修通州志》，［清］王宜亨修，王傚通、王兆陞纂，1962年江苏南通图书馆油印本。

乾隆《直隶通州志》，［清］王继祖主修，夏之蓉编纂，乾隆二十年（1755年）刊本。

光绪《通州直隶州志》，［清］梁悦馨等修，季念诒等纂，光绪元年（1875年）刊本。

《州乘一览》，［清］汪崇撰，民国廿九年（1940年）江苏南通文献征集会排印本。

《海曲拾遗续补》，［清］金榜纂、徐缙续补，嘉庆二十三年（1818年）徐氏芸晖阁补刻本，江苏南通市图书馆藏。

《崇川咫闻录》，［清］徐缙、杨廷撰纂，道光十年（1830年）徐氏芸晖阁刻本。

《南通县乡土志》，不著撰人，钞本，民国初年修。

嘉庆《如皋县志》，［清］杨受延主修，马汝舟等纂，嘉庆十三年（1808 年）刊本，"中国方志丛书"。

道光《如皋县续志》，［清］范仕义等修，吴铠纂，道光十七年（1837 年）刊本，"中国方志丛书"。

同治《如皋县续志》，［清］周际霖等修，周项等纂，同治十二年（1873 年）刊本。

《海安考古录》，［清］王叶衢纂，咸丰五年（1855 年）纂，民国二年（1913 年）抄本。

嘉庆《长沙县志》，［清］赵文在等修，易文基等纂，嘉庆十五年（1810 年）刊，二十二年（1817 年）增补本，"中国方志丛书"。

《汉口丛谈》，［清］范锴辑，道光二年（1822 年）刊本，"中国方志丛书"。

《淮关统志》，［清］杜琳等修，元成等续纂，清嘉庆廿一年（1816 年）续纂，光绪七年（1881 年）重刊本，"中国方志丛书"。

康熙《徽州府志》，［清］丁廷楗修，赵吉士纂，康熙三十八年（1699 年）刊本。

道光《徽州府志》，［清］马步蟾修，夏銮纂，道光七年（1827 年）刊本。

康熙《歙县志》，［清］靳治荆、吴苑等纂修，康熙年间刊本，"中国方志丛书"。

乾隆《歙县志》，［清］张佩芳修，刘大櫆纂，乾隆三十六年

（1771 年）刊本，"中国方志丛书"。

道光《歙县志》，〔清〕劳逢源、沈伯棠等纂修，道光八年（1828 年）刊本，"中国方志丛书"。

民国《歙县志》，〔民国〕石国柱等修，许承尧纂，民国二十六年（1937 年）铅印本，"中国方志丛书"。

康熙《休宁县志》，〔清〕廖腾煃等修，康熙廿九年（1690 年）刊本，"中国方志丛书"。

同治《祁门县志》，〔清〕周溶修，汪韵珊纂，同治十二年（1873 年）刊本，"中国方志丛书"。

《黟县三志》，〔清〕谢永泰修，程鸿诏等纂，同治九年（1870 年）刊本，"中国方志丛书"。

《丰南志》，吴吉祜撰，稿本复印件，安徽省图书馆特藏部藏。

四、文集、诗集、年谱、家谱等

《端简郑公文集》，〔明〕郑晓，万历庚子（1600 年）刻本，复旦大学古籍所复印本。

《金太史集》，〔明〕金声著，新安程定之刊本，安徽省图书馆藏。

《楝亭集》，〔清〕曹寅著，据上海图书馆藏清康熙刻本影印，"近代中国史料丛刊三编"。

《铜鼓书堂遗稿》，〔清〕查礼撰，乾隆本，安徽省图书馆藏。

《沙河逸老小稿》，〔清〕马曰琯撰，粤雅堂丛书本。

《小言集》，〔清〕王敬之著，道光刊本。

《研经堂集》，阮元撰，道光癸未（1823年）文远楼刊本。

《宦游纪略》，［清］桂超万著，"近代中国史料丛刊"。

《安吴四种》，［清］包世臣著，"近代中国史料丛刊"。

《陶文毅公（澍）全集》，［清］许乔林编，"近代中国史料丛刊"。

《陆文节公（建瀛）奏议》，卢靖辑，"近代中国史料丛刊"。

《柏枧山房诗文集》，［清］梅曾亮著，咸丰元年（1851年）刊。

《慎其余斋文集》，［清］王赠芳撰，咸丰甲寅（1854年）留香书屋刊本。

《耐庵奏议存稿》，［清］贺长龄著，"近代中国史料丛刊"。

《通甫类稿》，［清］鲁一同著，"近代中国史料丛刊"。

《求牧刍言》，［清］阮本焱著，"近代中国史料丛刊"。

《鲒埼亭集》，［清］全祖望撰，史梦蛟校，同治十一年（1872年）刊本。

《刘忠诚公（坤一）遗集》，［清］欧阳辅之编，"近代中国史料丛刊"。

《退庵随笔》，［清］梁章钜著，光绪元年（1875年）福州梁氏藏版校刊本，"近代中国史料丛刊"。

《二知轩文存》，［清］方浚颐著，光绪四年（1878年）刻本，"近代中国史料丛刊"。

《养一斋文集》，［清］李兆洛撰，光绪戊寅（1878年）刊本。

《樊榭山房全集》，［清］厉鹗著，光绪甲申（1884年）钱唐汪氏振绮堂刊，"近代中国史料丛刊"。

《丁文诚公（宝桢）遗集》，［清］罗文彬编，光绪十九年

（1893 年）刻本，"近代中国史料丛刊"。

《丁中丞（日昌）政书》，温廷敬编，"近代中国史料丛刊续辑"。

《真州汪氏家集》，［清］汪佩珩辑，光绪乙未（1895 年）上洋飞鸿阁书林石印本。

《小谟觞馆全集》，［清］彭兆荪撰，光绪三十二年（1906 年）刊。

《学诂斋文集》，［清］薛寿撰，光绪十五年（1889 年）广雅书局刻本。

《振绮堂丛书初集》，［清］汪康年辑，宣统庚戌（1910 年）刊本，"近代中国史料丛刊"。

《江都汪氏丛书》，［清］汪中、汪喜孙撰，秦更年等辑，1925 年中国书店影印。

《张季子九录》，张謇著，1932 年中华书局聚珍仿宋版，"近代中国史料丛刊续辑"。

《传雅堂文集·诗集》，［清］刘寿曾撰，1937 年仪征刘氏铅印本。

《休庵集》，陈懋森撰，1942 年铅印本。

《郑板桥集》，［清］郑燮著，中华书局上海编辑所编，1962 年版。

《孔尚任诗文集》，汪蔚林编，中华书局 1962 年版。

《林则徐集》，中山大学历史系、中国近现代史教研组、研究室编，北京：中华书局 1965 年版。

《冬心先生集》，［清］金农撰，上海古籍出版社 1979 年影印本。

《溉堂集》，〔清〕孙枝蔚撰，上海古籍出版社 1979 年影印本。

《留春草堂诗钞》，〔清〕伊秉绶撰，嘉庆刊本。

《赏雨茅屋诗集》，〔清〕曾燠撰，嘉庆二十四年（1819 年）刊本。

《雅雨堂诗集·出塞集·文集》，〔清〕卢见曾，道光间清雅堂刊本。

《陋轩诗续》，〔清〕吴嘉纪著，道光泰州夏氏刊本。

《养默山房诗录》，〔清〕谢元淮撰，清道光己亥（1839 年）知足之足斋刊本。

《清味斋存稿》，〔清〕陈晋元撰，道光二十八年（1848 年）刊本。

《瓯北诗钞》，〔清〕赵翼撰，同治十三年（1874 年）旧学山房刊本。

《啸云轩诗集》，〔清〕程畹撰，光绪刊本。

《小醉经室诗集》，〔清〕徐廷珍撰，光绪十年（1884 年）江都徐氏刊本。

《畹香楼诗稿》，〔清〕梁兰漪撰，光绪乙未年（1895 年）上洋飞鸿阁书林石印本。

《小游船诗》，〔清〕辛汉清著，光绪壬寅年（1902 年）刊本。

《希陶轩诗钞》，〔清〕黄图成撰，宣统元年（1909 年）铅印本。

《听雨轩诗存》，〔清〕刘桂华著，1913 年刻本。

《海陵丛刻》，韩国钧辑，民国八年（1919 年）至十三年（1924 年）韩氏铅印本。

《晖吉堂集·山中集·北潮集·宦游诗》，［清］林溥撰，1923 年晖吉堂刊本。

《蜗牛庐诗草》，［清］焦振鹏撰，1925 年铅印本。

《北桥诗钞》，李豫曾撰，1934 年铅印本。

《广陵诗事》，［清］阮元撰，商务印书馆"丛书集成初编"，民国二十八年（1939 年）初版。

《张介侯（澍）所著书》，［清］张澍撰，"明清未刊稿汇编"初辑，（台北）台湾联经出版事业公司 1976 年版。

《随园诗话》，［清］袁枚著，人民文学出版社 1982 年版。

《梁启超论清学史二种》，朱维铮校注，复旦大学出版社 1985 年版。

《阎潜邱先生年谱》，［清］张穆编，商务印书馆"丛书集成初编"，民国二十六年（1937）版。

《仪征刘孟瞻（文淇）先生年谱》，小泽文四郎编，文思楼刊本，"近代中国史料丛刊"。

《李申耆（兆洛）年谱》，［清］蒋彤编，南林刘氏嘉业堂刊，"近代中国史料丛刊"。

《李士桢李煦父子年谱》，王利器编，北京出版社 1983 年版。

《新安程氏世谱》，［清］程佐衡修，光绪十九年（1893 年）铅印本。

《吴氏自徽迁润宗谱》，［清］吴兆麟修，光绪十九年（1893 年）刊本。

《胡适口述自传》，唐德刚译注，华东师范大学出版社 1993 年版。

五、笔记、小说及其他民俗史料

《广志绎》，［明］王士性著，中华书局 1981 年版。

《五杂组》，［明］谢肇制著，（台北）台湾伟文图书出版社有限公司 1977 年版。

《万历野获编》，［明］沈德符著，中华书局 1959 年版。

《七修类稿》，［明］郎瑛著，中华书局 1959 年版。

《淮城纪事》，［明］佚名著，见《东南纪事》（"中国历史研究资料丛书"，上海书店出版社 1982 年复印本）。

《扬州变略》，［明］佚名著，同上。

《陶庵梦忆》，［明］张岱著，见"美化文学名著丛刊"，上海书店出版社 1982 年版。

《三垣笔记》，［明］李清撰，中华书局 1982 年版。

《扬州十日记》，［清］王秀楚撰，见"扬州丛刻"第 3 册。

《邗江三百吟》，［清］林苏门撰，嘉庆戊辰（1808 年）刊本。

《扬州营志》，［清］陈述祖纂，江苏扬州古旧书店抄本。

《淮壖小记》，［清］范一煦，咸丰五年（1855 年）刊本，江苏淮安图书馆藏。

《扬州劫余小志》，［清］臧毂撰，抄本。

《杭俗遗风》，［清］范祖述著，同治丁卯（1867 年）刻本。

《十二砚斋文录》，［清］汪鋆撰，同光间刊本。

《山阳河下园亭记》，［清］李元庚著，江苏淮安市图书馆藏。

《意园文略》，［清］杨钟羲编，宣统二年（1910 年）刊本。

《扬州梦》，［清］焦东周生，民国间广益书局石印本。

《金壶七墨全集》，［清］黄钧宰著，民国十八年（1929 年）

上海扫叶山房石印本，"近代中国史料丛刊"。

《扬州风土记略》，徐谦芳（益吾）著，民国三十四年（1945年）手抄本，另有《扬州风土小记》稿本，均藏扬州市图书馆。

《芜城怀旧录》，董玉书编，1947 年铅印本。

《国朝遗事纪闻》，汤殿三著，扬州师范学院图书馆藏。

《云在山房丛书》三种，杨寿枏辑，"近代中国史料丛刊"。

《苌楚斋随笔·续笔·三笔》，刘声木著，"近代中国史料丛刊"。

《茶余客话》，［清］阮葵生，中华书局 1959 年版。

《咸同广陵史稿》，［清］不著撰人，1960 年扬州人民出版社刻本。

《扬州画舫录》，［清］李斗著，中华书局 1960 年版。

《赖古堂集》，［清］周亮工撰，上海古籍出版社 1979 年版。

《履园丛话》，［清］钱泳著，中华书局 1979 年版。

《清朝野史大观》，上海书店出版社 1981 年版。

《不下带编、巾箱说》，［清］金埴撰，中华书局 1982 年版。

《霞外捃屑》，［清］平步青著，上海古籍出版社 1982 年版。

《浪迹丛谈》，［清］梁章钜著，福建人民出版社 1983 年版。

《柳南随笔·续笔》，［清］王应奎著，中华书局 1983 年版。

《清稗类钞》，徐珂编撰，中华书局 1986 年版。

《客窗闲话》，［清］吴炽昌著，石继昌校点，时代文艺出版社 1987 年版。

《梦厂杂著》，［清］俞蛟，上海古籍出版社 1988 年版。

《石点头》，［明］天然痴叟著，上海古籍出版社 1953 年版。

《初刻拍案惊奇》，[明]凌濛初著，青海人民出版社1981年版。

《二刻拍案惊奇》，[明]凌濛初著，青海人民出版社1981年版。

《儒林外史》，[清]吴敬梓著，李汉秋辑校，上海古籍出版社会校会评本，1984年版。

《豆棚闲话》，[清]艾衲居士编著，人民文学出版社1984年版。

《红楼梦》，[清]曹雪芹著，上海古籍出版社1988年版。

《风月梦》，[清]邗上蒙人撰，北京大学出版社1990年版。

《商贾便览》，[清]吴中孚辑，乾隆五十七年（1792年）坊刊本，安徽省图书馆藏。

《歙县馆录》，[清]汪廷栋辑，清活字本。

《重续歙县会馆录》，[清]徐上镛重编，道光十四年（1834年）刻本。

《中华风俗志》，胡朴安编，上海文艺出版社1988年版。

《扬州风土词萃》（计《广陵竹枝词》等17种），江苏扬州古旧书店集手抄本，1961年9月，扬州师范学院图书馆藏。

《安徽乡土谚语》，崔莫愁编，黄山书社1991年版。

《安徽竹枝词》，欧阳发、洪纲编，黄山书社1993年版。

《申报》缩印本，上海书店出版社1982年版。

六、专著及主要论文

《盐政辞典》，林振翰撰，自序于民国十五年（1926年），郑州：中州古籍出版社1988年版。

《中国盐政史》，曾仰丰著，商务印书馆1937年版。

《中国盐书目录》，何维凝编，初版自序作于民国三十一年

（1942 年），"近代中国史料丛刊续编"。

《两淮水利》，胡焕庸著，正中书局 1947 年版。

《明清时代商人及商业资本》，傅衣凌著，人民出版社 1956 年版。

《明清社会史论》（The Ladder of Success in Imperial China: Aspects of Social Mobility, 1368—1911）何炳棣著，1962 年第 1 版，哥伦比亚大学 1980 年平装本。

《清代扬州学记》，张舜徽著，上海人民出版社 1962 年版。

《清代两淮盐场的研究》，（台湾）徐泓著，嘉新水泥公司文化基金会研究论文第 206 种，1972 年版。

《中国经济史考证》第 3 卷，［日］加藤繁著，吴杰译，商务印书馆 1973 年版。

《中国史研究》第一，［日］佐伯富，同朋社刊，1978 年第 2 版。

《昆曲演出史稿》，陆萼庭著、赵景深校，上海文艺出版社 1980 年版。

《扬州市地名录》，扬州市地名委员会编，1982 年版。

《明清徽州农村社会与佃仆制》，叶显恩著，安徽人民出版社 1983 年版。

《苏北盐垦史初稿》，孙家山著，农业出版社 1984 年版。

《扬州典艺史话》，韦人、韦明铧著，中国曲艺出版社 1985 年版。

《徽商研究论文集》，《江淮论坛》编辑部编，安徽人民出版社 1985 年版。

《中国运河城市发展史》，傅崇兰著，四川人民出版社 1985

年版。

《康雍乾三帝评议》，左步青选编，紫禁城出版社 1986 年版。

《中国现代化的区域研究（江苏省，1860—1916）》，王树槐著，（台北）"中央研究院"近代史研究所 1986 年版。

《徽州社会经济史研究译文集》，刘淼辑译，黄山书社 1987 年版。

《评黄山诸画派文集》，安徽省文化艺术研究所编，上海人民美术出版社 1987 年版。

《士与中国文化》，余英时著，上海人民出版社 1987 年版。

《清代的盐政和盐税》，陈锋著，中州古籍出版社 1988 年版。

《昆剧发展史》，胡忌、刘致中著，中国戏剧出版社 1989 年版。

《1368—1953 中国人口研究》，何炳棣著，葛剑雄译，上海古籍出版社 1989 年版。

《扬州园林品赏录》，朱江著，上海文化出版社 1990 年版。

《中国家族制度史》，徐扬杰著，人民出版社 1992 年版。

《商人与中国近世社会》，唐力行著，"中国社会史丛书"，浙江人民出版社 1993 年版。

《中国十大商帮》，张海鹏、张海瀛主编，黄山书社 1993 年版。

《徽商研究论文集（一）》，黄山市社会科学联合会、《徽州社会科学》编辑部编，1994 年印。

The Salt Merchants of Yang-chou: A Study of Commercial Capitalism in Eighteenth-Century China,［美］何炳棣，原文载 Harvard Journal of Asiatic Studies, 17,（1954），后收入《中国经济发展史论文选集》（于宗先、王业键等编，（台北）台湾联经出

版事业公司 1980 年版）下册。

《茔田、墓田与徽商宗族组织——〈歙西溪南吴氏先茔志〉管窥》，郑振满，《安徽史学》1988 年第 1 期。

《徽商及其网络》，[日] 臼井佐知子，译文载《安徽史学》1991 年第 4 期。

《徽商与扬州》，朱宗宙，《扬州师院学报》1991 年第 2 期。

《明清两淮盐商与扬州青楼文化》，王振忠，《复旦学报》1991 年第 3 期。

《明清扬州盐商社区文化及其影响》，王振忠，《中国史研究》1992 年第 2 期。

《明清两淮盐商与扬州城市的地域结构》，王振忠，《历史地理》第 10 辑，上海人民出版社 1992 年版。

《清代两淮盐业盛衰与苏北区域之变迁》，王振忠，《盐业史研究》1992 年第 4 期。

《近五百年来自然灾害与苏北社会》，王振忠，《江淮水利史论文集》，中国水利学会水利史研究会、江苏省水利学会、淮阴市水利学会 1993 年印。

《清代江南三大政与苏北城镇的盛衰变迁》，邹逸麟、王振忠，《庆祝王钟翰先生八十寿辰学术论文集》，辽宁大学出版社 1993 年版。

《清代汉口盐商研究》，王振忠，《盐业史研究》1993 年第 3 期。

《袁枚与淮、扬盐商——十八世纪士、商关系的一个考察》，王振忠，《盐业史研究》1993 年第 4 期。

《徽商与两淮盐务"月折"制度初探》，王振忠，《江淮论坛》1993 年第 4 期。

《清代两淮盐务首总制度研究》，王振忠，《历史档案》1993 年第 4 期。

《明清时期徽商社会形象的文化透视》，王振忠，《复旦学报》1993 年第 6 期。

《两淮"商籍"何以无徽商》，王振忠，《盐业史研究》1994 年第 1 期。

《歙县明清徽州盐商故里寻访记》，王振忠，《盐业史研究》1994 年第 2 期。

《明清浙江盐商、徽歙新馆鲍氏研究——读〈歙新馆鲍氏著存堂宗谱〉》，王振忠，《徽州社会科学》1994 年第 2 期。

《明清两淮盐业与扬州城市人口数的再认识》，王振忠，《盐业史研究》1994 年第 3 期。

《明清淮南盐业与仪征民俗》，王振忠，《盐业史研究》1994 年第 4 期。

《明清淮安河下徽州盐商研究》，王振忠，《江淮论坛》1994 年第 5 期。

《从祖籍地缘到新的社会圈——关于明清时期侨寓徽商土著化的三个问题》，王振忠，《原学》（中国广播电视出版社出版 1995 年版）第 2 辑。

《明清两淮盐商与苏北城镇之变迁》，王振忠，《历史地理》第 12 辑，上海人民出版社 1995 年版。

《两淮盐业与明清扬州城市文化》，王振忠，《盐业史研究》1995年第3期。

《徽州"五通（显）"与明清以还福州的"五帝"信仰》，王振忠，《徽州社会科学》1995年第1—2期。

附录 1

徽商与盐务官僚
——从历史档案看乾隆后期的两淮盐政

乾隆时期是清代两淮盐政制度由正常到紊乱的转折关头，虽然以往史家对此已有粗线条的勾勒，但其嬗变的轨迹仍然值得深入探讨，这显然有赖于新史料的收集和利用。此前，中国第一历史档案馆陆续整理、披露了几件档案，其中有两件是有关乾隆后期的历史档案——一件题作《乾隆五十一年骆愉因呈递〈盐法策〉获罪案》(载《历史档案》1992 年第 1 期，以下简称"《盐法策》案")，内容是清乾隆五十一年（1786 年）九月，侨寓扬州的滁州文人骆愉呈递《盐法策》，历陈盐政弊端、揭发鹾务官僚纳贿等，被地方官拿获，继而送京审讯，照大逆罪处斩。另一件题作《乾隆五十九年查办巴宁阿与盐商交结联宗案》(载《历史档案》1994 年第 1 期，以下简称"交结联宗案")，内容是乾隆五十九年（1794 年）热河安远庙大殿琉璃瓦脱落数十陇，并将下面的两层檐瓦全部砸坏。当时，乾隆皇帝正好驻跸热河，闻听此事勃然大怒，传旨严肃追究责任。结果，负责此项工程的户部右侍郎、总管内务府大臣巴宁阿被革去花翎黄褂，交内务府严查治罪。顺藤摸瓜，抖出了一桩"与盐商交结联宗"的大案。上述的两件档案资料，对于探究乾隆后期的两淮盐政，提供了绝佳的史料。

（一）

梁启超先生在《清代学术概论》一书中曾指出："淮南盐商既穷极奢欲，亦趋时尚，思自附于风雅，竞蓄书画图器，邀名士鉴定，洁亭舍，丰馆谷以待。"显然，这道出了有清一代扬州盐商慕悦风雅、招养文人食客的生活方式。不过，在清代前期，"广陵据南北之胜，文人寄迹，半于海内"①。两淮盐商在与形形色色文人清客的交往中，也有着相当不愉快的另一侧面，而"《盐法策》案"之发生，就是由此种因素所促成。

首先，我们来看看"《盐法策》案"当事人骆愉的身份。据骆愉在扬州之房主孙廷供单称：

那骆愉是滁州人，他于去年八月十六日到我店内住下，说来觅馆的，每日房饭钱八十文。不料他贫苦得狠，欠下房

---

① 《孔尚任诗文集》卷6《广陵听雨诗序》。

饭钱十八千有零不还。……今年八月二十日出去，到二十一日就有甘泉县来查他物件，我跟著检点，有破书几本、破衣几件，并无别的物件①。

显然，骆愉是位穷困潦倒的读书人。至于他在扬州谋生的手段，据盐务总商汪晋泰之子、捐职布政使汪文瑜供称：

那骆愉是滁州人，向在仪征、扬州作客，专写匾对，父亲在日烦他写过对联，送十四两，骆愉嫌少，又加送四两后，因他情性不好，就与绝交……②

清代前期在扬州，撰写匾对的人相当之多③，而商贾则是这些文人清客的最大买家。其中比较上乘的如"扬州八怪"之一的郑板桥，其"润格"自称：

大幅六两，中幅四两，小幅二两，条幅、对联一两，扇子、斗方五钱。凡送礼物、食物，总不如白银为妙；公之所送，未必弟之所好也。送现银则心中喜乐，书画皆佳。礼物

① 乾隆五十一年十月二十九日《两淮盐政征瑞为遵旨察看骆愉扬州寓所实无违碍不法字迹奏折》所附供单，见《乾隆五十一年骆愉因呈递〈盐法策〉获罪案》，载《历史档案》1992 年第 1 期。
② 乾隆五十一年十月十五日《两江总督李世杰查明骆愉所供诸人俱已亡故事奏折》所附《汪晋泰之子并黄稼培之房东及邻佑等人供单》，见《乾隆五十一年骆愉因呈递〈盐法策〉获罪案》。
③ 如李斗《扬州画舫录》卷 12《桥东录》载，仪真人程兆熊，"扬州名园甲第，榜署屏障，金石碑版之文，皆赖之。"

既属纠缠，赊欠尤为赖账。年老体倦，亦不能陪诸君子作无益语言也。

"板桥润格"一向被今人视作极为风雅之举，这固然大致不误，但由此亦可看出当时因谈价不拢而时常引发的纠纷，这在《儒林外史》（成书于乾隆前期）中也有所反映：

> 金先生道："……前日不多时，河下〔盐商〕方家来请我写一副对联，共是二十二个字。他叫小厮送了八十两银子来谢我，我叫他小厮到跟前，吩咐他道：'你拜上你家老爷，说金老爷的字是在京师王爷府里品过价钱的，小字是一两一个，大字十两一个，我这二十二个字，平买平卖，时价值二百二十两银子。你若是一百一十九两九钱，也不必来取对联。'那小厮回家去说了。方家这畜生卖弄有钱，竟坐了轿子到我下处来，把二百二十两银子与我。我把对联递与他，他，他两把把对联扯碎了。我登时大怒，把这银子打开，一总都掼在街上，给那些挑盐的、拾粪的去了！列位，你说这样小人，岂不可恶！"[①]

"河下"是清代扬州新城东南部的地名，为淮南盐商聚居之地。这段道白，恰可作为汪文愉供词及板桥"润格"之佐证。
至于"《盐法策》案"的直接缘起，则是骆愉与盐务"首

---

① 据该书第 28 回《季苇萧扬州入赘，萧金铉白下选书》。

总"江广达的一段交往。据乾隆五十一年（1786年）十月十八日《大学士阿桂为遵旨审拟骆愉所呈〈盐法策〉各款事奏折》中称：

> 该犯坚供：我因连年失馆，穷困无聊。我曾送过江广达对子条幅，他只送我银八两。后来我又拿了手卷画片，托他代销，想赚他些银两，他不但不替销售，并置之不理。他为富不仁，我心怀恨，所以编造《盐法策》一篇，极言盐务弊窦，砌词耸听。

在清代前期的扬州，痛恨盐商"为富不仁"、而"心（中）怀恨"者不乏其人。据清人金埴讲述，康熙四十五年（1706年）某日，在扬州河下盐商聚居区，"一夕间，家家门前墙版之上，各题四大字，率多不祥之语"。据说，各家自题字以后，善恶吉凶莫不应验。如富人某氏，"平生以财骄人，僭拟王侯，挟雄赀，遍处行盐，宅于扬州之某门，题曰'抄家灭族'"，其后果然应验①。可见，在世人眼里，绝大多数盐商总是与"为富不仁"联系在一起的，由此亦可见失意落魄之文人对于盐商的切齿痛恨。

上述的"江广达"为盐务花名，的名为江春。江春系乾隆年间的盐务"首总"②，祖籍徽州歙县，在许多笔记、文集的描述中，一向是位"主持淮南风雅"的人物。袁枚在《诰封光禄大夫

---

① ［清］金埴：《不下带编》卷5。
② 参见王振忠：《清代两淮盐务首总制度研究》，载《历史档案》1993年第4期。

奉宸苑卿布政使江公墓志铭》中就曾记载：

> （江春）性尤好客，招集名流，酒赋琴歌，不申旦不止。
> 邗江地当南北冲要，公卿士大夫下至百工伎艺，得珍怪之物
> 及法书名画，无不傟傟然屡及公门，如龙鱼之趋大壑。公一
> 与申纳周旋，必副其意使去，以故宾从藉公起者无虑数十
> 辈，而公转屡空，身殁之日，家无余财①。

嘉庆乙丑（1805 年）李保泰撰写的《新安二江先生集》序
也曾指出：

> 新安二江先生者，从兄弟也，皆歙产，而居于扬，家世
> 业鹾。方伯以次为商总，昆弟先皆自为师友，与当代之文人
> 学士往来流寓于扬者，延接唱酬无虚日。……四方人士之望
> 江氏为归者，投赠燕好，往往各得其意。

其中的"二江先生"之一，就有江春。从袁氏等人的描述
中，江春花费了极大的财力保持与文人清客的良好关系。但尽管
如此，仍然有着相当不愉快的一个侧面。正是由于这种不愉快，
才会引发"《盐法策》案"。如果我们撇开落魄文人骆愉"编造书
策，挟嫌泄忿""思欲胁制商家以图糊口"的动机，那么，"《盐
法策》案"所披露的盐务总商与皇室、官僚的特殊关系，确实颇

---

① ［清］袁枚：《小仓山房续文集》卷 31，参见王振忠：《袁枚与淮、扬盐商——
　十八世纪士、商关系的一个考察》，载《盐业史研究》1993 年第 4 期。

为耐人寻味。对此，我们不妨再看以下的一段供述：

> 问：（乾隆）四十三年有赐南苑宫妃一事，系由兵部
> 六百里寄到之信，有何凭据？是何人告诉你的？
>
> 骆愉供：我戊戌年二月到扬州，在淮南散商吴姓家，见
> 伊伙计黄稼培说，正月外间传说江兰由驿寄信来家说，康山
> 草堂主人蒙赐南苑宫妃一名，阖城官员都去贺喜。到二、三
> 月间不见动静，想系张大其词，其实并无其事。兵部六百里
> 所发原信，只查问江广达办事伙计便可知其下落。又有原任
> 科道张馨，也曾在金粟庵向我说过。彼时扬州城众口喧传，
> 即此时询问该处之人，亦没有不晓得的。
>
> 问：从前拿获内监张奉，系装点情节作为总商拿获，是
> 谁人告诉你的呢？
>
> 供：太监张奉在扬州与高盐院每日吃酒看戏，后来接到
> 廷寄，装点总商拿获具奏，这都是张馨告诉我的[①]。

黄稼培祖籍徽州，迁居苏州，寄寓扬州；张馨系陕西人，
原任户科给事中，寄籍甘泉[②]；江兰，"字芳谷，号畹香，官巡
抚"[③]；而"康山草堂主人"，亦即江春（江广达）。虽然江春蒙赐

---

① 乾隆五十一年十月初三日《军机大臣为呈递审讯骆愉供词事奏片》附供词，
  见《乾隆五十一年骆愉因呈递〈盐法策〉获罪案》。
② ［清］李斗：《扬州画舫录》卷15《冈西录》："张馨字秋芷，解元，成进士，
  官御史。"
③ ［清］李斗：《扬州画舫录》卷12《桥东录》。

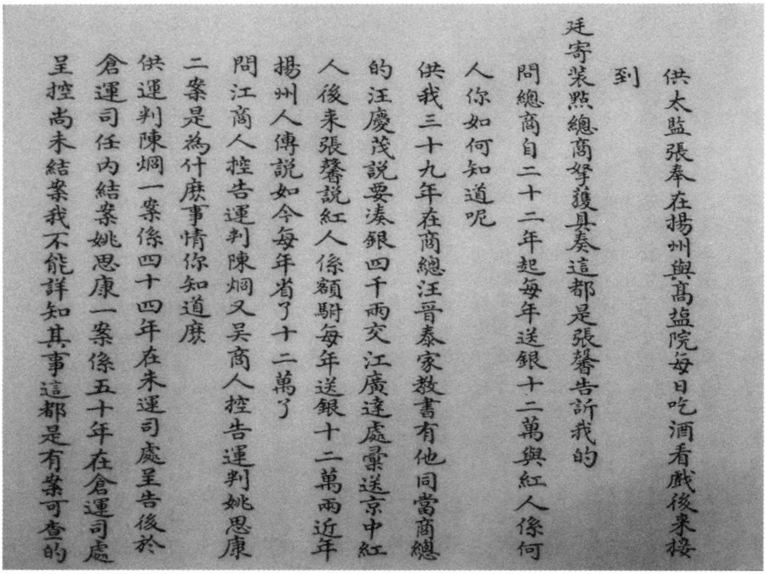
供太監張奉在揚州與高盐院每日吃酒看戲後來接
到
廷寄裝點總商拏獲具奏這都是張馨告訴我的
問總商自二十二年起每年送銀十二萬與紅人係何
人你如何知道呢
供我三十九年在商總汪晉泰家教書有他同當商總
的汪慶茂説要湊銀四千兩交江廣達處彙送京中紅
人後來張馨説紅人係額駙每年送銀十二萬兩近年
揚州人傳説如今每年省了十二萬了
問江商人控告運判陳烱又吳商人控告運判姚思康
二案是為什麽事情你知道麽
供運判陳烱一案係四十四年在朱運司處呈告後於
倉運司任内結案姚思康一案係五十年在倉運司處
呈控尚未結案我不能詳知其事這都是有案可查的

图 33 《清宫扬州御档》

南苑宫妃的传说是否属实不得而知，但无论如何也说明乾隆皇帝与他的关系非同寻常。江春的不少传记中都曾提到，他因捕获外逃的太监张奉（《扬州画舫录》作张凤）而受到嘉奖，获钦赏布政使秩衔[①]。但上述的供词却声称，这是由两淮盐政高某捕获后“装点总商拿获具奏”的。从上述的这段供词中可以看出官、商之间的相互周旋与勾结。关于官、商的这层关系，“《盐法策》案”进而披露道：

① ［清］李斗：《扬州画舫录》卷 12《桥东录》。

（骆愉供词）我三十九年在商总汪晋泰家教书，有他同当商总的汪庆茂说要凑银四千两，交江广达处汇送京中红人。后来张馨说，红人系额附，每年送十二万两。近年扬州人传说，如今省了十二万了[①]。

江广达是当时的盐务"首总"。盐务"首总"一职，大致是乾隆年间出现的。不过，此种角色由来已久，如康熙年间两淮盐商中的"发收"，与之就极为相似。据李煦奏折称：

> 两淮盐差衙门，有额设承差二十名，每年于其中点用一名，原止令在辕门伺候传票，供使令而已。近乃巧立名色，曰发收。不惟本官一任诸事，皆呼其簧鼓，而且商家之一举一动，无不受其箝制。于是一年之中，事无巨细，无不任其指挥。官既被其朦蔽，商更遭其鱼肉。事权既重，利亦独归。若辈人人涎羡，故每于本任未满之前，十九人中即有豫谋后任之发收者，先期入京，赂托要路，倚恃势力，务在必得。而究其所以行贿之物，又莫不出于商资，则是发收者为盐差朦蔽之匪人，而为商家耗蚀之大蠹也明矣。此臣煦所耳闻目睹，最为真确。且两淮商家无不畏怨，而莫可如何者[②]。

---

① 乾隆五十一年十月初三日《军机大臣为呈递审讯骆愉供词事奏片》附供词，见《乾隆五十一年骆愉因呈递〈盐法策〉获罪案》。
② 《李煦奏折》第三三折，康熙四十四年十月《接任两淮盐差日期并进冬笋折（附条奏一）》。

可见，入京"贿托要路，倚恃势力"，由来已久。此与骆愉所供江广达送银给京中红人的情节，可以比照而观。故而骆愉在"《盐法策》案"中披露的信息，在扬州喧传一时并非空穴来风。揆情度理，江春之所以能在两淮充任总商长达四十年之久，或许与他对京中红人的打点密不可分。

"《盐法策》案"发生以后，盐政衙门将骆愉严行讯问。据说，骆氏开初一味掩饰支吾，加以掌责、跪锁、拧耳并撩夹吓讯之后，他还是只说自己不应该编造策稿，"写出罔上之言，自认万死"，至于索诈、诬告等情节则坚不承认。最后，盐政衙门派员轮流熬审，严加刑讯，令其将实在情节据实吐供，反复究诘，终于得出了所谓的"信谳"①——

> 所有馈送银两及扬州喧传之事，实系我自己编造，其实并无其事，亦并无人向我告知。……至盐斤夹带一节，我亦不过借此挟制众商，希冀他们怕我控告，给予银两。其实盐斤有无夹带情弊，我亦不能知其实在底里。……总之，喧传等事本无影响，我因贫困图利，一时糊涂该死，乱砌各款，口想挟制商人，如今自知罪重，已返悔无及了②。

① 乾隆五十一年十月十六日《仓场衙门为应连夜煞［熬］审骆愉片》，见《乾隆五十一年骆愉因呈递〈盐法策〉获罪案》。
② 乾隆五十一年十月十八日《大学士阿桂等为遵旨审拟骆愉所呈〈盐法策〉各款事奏折》，见《乾隆五十一年骆愉因呈递〈盐法策〉获罪案》。

　明清徽商与淮扬社会变迁（全新修订版）

——据说这是骆愉的自供，但或许更可能是囚犯在重刑威逼之下不得已的招供。对此，大学士阿桂等称：

> （骆愉）所称每年送银十二万两一节，询据通纲散商，从无分派攒凑之事，且商人与京中并无干涉，岂肯白费多金？其实并无其事。……臣等遵旨复提该犯，以每年馈送银十二万两一节，自二十二年起至近年约有三百余万两，不但扬州不能攒凑如此之多，即京中亦断无一人受收多金毫无风闻之理。……访得骆愉平日以诗字干求商人，如江广达等俱各稍为资助，后见其贪得无耻，遂为众人所弃。现在该商等无不以该犯凭空捏造为恨 [1]。

结果，骆愉被认为是挟嫌讹诈，判处"著即处斩"。

（二）

其实，鹾商向盐政官员夤缘贿赂，一向是司空见惯的一件事，在稍后抖出的"交结联宗案"中便有披露。该案披露两淮盐政巴宁阿寓任之后，盐务总商洪箴远等就致送程仪三万两，"留

---

[1]　乾隆五十一年十月十八日《大学士阿桂等为遵旨审拟骆愉所呈〈盐法策〉各款事奏折》，见《乾隆五十一年骆愉因呈递〈盐法策〉获罪案》。

作进京办理工程之需"①。据两淮盐务总商汪肇泰供认：

> 巴盐政于上年（乾隆五十八年）到任，商人进见时，巴盐政看见手本，就问："你姓汪，可是徽州人？"
>
> 商人禀称："祖籍原是徽州。"
>
> 巴盐政说："我祖籍也是徽州，咱们都是姓汪，汪姓多由徽州分出。俗话说：五百年前是一家。我与你自然也是一家了。"
>
> 汪肇泰回答："商人微末，如何敢认一家？"
>
> 巴氏道："徽州本无二汪，你年纪尚小，我还是你的长辈。"②

"巴盐政"现籍汉军正白旗，祖籍是否徽州、原姓是否汪氏，固已难于稽考。但鉴于明末清初徽州人曾活跃在北方边地③，投充旗下容或有之，故揆情度理，祖籍新安似亦不无可能。

雍乾年间，"扬俗多酬应"，攀亲缘、叙乡里之风颇为盛行④。经过此番叙论同姓，两人即认作本家，交结联宗，逢遇年

---

① 《前两淮盐政董椿供单》，见《乾隆五十九年查办巴宁阿与盐商交结联宗案》，载《历史档案》1994年第1期。

② 乾隆五十九年七月二十一日《著将全德折中汪肇泰所供巴宁阿与其联宗事发交巴宁阿阅看上谕》，见《乾隆五十九年查办巴宁阿与盐商交结联宗案》。

③ 明正、嘉时人蔡羽所著《辽阳海神传》中，曾记辽阳海神化为美人，与徽商人程宰相好，助其经商，屡屡获利。（参见张海鹏、王廷元主编：《明清徽商资料选编》，黄山书社1985年版，第85—86页）该书虽系小说家言，但亦透露出徽商在北方活动的些微痕迹。一些徽州人可能还因此而入籍东北。［清］徐铣：《续本事诗》卷9《后集》即提供一例："吴毓修，伯英，新安人，奉天籍。甲午乡荐，乙未会副，历任按察司。"（上海古籍出版社1991年版，第314页）其人曾在徽商聚居的扬州一带活动，作有《竹西宴集赠歌者》等诗。

④ 嘉庆《江都县续志》卷6。

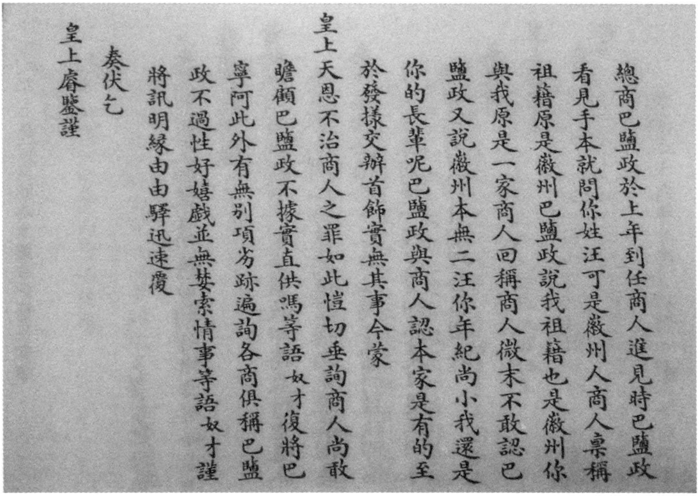
總商巴鹽政於上年到任商人進見時巴鹽政
看見手本就問你姓汪可是徽州人商人稟稱
祖籍原是徽州巴鹽政說我祖籍也是徽州你
與我原是一家商人回稱商人微末不敢認巴
鹽政又說徽州本無二汪你年紀尚小我還是
你的長輩呢巴鹽政與商人認本家是有的至
於發樣交辦首飾實無其事今蒙
皇上天恩不治商人之罪如此愷切垂詢商人尚敢
瞻顧巴鹽政不據實直供嗎等語奴才復將巴
寧阿此外有無別項劣跡遍詢各商俱稱巴鹽
政不過性好嬉戲並無婪索情事等語奴才謹
將訊明緣由由驛迅速覆
奏伏乞
皇上睿鑒謹

图 34 《清宫扬州御档》

节，馈送贽见，寄赠礼物。除此之外，巴宁阿还认总商之子洪广顺为门生，看买婢妾等等。乾隆认为，巴宁阿与总商联宗一节，“过于卑鄙，有玷名器”，所以下令严查：

> 试思汪肇泰系微末商人，巴宁阿若不图其馈遗谢仪，何肯与俯就联宗？即使巴宁阿未经明言，该商希图往来交结，岂有不馈送贽见之理？纵使巴宁阿在任未久，不暇向伊需索，但既与商认作本家，且自称长辈，安知不望报于异日？巴宁阿进京后，该商人逢遇年节，或寄送礼物，俱属事之所有①。

① 乾隆五十九年七月二十一日《著将全德折中汪肇泰所供巴宁阿与其联宗事发交巴宁阿阅看上谕》，见《乾隆五十九年查办巴宁阿与盐商交结联宗案》。

除了官、商的相互交结外，两淮盐务中商人挟带的私盐弊端（即"商私"），于此也得到了披露。"盐法策案"中的一段审问：

　　　问：你说欲杜私贩之弊，在先杜商人之夹带，是如何夹带，你知道么？

　　　（骆愉）供：盐场定例，每引每包该三百六十斤，近来每包夹带多至一百余斤，约四百七八十斤，弊窦最大，只瞒过盐院、运司，其余官员都是知道的①。

　　对此，乾隆上谕："至骆愉所供'现在商人运盐，每包每引夹带多至一百余斤，盐院、运司俱属不知，其余官员都是通气知道'等语。盐斤弊窦所关颇大，不可不彻底查究，严加整顿。"②这种对"商私"的描述，与道光中叶陶澍在两淮盐政改革前夕所指出的情形颇相类似。但《大学士阿桂等请将骆愉勾决事奏折》却指为无稽之谈：

　　　今据两江总督李世杰、盐政征瑞奏称：淮南引盐额重三百六十四斤，商收灶盐，例以两桶四百斤捆发。前明创为溢斤等名尽行革除，嗣后节经奏定，商盐于正引之外预领生引，一体完纳课银，俟掣见多斤，即将生引割配，其有本商

① 乾隆五十一年十月初三日《军机大臣为呈递审讯骆愉供词事奏片》附供词，见《乾隆五十一年骆愉因呈递〈盐法策〉获罪案》。
② 乾隆五十一年十月初四日《著两淮盐政征瑞密查骆愉所供各条并两淮盐务有无弊端事上谕》，见《乾隆五十一年骆愉因呈递〈盐法策〉获罪案》。

无引可配者，再听别商配割，官不能徇私，而商亦不能混冒。盖商盐出场改捆，不无抛撒卤耗，而捆发以四百斤为率，定有多斤溢子。今总以解捆见斤为准，而加斤并非归商人私橐，凿凿可据。骆愉策内所陈，大底本于《盐法志》所载，乃前明之旧习，非现今遵循之法。臣等悉心访查，现在各商人实无私自肥橐之弊^①。

其实，乾隆以后对于盐政弊端的指斥也时有所见，但均为既得利益者所压制。就在乾隆朝过后不久的嘉庆四年（1799年），江苏监生周矿就曾建议应"清理盐法"：

> ……盐务官员、胥吏无不坐拥厚赀，而又官定其行销之地，盐价渐远渐增，商枭遂私贩牟利。请将盐课于产盐所在起科，有愿充盐户者，即以场段为业，听自行贩卖，而岁征其课，该管州县设籍征收，其额设盐务大小各员，悉请裁汰。

上述的建议，与陶澍改革时期提出的方案如出一辙。但军机处认为："此事必不可行，盐为国用之大计，亦争利之大端，岂可不事归上而听民自为，必伤经费而滋狱讼，所奏应毋庸议。"^②

---

① 乾隆五十一年十一月初六日《大学士阿桂等请将骆愉勾决事奏折》，见《乾隆五十一年骆愉因呈递〈盐法策〉获罪案》。
② 《嘉庆朝军机处议驳江苏监生周矿条奏案军机处折》，载故宫博物院文献馆《史料旬刊》第12期，民国十九年九月二十一日出版。

结果，与骆愉相似，周矿被指斥为"以诸生妄言国政，指陈利弊，多系空谈，甚且欲变乱旧章，以峻法绳人，以操切为政"。由于当时的两淮嶯商与皇室、盐政官员之间的特殊关系，有关"商私"的问题始终得不到祛除，以至于成为两淮盐政日趋窳坏的一个重要因素。

附录 2

游艺中的盛清城市风情
——古籍善本《扬州画舫纪游图》研究

扬州是个充满神奇魅力的传统都市，特别是在明清时期，囊丰箧盈的徽商西贾纷至沓来，"扬州繁华以盐盛"[①]，两淮盐务之兴盛，造就了空前繁荣的扬州城市文化。当时，在东南的城市群体中，"杭州以湖山胜，苏州以市肆胜，扬州以园亭胜"[②]，一时蔚为定评。新旧城中，蜀冈上下，瘦西湖畔，园林名胜层出迭现，争奇斗艳。对于这些园林名胜，扬州的地方文献颇多描摹。明清以来，扬州的府县志书一修再修。此外，专门探讨城市景观变迁的史料也相当不少。例如，清代徽州盐商汪应庚所编的《平山堂揽胜志》，徽商后裔、著名学者程梦星的《平山堂小志》，以及两淮盐政官僚赵之璧的《平山堂图志》等，都对以平山堂为中心的城市山林作了细致的刻画。而乾隆以后出现的《扬州画舫

---

① ［清］黄钧宰：《金壶浪墨》卷 1。
② ［清］李斗：《扬州画舫录》卷 6《城北录》，中华书局 1960 年版，第 151 页。

图35 《扬州画舫纪游图》（复旦大学图书馆特藏部善本）

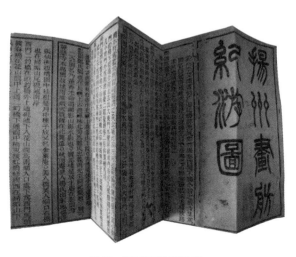

图36 《扬州画舫纪游图》

录》、《扬州名胜录》、《扬州揽胜录》等，更为世人所熟知。不过，晚清时期的一种游艺之作《扬州画舫纪游图》，则尚未进入学界的视野。

<h1 style="text-align:center">（一）</h1>

　　《扬州画舫纪游图》收藏于复旦大学图书馆特藏部，属古籍善本，该图印在正反两面的一张大纸上，正面分隔成十五栏，除了一栏上题作"扬州画舫纪游图"之外，其他的十四栏则是缕述扬州的风景名胜。其中，第二栏有一些文字介绍该图的缘起：

> 真州李艾塘《画舫录》，追记胜游，流风如昨，展卷披图，不胜今昔之感，爰集为图，名曰"纪游"。岁晚燕闲，藉以破睡，并以悉吾乡之名胜非虚，若云追寻故迹，求其地而实践之，斯凿矣。兹撮其略，附志之。

　　李斗为仪征人，仪征在宋元时代置真州，故"真州李艾塘《画舫录》"即李斗之《扬州画舫录》。这段文字像是《扬州画舫纪游图》的序跋，其中提到：作者在翻阅李斗《扬州画舫录》时，遥想盛清时代的扬州胜景，颇有沧桑之感，于是集成这份《扬州画舫纪游图》，以供个人消闲解闷，并借此熟悉扬州的名胜古迹。此处提及"吾乡"，显然说明《扬州画舫纪游图》的作者应是扬州当地的一位文人。接着的文字，是对扬州城市地理区位的总体介绍：

> 郡城当扬子江北岸，东南卑下，西北稍高。运河自宝应、高邮北来，绕城东、南两面，分趋瓜洲、仪征入江，其甘泉、金匮、蜀冈诸山来自安徽，屏藩西北。自经两朝临幸，湖山增色，草木蒙恩矣！

此处的"郡城"，当然是指扬州府城，其中交代了扬州山水的来龙去脉，并指出扬州之所以引起世人瞩目，与康熙和乾隆两个皇帝的分别六次南巡密切相关。从"两朝临幸，湖山增色，草木蒙恩"这十二字来看，作者应当是清朝人。关于这一点，也得到了《扬州画舫纪游图》中另外一处文字的印证。《扬州画舫纪游图》本页之末，有一段对扬州寺庙的记载，其中提及：

> 扬州八大刹，天宁、重宁、建隆、慧因在北郊，法净在蜀冈，高旻、静慧、福缘在南郊。吾扬繁盛，隋唐以来人艳称之，至宋益著。我朝圣祖、高宗南巡盛典，彪炳禼皇，又远超乎唐宋。惟历代废兴不一，沿革无常，其名胜可纪者指不胜屈。今悉不录，率以李艾塘《画舫录》为断，以其近而可征也。

该段文字指出，《扬州画舫纪游图》中提及的所有名胜，皆以李斗《扬州画舫录》为据。文中提到"我朝圣祖、高宗"，从口气上看，显然也反映了作者应是清代之人。

接着，作者开始细数扬州城内的园林名胜，例如：

> 城内小玲珑山馆，马半查别墅也，在新城东关街，又曰街南书屋，有看山楼、七峰草堂诸胜。丛书前后二楼，乾隆间进藏书，可备采择者七百七十六□［种］。

马半查也就是著名的"扬州二马"之一的马曰璐。所谓扬州二马，亦即马曰琯和马曰璐兄弟，祖籍出自徽州府祁门县，是清代前期知名的扬州盐商。其中，马曰璐字佩兮，号半查。对此，李斗《扬州画舫录》卷4《新城北录》中，就有一段有关小玲珑山馆的描摹：

> 佩兮于所居对门筑别墅曰"街南书屋"，又曰"小玲珑山馆"，有看山楼、红药阶、透风透月两明轩、七峰草堂、清响阁、藤花书屋、丛书楼、觅句廊、浇药井、梅寮诸胜。珑珑山馆后丛书前后二楼，藏书百厨。乾隆三十八年奉旨采访遗书，经盐政李质颖谕借，其时主政已故，子振伯恭进藏书，可备采择者七百七十六种。

可见，《扬州画舫纪游图》之所述，显然源自李斗的这段文字，经删改而成。

（二）

　　《扬州画舫纪游图》大纸的反面是六个环形，最内的一个圆圈内写着"画舫纪游"四个大字。外一层的环形上，有一处写着"春风十里"，这当然是典出唐代著名诗人杜牧之《赠别》诗："春风十里扬州路，卷上珠帘总不如。"言外之意是指《扬州画舫纪游图》系以游戏的方式，徜徉于扬州的府城内外。"春风十里"左侧的文字，应是有关游戏的规则："起首曰结伴，十点以上为酒肆，六点以上为茶肆，五点以下为素茶肆。各认色，以牌压定。凡计数，均由本位起，如在'扑缸春'掷五点至休园之类。"因为通常是好几个人的游戏，所以开始时通过掷骰分别颜色，将各人的牌压定。至于计数的规则，如从"扑缸春"到"休园"，要经过"品陆轩""绿天居""小玲珑山馆"，再到"休园"，走五步，要计上"扑缸春"本身，其实只走四步，所以说"由本位起"。

　　根据李斗《扬州画舫录》的记载："扑缸春酒肆在街西。游屐入城，山色湖光，带于眉宇，烹鱼煮笋，尽饮纵谈，率在于是。"[①] 故此，《扬州画舫纪游图》作："扑缸春：酒肆，纳三为酒资。"也就是说，走到"扑缸春"这一位置，应当交纳三个私注，

---

① ［清］李斗：《扬州画舫录》卷4《新城北录中》，第81页。

这牵涉到《扬州画舫纪游图》的游戏规则及其玩法。关于这一点，本页中有一处相关的规定：

> 入局不拘人数多寡，各出若干为公注，各存若干为私注。分注既定，掷骰结伴，以牌为记，掷二骰，照点行。图由城内"扑缸春"起，左旋至"康山草堂"，出城为"南门马头"，接"茉萸湾"，自右向左旋，至"松濠畔"，接"叶公坟"向右旋，至左幅"微波峡"接"五尺楼"，左旋至"梅岭春深"，接"临水红霞"；右旋至右幅之"梅花岭"，接"梅花书院"，止于"入城大路"。图中凡用浓墨为阑处，均不通行，幸勿误数。

这是说参与此一游戏的人可多可少，每个人各出一些筹作为"公注"，另各自分得一些筹作为"私注"。公注和私注分定之后，就要掷骰结伴，以牌为记。骰子共有两颗，根据这两颗骰子相加而得的点数来走路。时而顺时针，时而逆时针，碰到用浓墨涂成分隔栏的，便不能往前行，而应顺着指示前往另外一圈行进。以下将相关的路线抄录，并对游戏规则略做提示：

1.扑缸春；2.品陆轩；3.绿天居；4.小玲珑山馆；5.休园；6.康山草堂；（康山草堂通南门马头，此与第5圈通）

7.南门马头；8.茉萸湾；（从茉萸湾开始，顺时针方向行进）

9.天中塔；10.高旻寺行宫；11.砚池染翰；12.九峰园；13.古渡桥；14.影园；15.宝蕊栖；16.静慧寺；17.秋雨庵；18.美人桥；19.花山涧；20.转角桥；21.堞云春暖；22.松濠畔；（上述的规则

中提及"至松濠畔，接叶公坟向右旋"，也就是从第 6 圈即最外圈的叶公坟开始逆时针行走）

23. 叶公坟；24. 傍花村；25. 城闉清梵；26. 卷石洞天；27. 契秋阁；28. 西园曲水；29. 虹桥；30. 虹桥修禊；31. 修禊楼；32. 柳湖春泛；33. 湖心亭；34. 冶春诗社；35. 长堤春柳；36. 桃花坞；37. 法海桥；38. 莲性寺；39. 白塔；40. 郝公祠；41. 东园；42. 云山阁；43. 莲花桥；44. 春台祝寿；45. 熙春台；46. 廿四桥；47. 听箫园；48. 篠园花瑞；49. 蜀冈朝旭；50. 高咏楼；51. 初日轩；52. 万松叠翠；53. 范文正公祠；54. 胡安定祠；55. 法净寺；56. 平山堂；57. 第五泉；58. 下院蜀井；59. 十亩梅园；60. 万松亭；61. 双峰云栈；62. 听泉楼；63. 功德山；64. 山亭野眺；65. 远帆亭；66. 微波峡；（以下回到第五圈，顺时针行走）

67. 尺五楼；68. 九曲池·十八峰草堂，二；69. 二三四；70. 三五六；71. 四七八；72. 五九十；73. 六十一十二；74. 七十三十四；75. 八十五十六；76. 九十七十八；77. 锦泉花屿；78. 香雪亭；79. 石壁流淙；80. 白塔晴云；81. 望春楼；82. 梅岭春深；（以上规则中说"至梅岭春深，接临水红霞，右旋"，也就是从第四圈的"临水红霞"开始，逆时针行走）

83. 临水红霞；84. 平冈艳雪；85. 水云胜概；86. 小南屏；87. 长春桥；88. 四桥烟雨；89. 四照轩；90. 荷浦薰风；91. 习射圃；92. 怡性堂；93. 绿杨湾；94. 春波桥；95. 香海慈云；96. 勺泉亭；97. 邗上农桑；98. 杏花村舍；99. 华祝迎恩；100. 竹西芳径；101. 竹西亭；102. 邗沟大王庙；103. 小五台；104. 重宁寺；105. 江氏东园；106. 俯鉴室；107. 萧孝子墓；108. 双忠祠；109. 史阁部墓；

110. 梅花岭；（以上规则提到"右旋至右幅之梅花岭，接梅花书院"，以下进入第三圈，顺时针行走）

111. 梅花书院；112. 天宁寺；113. 藏经楼；114. 行宫；115. 文汇阁；116. 丰市层楼；117. 入城大路。

此一游戏线路从城内到南门，最后到"入城大路"为止。关于"入城大路"，其后的说明是："至此皆止，余点照纳。得大轿入城，各贺四，小轿各贺二。先入城者分公注之半，以次递减一。无轿不得入城，初次无轿，纳一吃茶，二次纳三吃酒，三次纳五吃饭，三次后无轿，徒步亦入城，不贺。"这是说"入城大路"是全局的终点，到此为止。所谓余点，是指掷骰所得的点数，扣除走到"入城大路"后仍余的点数。如掷骰至五点，但到达"入城大路"这一位置只要两点，那么，余点数即为三点，这三点可以与下一轮掷得的点数相加，看看能否得到"大轿"或"小轿"。关于"轿"，上述第 10 条"高旻寺行宫"指出："二为小轿，四为大轿。"也就是说，骰子掷到四点即为"大轿"，得到大轿就可以入城，并获得四枚公注。倘若掷到二点则为"小轿"，可获公注二枚。先入城的，可以分得一半的公注，此后依次递减一枚。掷不到二、四点的，则不能入城。初次碰到这种情况，要交纳一枚私注，第二次要交纳三枚私注，第三次则要交纳五枚私注。三次都掷不到二、四点的，就算是徒步入城，那样就得不到任何公注的奖赏。

上揭的一百余处景点，每一景点均根据典故决定游戏的规则。例如，根据《扬州画舫录》的记载："吾乡茶肆，甲于天下，多有以此为业者。出金建造花园，或鬻故家大宅废园为之。楼台亭舍，花木竹石，杯盘匙箸，无不精美。"①乾隆时代，小东门有品陆轩，以淮饺得名，是"城中荤茶肆之最盛者"，而西门的绿天居则是"素茶肆之最盛者"。因此，《扬州画舫纪游图》中的"品陆轩"注曰："茶肆，纳茶资二。"而"绿天居"则注："素茶肆，纳茶资一。"也就是说，走到此二处，必须分别纳私注二枚或一枚，供在荤、素茶肆的消费之用。

又如，第4条"小玲珑山馆"注曰："藏书甚夥，各贺三，停一掷，窥卷轴之富。"关于马曰璐的"小玲珑山馆"已见前述，这一说明表示：因马家藏书颇丰，有幸一窥门墙者受益匪浅，所以可以再走三步。不过，由于在小玲珑山馆阅读秘籍需要时日，故而必须停掷一轮骰子。

在盛清时代，"扬州诗文之会，以马氏小玲珑山馆、程氏篠园及郑氏休园为最盛"。休园在扬州的流水桥畔，园主人为郑士介（侠如）。此人出自徽州歙县，为盐商巨贾后裔，其兄弟三人分别建有影园、嘉树园和休园，"以园林相竞"。对于休园的诗文之会，李斗《扬州画舫录》卷8记载：

> 至会期，于园中各设一案，上置笔二，墨一，端研一，水注一，笺纸四，诗韵一，碗一，果盒、茶食盒各一。诗成即发刻，三日内尚可改易重刻，出日遍送城中矣。每会酒肴俱极珍美，一日共诗成矣。请听曲，邀至一厅，甚旧，有绿琉璃四，又选老乐工四人至，均没齿秃发，约八九十岁矣，

---

① ［清］李斗：《扬州画舫录》卷1《草河录上》，第26—27页。

各奏一曲而退。倏忽间命启屏门，门启，则后二进皆楼，红灯千盏，男女乐各一部，俱十五六岁妙年也。吾闻诸员周南云，诗牌以象牙为之，方半寸，每人分得数十字或百余字，凑集成诗，最难工妙。休园、篠园最盛。①

因此，《扬州画舫纪游图》第 5 条"休园"曰："至此课诗，两骰得五数为五言诗，各贺三，再付公注五；得七数，为七言诗，各贺五，再付公注十。初次无诗不行，二次罚三，三次罚五。"这是说，走到此处，两骰掷得的点数为五就为五言诗，可以再走三步，并可得到五枚公注。如果两骰掷得的点数为七则为七言诗，可以再走五步，并可得到十枚公注。第一次走到此处，掷出的骰子如果不是五或七，那么就不能走。第二次碰到这种情况，要罚三个私注。第三次再碰到这种情况，则要罚五个私注。

除了马氏小玲珑山馆、郑氏休园之外，另一与之齐名的园林是篠园。关于篠园，《扬州画舫录》卷 15 记载：

> 篠园本小园，在廿四桥旁，康熙间土人种芍药处也。……园方四十亩，中垦十余亩为芍田，有草亭，花时卖茶为生计。田后栽梅树八九亩，其间烟树迷离，襟带保障湖，北扼蜀冈三峰，东接宝祐城，南望红桥。康熙丙申，翰林程梦星告归，购为家园。于园外临湖浚芹田十数亩，尽植

---

① ［清］李斗：《扬州画舫录》卷 8《城西录》，第 180—181 页。

荷花，架水榭其上。隔岸邻田效之，亦植荷以相映。……是时，红桥至保障湖，绿杨两岸，芙蕖十里。久之湖泥淤淀，荷田渐变而种芹。迨雍正壬子浚市河，翰林倡众捐金，益浚保障湖以为市河之蓄泄，又种桃插柳于两堤之上，会构是园，更增藕塘莲界。于是昔之大小画舫至法海寺而止者，今则可以抵是园而止矣。①

　　程梦星祖籍出自徽州歙县水南乡的岑山渡。在清代前期，岑山渡程氏家族在扬州出过好几位盐务总商②。他的私家园林——篠园，后来因扬州城市总体上的规划，以"篠园花瑞"的名目，和莲花埂新河南岸的"春台祝寿""蜀冈朝旭""春流画舫""尺五楼"，组成五段风景，并与北岸的"白塔晴云""石壁流淙""锦泉花屿"三段，成为官方园林景观的重要组成部分。由于这些园林名胜是为了接驾时的供奉宸赏，因此，到达这些位置，往往可以得到奖励。例如，第48条"篠园花瑞"注曰："即三贤祠，各贺三，遇文行。"也就是说，到达此处，可以再走三步。其他的如"春台祝寿"（第44条）"各贺二"，"蜀冈朝旭"（第49条）"各贺三"，"万松叠翠"（第52条，即"春流画舫"）"各贺三"。这些，也都表达喜庆之意。

　　类似于"篠园花瑞"那样由徽州盐商私家园亭转为官方园林景观的，还有相当不少。例如，第6条"康山草堂"："主人好客，至必有赠，付公注三。"康山草堂位于扬州新城的南河下街，

---

① ［清］李斗：《扬州画舫录》卷15《冈西录》，第343、345页。
② 关于这一点，详见笔者收藏的歙县《岑山渡程氏支谱》（稿本）。

主人为乾隆时代著名的徽州盐商江春。此人系风雅主持，与全国各地前来的文人墨客投缟赠纻。因此，到了此一位置，可以获得公注三枚。

此外，《扬州画舫纪游图》中的各个位置，亦皆有掌故存焉。如 17 条"秋雨庵"注曰："风雨不行。"根据《扬州画舫录》："秋雨庵本里人杨氏出家之地，临潼张仙洲感于梦，构为庵，名曰扫垢精舍。"[①] 临潼张氏为著名的陕西商人家族。此处望文生义，故风雨不行。据第 9 条"天中塔"："三为风，六为雨。"凡掷得三、六点者不行。另外，第 23 条"叶公坟"曰："放风筝处，有风各贺三，无风不行。"据《扬州画舫录》记载："叶公坟，明刑部侍郎叶公相之墓也。墓后土阜，高十余丈，前临小迎恩河，右有石桥，土人称之为叶公桥。相传为骆驼地，其上石枋、石几、翁仲、马羊，陈列墓道。里人于清明时坟上放纸鸢，掷瓦砾于翁仲帽上，以卜幸获，谓之'飞堉'。重阳于此登高，浸以成俗。"[②] 此处为放风筝处，故有风则行，也就是说，掷得三点则行，掷不到三点则只能止步不前。

又如第 113 条"藏经楼"："阅经处，掷得纯大，经已阅遍，各贺二；间色，已阅过半，不贺，照点行；纯小不行。"蜀冈上的法净寺（即古大明寺）为扬州八大刹之首，藏经楼即位于寺东[③]。据第 24 条"傍花村"提及："凡四、五、六为纯大，幺、二、三为纯小，大小相间为间色。"也就是说，在此处掷得四、

---

① ［清］李斗：《扬州画舫录》卷 8《城西录》，第 183 页。
② ［清］李斗：《扬州画舫录》卷 1《草河录上》，第 23 页。
③ ［清］李斗：《扬州画舫录》卷 16《蜀冈录》，第 373—376 页。

五、六者，表示已经阅遍藏经，可以除了点数外另外再向前走两步。而掷得大小相间的"间色"，表示已阅过半，照点行。掷得一、二、三者，则停止不行。

再如第 115 条"文汇阁"："内藏《图书集成》，各贺三，停一掷，留读中秘书。"这与第 4 条"小玲珑山馆"的情况颇相类似。根据《扬州画舫录》记载：

> 御书楼在御花园中。园之正殿名大观堂，楼在大观堂之旁，恭贮颁定《图书集成》全部，赐名"文汇阁"，并"东壁流辉"匾。壬子间奉旨：江、浙有愿读中秘书者，如扬州大观堂之文汇阁、镇江口金山之文宗阁、杭州圣因寺之文澜阁皆有藏书。著四库馆再缮三分，安贮两淮，谨装潢线订。①

当时，三部《四库全书》分别贮藏于扬州、镇江和杭州，而扬州的文汇阁又为三层建筑，故"贺三"，也就是行至此处，可以奖励前行三步。当然，由于看书需要时间，所以要"停一掷"，亦即停一轮。

第 116 条"丰市层楼"："各贺二，仍纳二，买物。"丰乐街一名买卖上街，下岸长春巷改为买卖下街，下街沿岸建河房。根据李斗《扬州画舫录》记载："天宁门至北门，沿河北岸建河房，仿京师长连短连廊下房及前门荷包棚、帽子棚做法，谓之买卖街。令各方商贾辇运珍异，随营为市，题其景曰'丰市层

---

① ［清］李斗：《扬州画舫录》卷 4《新城北录中》，第 103—104 页。

楼'。"①此处走进行宫附近，可以奖励前行两步。不过，由于在买卖街难免要买东西，故而需要交纳私注二枚。

（三）

　　《扬州画舫录》一书的编纂，曾引起当时诸多文人学者的高度重视。乾隆末年至嘉庆初年，袁枚、谢溶生、阮元等诸多名人皆为该书作序。《校礼堂文集》卷23收录有著名学者凌廷堪的一封长信——《与阮伯元阁学论〈画舫录〉书》，对《扬州画舫录》作了诸多的商榷补正，并高度评价该书，认为此书的地位当在《老学庵笔记》、《南村辍耕录》之上。道光十四年（1834年）、道光十九年（1839年），阮元又分别作有《扬州画舫录》二跋。同治十一年（1872年），定远方濬颐亦作有《扬州画舫录后序》。其中的不少序文，都对芜城再墟，抒发了沧海桑田的感慨。"曾记髫年买棹游，园亭十里景幽幽，如今满目理荒冢，草自凄凄水自流"，《风月梦》中有位常熟公子哥陆书曾说："小弟因看《扬州画舫录》，时刻想到贵地瞻仰胜景，那（哪）知今日到此，如此荒凉！"②这一感慨，是清代中后期以还许多旅行者共同的心声。在这种背景下，记录盛清时代城市繁华的《扬州画舫录》，

①　［清］李斗：《扬州画舫录》卷4《新城北录中》，第104页。
②　［清］邗上蒙人：《风月梦》第5回。

也就总是成了人们追忆感叹的绝佳文本。

从中国的游艺来看，将各种典故融入游艺之中的先例，应当首推升官图。升官图源于公元9世纪唐朝的《骰子选格》[①]。虽然升官图用的骰子是四颗，玩法与各种规则亦不完全相同，不过，《扬州画舫纪游图》显然受到升官图的影响[②]。

除了升官图的源流之外，《扬州画舫纪游图》这种游艺还与扬州历来的文人雅集密切相关。对此，该书指出："乾隆乙酉，北郊建拳石洞天、西园曲水、红桥揽胜、冶春诗社、长堤春柳、荷浦薰风、碧玉交流、四桥烟雨、春台明月、白塔晴云、三过留踪、蜀冈晚照、万松叠翠、花屿双泉、双峰云栈、山亭野眺、临水红霞、绿稻香来、竹楼小市、平冈艳雪二十景。乙酉后，湖上复增绿杨城郭、香海慈云、梅岭春深、水云胜概四景。山左卢抱孙为两淮都转，署中文宴，尝书之牙牌，以为侑觞之具，谓之牙牌二十四景。前辈风雅，概可想见！""乾隆乙酉"亦即乾隆三十年（1765年），当时正值弘历第四次南巡之后，扬州城市景观有了系统的规划和整理。卢抱孙也就是两淮盐政卢见曾（号雅雨山人），他筑苏亭于使署，日与诗人相酬咏，一时文宴盛于江南[③]。卢氏曾主持虹桥修禊，作七言律诗四首，一时和者七千余人，编次得三百余卷。他在两淮盐运署中的文宴上，将二十四景画在牙牌上，作为侑觞之具，称为"牙牌二十四景"，这应是将扬州城

---

① 关于升官图，香港中文大学卜永坚有专书（《游戏官场——升官图与中国官制文化》，中华书局（香港），2010年版。

② 升官图中也有公注。

③ ［清］李斗：《扬州画舫录》卷10《虹桥录上》，第228—229页。

市景观纳入文人游艺之滥觞。《扬州画舫纪游图》的玩法，与此颇有异曲同工之妙。当然，牙牌之制，尚属简单的景观展示，而《扬州画舫纪游图》的规则及玩法则显然更为巧妙且复杂。而这，在中国城市中似仅见此一例。这当然反映了扬州城市深厚的文化积淀。

附录3

再论清代徽商与淮安河下之盛衰
——以《淮安萧湖游览记图考》为中心

    二十多年前，笔者曾多次赴苏北实地考察，其间收集到一批未刊乡土史料，后以此为核基心史料，撰有《明清淮安河下徽州盐商研究》一文，对徽州盐商的组织形态、生活方式以及淮安河

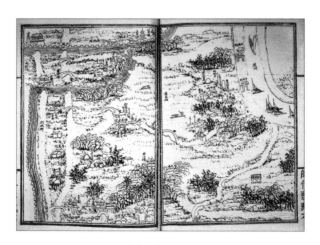

图37　《淮安萧湖游览记图考》

下之盛衰变迁，作了较为细致的探讨①。数年前，笔者又在上海图书馆获读《淮安萧湖游览记图考》一书。该书系由侨寓淮安的徽商后裔撰著，其中所述，亦多关涉徽商与淮安河下之兴衰递嬗，遂以此为中心，续作进一步的研究。

（一）

《淮安萧湖游览记图考》一作《淮山萧湖游览记考》(亦简作《淮郡萧湖图记》)，刊行于光绪乙未（二十一年，1895 年），为师竹斋藏本②。书中首列"邑人程钟袖峰氏"所撰的《萧湖游览记》。

关于《萧湖游览记》的作者，宣统《续纂山阳县志》卷 10《人物》记载："程钟字袖峰，诸生，性谨悫，言笑不苟，课徒以洁身砥行，贻亲令名为要，……家奇贫，审义利之辨极严。卒年七十四，里人私谥曰贞介先生。"可见，"邑人程钟袖峰氏"为淮安人，字袖峰，别号竹西道人，是当地的一位读书人，以开塾授

---

① 王振忠：《明清淮安河下徽州盐商研究》，《江淮论坛》1994 年第 5 期。
② 李鸿年：《山阳河下园亭记续编》"师竹斋"条："王明经怡伯书室，在竹巷罗家大门北。宅中旧有厅事三，更于其西筑书斋三楹。前有竹数百竿，梧桐、芭蕉十数本，满径绿阴，……斋后隙地养花草，以短篱卫之。有门更通住室。潘汉泉广文慰祖为书斋额，并跋云：'竹与木石等耳，何足师？师其虚心也。昔人有句云：竹解虚心是我师。故怡伯大兄用以颜其斋。光绪甲申仲春，慰祖书。'明经名全熙，邑诸生。"（《淮安河下志、山阳河下园亭记、续编、补编》，"淮安文献丛刻"，方志出版社 2006 年版，第 563 页）据宣统《续纂山阳县志》卷 13《艺文》，另有王全熙：《师竹斋诗存》。

徒为生。从他被乡人私谥为"贞介先生"一节来看，其人在淮安一带具有颇高的声望。另据《续纂山阳县志》的记载，程钟著有《竹西诗稿》《淮雨丛谈》二卷、续二卷[1]，其中，《淮雨丛谈》所涉及者，多是淮安一地的文献掌故[2]。

程钟所撰《萧湖游览记》一文的篇幅不长，其主要内容包括：

> 淮郡旧城之北，联城之西，有萧家湖，亦称萧家田，又曰东湖，不知始于何时。当运道经由城东之时，此湖盖与城西之管家湖，城北之屯船坞，溪港交通，而波澜未阔。自联城东建，运堤西筑，中间洼下之地，乃悉潴而为湖，以成一方之胜概。湖之南，水田数百亩，中多菰蒲，渔艇往来，与鸦鹜相征逐，滨湖居民，多食其利。其西则韩侯钓台，屹然而耸峙，俯临清波，东望无际。台之南，有御诗亭，亭后有陈烈妇墓。台之北，有漂母祠，祠侧有蒹葭亭，游人多集于此，流连吊古，此萧湖南畔寥廓之境也。其中则石堤横亘，以便行人，蜿蜒数里，势若长虹。地上斫莲花，俗名莲花街，街跨数桥，以通舟楫。极东处曰通城桥，稍西曰通惠桥。石堤之西端，均有茶亭，以憩过客。东曰惠照，西曰永裕。慧照亭之北为石观音庵，昔年有义丐吴姓寓于此，好行善事，亭中有碣书之。庵之西为郡厉坛，坛对平湖，遥望西

① 宣统《续纂山阳县志》卷13《艺文》。
② 程钟对于淮安一带的历史地理状况颇为留心，李元庚：《梓里待征录》就提及咸丰兵燹，淮安河下惨遭焚劫，死亡枕藉。此后，"程秀峰明经钟搜罗成册，男女大小凡千余人"。程氏的《讷庵杂著》中，还详细记录了捻军对河下房屋的破坏情况。

城塔影，北门钟若拱揖然。坛之西不及半里许，有福建庵，宛在水中，地极幽僻。西过石幢，则至永裕亭焉，亭距荻庄旧址不远。其南为周宣灵王庙，新安旅人所建，以栖同乡之士，内有王梦楼太史所书碑版，人争爱玩。此介萧湖南北之中，而足资游眺者也。其东北隅曰郭家墩，又曰阮溪，今呼为三汉河，东达城濠，北接魁楼，烟水甚阔，昔时名园环筑于此，如明代之恢台园、绕来溪亭，国初之曲江园、梅花岭、止园、华平园、岭云阁、听山堂、晚甘园、依绿园、柳衣园诸遗迹，今皆湮没无存，惟树色溪光如旧耳。湖之北涯则近古枚里，为居民稠密之地，有金锁闸以扼罗柳河之尾间，有灵惠桥以集三城出入之船舫。龙舟则竞于午日，河灯则散于中元，小坝茶楼，晚风笛韵，普光禅院，落日钟声，每与游舫弦歌遥相应和，此萧湖迤北一带之风景也。

萧湖位于淮安城西北隅，濒临古运河。此湖系因构建淮安城、筑垒浚濠而逐渐形成。萧湖一弯明镜，水波荡漾，芦苇丛生，菰蒲飘香，与淮安城之屋宇鳞密、市声喧杂，形成了强烈的反差。对此，程钟接着指出：

> 余淮人也，世居郡城外敝庐，去萧湖不远，常泛棹以入城，时临流而纵目，或当暑雨初霁，或逢寒雪乍晴，或春风柳绿之时，或秋水葭苍之候，见夫茫茫洲渚，渺渺烟波，不禁心旷神怡，而俗虑为之顿释，岂必身游海上，始能移我情耶！客有寓是里者，爱萧湖之景，尝欲绘为一图，且缀以诗

歌，俾湖山生色，其兴趣颇属不浅，余因作是记以遗之，时光绪丁丑七夕后二日。

上揭的文字颇为优美流畅，由文中所叙可知，《萧湖游览记》一文是程钟为一友人绘制的《淮安萧湖游览图》所作。文末的"光绪丁丑"，亦即光绪三年（1877年）。作者程钟虽自称为"淮人"，但他的祖籍却来自徽州歙县。关于这一点，从其后的"注略"中可以窥其端倪。例如，在"获庄"条下，程钟指出：

家寿补太史沆，有获庄别业。在普光庵对岸，本名白华溪曲，内有铁梅庵漕帅所书"五老宴集处"。

"铁梅庵漕帅"即漕运总督铁保，此人字治亭，号梅庵，满洲正黄旗人，清乾隆三十七年（1772年）进士，刻有《怀清斋帖》，据说在道咸年间曾被誉作北京"四书家"之一[①]，此人行事颇为风雅，与淮安河下徽商一向过从甚密。另据道光《歙县志》、民国《歙县志》等书记载，安东籍人程沆字潜亭，一字少泉，号晴岚，原籍歙县岑山渡，乾隆二十五年（1760年）恩科乡试举人，癸未（乾隆二十八年，1763年）进士，后任编修。另，"晚甘园"条曰："家尊江先生别业。"尊江先生亦即程茂[②]，此人为

---

① 关于这一点，前人颇有异议。有人就认为，虽然清道咸间，北京有"成、刘、翁、铁"之称，但实际上铁保的书法相当拙劣，之所以有名，完全是因为他的地位。

② ［清］李元庚：《山阳河下园亭记》"晚甘园"条。

知名学者程梦星之侄，著有《吟晖楼古文》《晚甘园诗钞》等。所谓家，也就是指与程钟同姓同宗。此外，"依绿园"条曰："先高祖克庵公别业，详见公所著《亦爱堂诗集》。""柳衣园"条："即曲江园，中有曲江楼，本张氏园也，后吾族人名埈字大川公购得此园，因命其弟爽林、风衣诸公，招集里中文士会文于其中，有《曲江楼会课》刊行于世，系王耘渠先生评选。"上述诸条提及的诸位，无论是程沆还是程茂、程埈等人，都来自歙县岑山渡，这些都说明程钟应当也来自同一家族。

上述的《萧湖游览记》一文，首先缕述了淮安萧湖之中的诸多名胜古迹，其后的"注略"，则对这些名胜之由来以及相关的诸多典故加以进一步的说明。在这些说明中，除了前揭的"荻庄""晚甘""依绿园"和"柳衣园"之外，还包括：萧湖、萧家田、东湖、运道、管家湖（又称西湖）、屯船坞、建联城、韩侯钓台、御诗亭、陈烈妇墓、蒹葭亭、石堤、三观音庵、义丐、福建庵、周宣灵王庙、郭家墩、阮溪、恢台园、远来溪亭、曲江园、梅花岭、止园、华年园、岭云阁、听山堂、古枚里。其中的"义丐"条这样写道：

> 家湘舟先生所著《枣花楼诗集》有《义丐行序》云：丐吴姓，本歙人，乞食于淮阴城北之莲花桥，殁之日，谓所知识台山寺僧明朗曰：吾所积可得钱八十千，今将殁，举付汝，结茅庵一，中奉石观音大士像，其余权子母，俾作冬夏姜茶需。余昨过桥侧，见茅舍中有岿然独峙者，乡人谓余曰：此吴丐托明朗所建之慧照亭也，尤乐道其路灯事。先

是，匀买纸灯数十百枚，藏僧寺中，大书"借去还来"字，值阴晦雨雪，行人踯躅道间者，即付一灯以去。

关于"义丐"，在前揭的《萧湖游览记》正文中即曾述及，此处则有更为细致的说明。在盛清时期，因两淮盐业的兴盛，淮安河下殷富繁荣，故来自徽歙的乞丐，乞同乡①余沥，不仅能够生存，而且还能积攒一些财富，推己及人，用以从事慈善事业。这位吴姓义丐的所作所为，与徽州本土的习俗颇相类似（如构茶亭、送路灯之类）。另外，徽州人之所以大力宣扬"义丐"的事迹，将之作为淮安名胜的一个重要景点，不厌其详地介绍其人的经历，其实是旅外徽人对自身社会形象的一种重新塑造。

类似的例子，还见有徽人对节烈、义贞事迹的揄扬。淮安府山阳县南门外二里许运堤南有鲍烈女祠，"祠三楹，祀烈女，以王媪配"。清人韩梦周有《游鲍烈女祠记》，其中提及，明万历四年（1576年），鲍烈女与李恪订婚，尚未过门，李恪却不幸亡故，鲍氏父母想让她改婚。即将出嫁之前，烈女提出想前往李郎墓前祭拜一下，以满足自己的夙愿。这一请求得到了父母的许可。鲍家"故业楮锭，烈女粘楮为衣，渍以油衷之，袭以素服"，她和未

---

① 当时在淮安，有相当多的徽州人侨寓。萧湖中的周宣灵王庙，就是由"新安旅人所建，以栖同乡之士"。《萧湖游览记》"注略"所列的周宣灵王庙条进一步说明："内祀南宋周孝子，讳缪宣，孝子临安人，元末化为道人，救疫于休宁，故徽州人敬事之，事实详庙碑。"周宣灵王庙在歙县有时被称为"鸡王庙"，（参见吴正芳：《白杨源》、许骥：《许村》、柯灵权《歙县里东乡传统农村社会》等书，［法］劳格文（John Lagerwey）、王振忠主编：《徽州传统社会丛书》，复旦大学出版社 2011—2013 年版）而在淮安，它则成了徽州人聚集的场所。

成年的小弟及一老妪前往墓所，到达目的地之后，便借故支开小弟及老妪。"乃大焚楮锭，纵身入其中，油楮炽衣，焚肉焦而死"。及至清乾隆六年（1741年），歙人程钟为其请求旌表，得到朝廷批准，遂建立鲍烈女祠①。此位"程钟"字葭应（与晚清时期字秀峰的程钟并非一人），他"辟故基，拓而大之，缭以门垣，堂寝具备，于是绰楔巍焕，栋宇崇隆，而贞烈之迹历久而愈新"②。

关于鲍烈女祠，当时的许多方志都有记载。例如，《续纂淮关统志》卷12"鲍烈女祠"条记载："在南锁坝下一铺口北，旌表明故贞女鲍氏，旧迹久湮。国朝康熙年间，庠生许常宪请于山阳令徐恕，清查基址，依墓建祠。乾隆元年新安程钟捐赀重修，有记。"此处作乾隆元年（1736年），与前述的乾隆六年不同，当属形近而讹。从姓氏上看，鲍烈女显然是来自徽州的商人后裔，而为她依墓建祠之庠生许常宪，可能也是出自歙县的徽人（来自歙县许村的许氏，在两淮有广泛的分布）。至于捐赀重修的程钟，更是一名徽商巨子（详后）。侨寓徽商及其后裔孜孜不倦地为鲍烈女依墓建祠，褒贞厉俗，自然也是为了塑造区域人群的总体形象。

此外，徽人对"义贞事迹"的宣扬，也是另外的一个例子。关于"义贞事迹"，淮安人曹镳撰有《义贞传》，其中指出：淮安监生程允升，字孝思，祖籍徽州歙县，世居山阳河下，"为人谨愿，不苟言笑，操行以耿介闻"。其父程勋著，是淮北盐商巨子，

---

① 宣统《续纂山阳县志》卷4。亦见《国朝文汇》卷27。
② ［清］汪枚：《重建鲍烈女祠碑记》，宣统《续纂山阳县志》卷4。

家极豪富①。康熙五十年（1711 年）江南科场案爆发，程氏因罹大狱而破家。程勋著晚年生下允元，等到程允元长大后，他的父、兄都相继去世，家产荡然，成了地地道道的穷人。先前，早在程允元出生百日时，其父就在京师为他挑选了吏部官员刘登庸之女为未婚妻。刘登庸系顺天府平谷县人，后来出任山西蒲州知府，"数岁罢职，归挈其孥，侨寓天津"，不久也病殁身亡，家人先后死丧净尽，只剩下一位弱女孤苦零丁——她就是自幼许配给程允升的人。刘女知书达礼，"礼法整肃，于极孤苦中坚守前盟誓，老死不他适"。她借居于相识的尼僧庵内，以针黹自活，"有言媒者，必唾詈之"。与此同时，"允元亦矢志不别娶，孑然漂泊，有得辄缘手尽，唯恐稍蓄余赀，以来朋友作伐者哓哓之口，长为旷夫不悔也"。乾隆四十二年（1777 年）四月，"允元以书计，寄食粮艘北上"，途经天津时，因连日风阻，无法前行。当时，船上人与岸上人蹲地聊天，后者偶然提及，说附近的接引庵内有一守志女，年纪已老，听闻其夫家是淮人，一向以贾盐为生，后因中举而罹大祸。船上人听罢颇为吃惊，感觉这似乎就是程允元的对象。于是，上岸遍访邻近父老，"寻得刘家旧所豢哑子仆名苗义者，今为丐，年且八十余，手语之，市儿簇拥，嘈嘈呼笑，道其稍识字，因为示丐，丐亦写，略得字形，所征乃一一符契"。当时，逆向风愈来愈大，船只更是难以前行。于是，粮帮中的一些好事者，前往庵堂请老尼传语，"往复询得实，而其事遂大显"。当时，粮长

---

① ［清］李元庚：《山阳河下园亭记》"秋声阁"条："程勋著先生宅，在粉章巷右侧。巷内有楠木楼，上下十楹，天阴则香气四溢。程氏中落，宅归李氏。……再易主，归嵯商某，以逋赋入官。先生名□□，以科场狱破家，改字醒未。"

系监生杨锦文，为人豪侠，听闻此事颇为欢喜，他怂恿运弁以公文上书天津县衙，"县令金之忠闻而色动，趣其夫人舆诣庵，审其事确，乃宛转劝妆赴县庭，行合卺礼，假馆成昏"。其时，程氏夫妇都已五十七岁。"既而大吏具奏，得旨旌奖，给官银，建义夫贞妇坊，以表风化。自偕归山阳后，宗党咸有馈遗"。

关于此事，原淮安图书馆收藏有《义贞事迹》刊本，其中有淮安人吴进吟咏的《义贞诗》：

> 鸳鸯老成匹，毛秃羽失翠，
> 人寿近六旬，白首成佳配，
> 幼小联婚姻，两家富且贵，
> 未久时命舛，势去人云逝，
> 人逝可奈何，未得偕伉俪，
> 士也空萧条，女依尼入寺，
> 岂不怀婚媾，音绝费愁思，
> ……
> 远人音耗虚，忧疑积年岁，
> 悲凉复悲凉，庭户日日闭，
> ……

对于程允元夫妇的义贞事迹，当时的两江总督高晋认为："太学生程允元与聘妻刘氏守义怀贞，五十年来如一日，完名全节，二千里外有同心，徇史册所罕传，亦古今之仅觏。奏闻于朝，交礼部覆奏，略谓历年各省题报，义夫者既不概见，其请旌贞女，多系夫亡守节。至于幼年聘定，历数十年之久，彼此隔绝，而各能坚矢前盟，卒偿所愿者，实从来所未有。今程允元因刘氏音问不通，不肯另娶；刘氏复明大义，矢志不回。皆持坚操于青年，竟获偕归于白首，事奇理正，应请将程允元暨刘氏旌表，给银共建一坊，以光义贞之门闾，昭嘉奖之至意。奉旨俞允。"[1] 后来在淮安河下竹巷大街，为程允元夫妇立有"义贞坊"和"乾坤正气坊"[2]，并建有义贞祠。揆诸史实，两江总督高晋与淮扬盐商关系密切，在程允元夫妇得到旌表一事上，起到了推波助澜的作用。

关于义贞祠，李元庚在《梓里待征录》中有颇为详细的记载：

> 义夫贞女，乃程明经秀峰钟之嗣祖父母也，事在乾隆四十二年间，粮长杨小村著押运赴通，有程君允元附舟，为糊口计，藉探原聘之妻刘氏。舟抵通，舟中人语岸上人曰：吾舟中有不娶之夫。岸上人亦曰：我此处亦有不嫁之女。粮长闻而异之，访之，得其实。盖贞女刘氏因伊父没于蒲州守任所，辗转来通，伶仃只影，寄身尼庵，以针黹自活，而矢志不嫁。于是白于官，行合卺礼。入奏，奉旨给帑，建坊以旌之。是时刻有白头花烛诗，并演传奇，卒以年老不育，殁后，以侄韶凤嗣之，即秀峰生父也。程为商后，时淮北尚盛，商会酿金买竹巷西房一宅为祠，设木主以妥其灵，岁请

---

① ［清］梁玉绳：《瞥记》卷7，参见王觐宸：《淮安河下志》卷12《列女》监生程允元妻刘氏条；民国《平谷县志》卷5下《刘贞女传》。

② 王觐宸：《淮安河下志》卷3《坊表》。

于官，得祭祀银两，每春秋邀年高者主祭，庚曾充是役。近秀峰刻有《义贞传》。

前文提及，晚清时人程钟字袖峰（一作秀峰，号讷庵）。根据李元庚的描述，购置义贞祠的资金来自商人，他自己就曾充当过义贞祠的春秋主祭。对此，淮安人杨庆之有《义贞祠原委记》，其中提及，义贞事在乾隆四十二年（1777年），后来详载于礼部则例。义贞祠最早建于淮安新城北辰坊，由淮安太守檄令王允泰等十四商捐银若干伙助。后因北辰坊宅僻陋辽远，故此于道光五年（1825年）改卜河下竹巷街，计有飨堂三间，更衣所一间，乾坤正气坊一座，经费除了各商公捐银六百两外，又得河库款以接续之。《义贞祠原委记》作于同治二年（1863年），根据杨庆之的说法，他撰此文是受程允元后人程袖峰的嘱托，可见，程钟对于祖先义贞事迹的揄扬，显然是不遗余力。事实上，在义贞祠的飨堂北面，就有一岑山草堂，为程钟设帐授徒之处。岑山即程氏的桑梓故里歙县岑山渡，程钟以此表示自己不忘故土①。

---

① 李鸿年：《山阳河下园亭记续编》"岑山草堂"条："堂为程学博秀峰课徒处，在义贞祠飨堂以北。名岑山者，旧籍隶徽州岑山渡，示不忘其祖也。学博名钟，以其先世有德于山阳，山阳人公请入籍。以是学博因世考山阳，为邑诸生，以岁贡归训导铨选。……光绪甲午年，膺里举以孝子，奉旨旌门。平日规行矩步，不苟言笑。善诗，皆和平中正之音。于淮之掌故多留意，著有《淮雨丛谈》，稿藏于家。"（《淮安河下志、山阳河下园亭记、续编、补编》，第562页）淮安河下徽商程嗣立字风衣，号篁村，人称"水南先生"。所谓水南，亦是徽州歙县境内的一种小区域范围的名称，歙县南乡分为旱南和水南，大致说来，"水南"是指靠近新安江沿岸的一些地区，而程氏的桑梓故里岑山渡，正是新安江畔的一个水南村落。

后来，程允元、刘氏夫妇的事迹，被汇集而为《义贞事迹》一书刊印出版。道光三十年（1850 年）海州许乔林为之作序，其中提及，他小时候在清江浦官舍，曾亲眼见到程允元其人。当时"南河安澜，梨园子弟聚袁浦，遇公宴，多演《义贞记》"[①]。许乔林虽然籍隶海州，但他与岑山渡程氏世代婚媾，而且，他本人也是出自歙县许村的徽商后裔。乾隆时代，淮安徽州盐商与清江浦南河衙门官吏关系极佳，徽商亦夤缘际会，将本家族"订丝萝于黄口，偕花烛于白头。守义守贞，五十年如一日，全名全节，二千里有同心"的事迹编成戏剧，公开演出。

（二）

《淮安萧湖游览记图考》末有"附录三则"，其中有一些内容是盐务全盛时期的作品。如程鳌的《珠湖泛舟》：

> 炎热灼肤无时休，树头不动风难求。探凉急走河之畔，一篙突出横中流。水平如掌舟如叶，叶中之人掌上浮。烟光

---

① 《义贞记》一剧，据说有三十二出。该剧出自山阳人吴恒宣，此人或曰海州人，居板浦，曾作《义贞记》、《无双记》等（嘉庆《海州直隶州志》卷 25，参见《凌次仲先生年谱》卷 1，"四十年乙未先生十九岁"条）。丁仁《八千卷楼书目》中，有《义贞记》刊本一卷。今按：凌次仲即凌廷堪，歙县人。当时的板浦，为戏曲的中心之一。从吴恒宣出入板浦、淮安来看，他也有很大可能是来自徽州歙县。

渺渺波汩汩，新秋雨涨堤痕失。隔林老鹳击啄呼，绿头鸭傍芦根立。芦苇瑟瑟影萧萧，曲港断桥乘兴入。珠湖浩漾接萧湖，芰笋青青间绿蒲。望中城堞经年筑，蝉鸣鸦噪徒区区。山阳父老勤王事，那得相如赋子虚。

程鋬字艺农，号秋水，祖籍歙县，少年时以在扬州购买盐业根窝起家致富，后在淮安河下建有且园、南园。康熙年间官刑部郎中，著有《秋水诗钞》14卷。

萧湖亦称珠湖，"附录三则"的第二首就是程嗣立（风衣）的《珠湖泛月》：

　　酒罢卷疏帘，春庭月将晓。树摇波影留，星落蒲根小。一曲展湖光，菱歌望中香。哑哑宿鸟翻，何事萦怀抱。

程嗣立字风衣，号水南，祖籍歙县，安东籍，世居山阳，是淮北著名的盐商，为人风雅好客。

在"附录三则"中，程晋芳的《中秋同人泛舟珠湖》亦颇引人瞩目：

　　新霁逢佳节，疏舲且共扬。人皆待明月，我独恋斜阳。水阔芦初白，天寒菊有芳。依依几株柳，暮色似横塘。

程晋芳原名志钥，字鱼门，祖籍歙县，为淮北盐商，后中进士，是乾隆时代的著名学者。

还有一首程世椿的《萧家湖竞渡曲》：

> 午月萧家湖，明瑟多佳致。鸭绿萍水生，猩花榴花炽。竞舟楚俗雄，往来急流驶。震雷鸣鼓角，入云树旗帜。棹尾妙蜿蜒，骧首惊赑屃。喷浪礜欲扬，斗渊角初砺。盘旋水马驰，剽迅江兔戏。游艘泛蒲觞，累累若鳞次。细葛含风轻，薄纨袭香异。文叶竞劙头，彩丝纷系背。争看射鸭奇，更毫刲蛟利。须臾归鸟喧，落日散游骑。林杪月华新，袅袅闻歌吹。同心四三人，浅酌陶然醉。回首夺标处，烟霞淡空翠。

程世椿，祖籍歙县，安东籍贡生，斋名耘砚斋。

上述四首诗，所展示的皆是盛清时代淮安河下的繁荣景象，从中可见，当年有四方知名之士载酒问奇，流连觞咏，足令后人动追慕之思。

及至道光盐务改票以后，诗文勾勒出的河下景观则完全不同。李元庚曾作《山阳河下园亭记》，记述了河下二百年盛衰兴废之故。对此，同治元年（1862 年）丁晏在序中指出：

> 余览《记》中获庄、柳衣园，余少时曾往游焉。忆嘉庆戊寅夏，余暨高紫峰同年，邀朋侪十余人，泛棹萧湖。时龙舟竞渡，纵游园池，旗亭酣饮，月出方归，甚乐事也！……道光甲申纲盐改票，鹾商失业，售拆此园，划为平地。此《记》所云高台曲池，沦为乌有，不啻雍门之涕矣。迨咸丰

庚申春，逆捻东窜，清、桃相继失陷，伤亡者不可胜计，园亭又无论矣。

关于李元庚的《河下园亭记》，程钟（袖峰）也作一序：

> 咸丰戊午、己未间，乡前辈莘樵先生，手著《河下园亭记》一编，仿《洛阳名园记》之例而作也。夫园亭何足记？记其人也。其人为何如人？皆一时硕德名儒，清才逸彦也。先生年六十，阅人甚多，知里中故事甚悉。叹文物之凋零，伤士风之猥鄙，故特纂辑此书，以存昔贤流风余韵，使后人动追慕之思，岂徒侈高亭大榭也乎！余与先生居甚近，先生忘年下交，虚怀若谷，每过余小斋，商榷此事，并属为采访、校勘。余自惟齿幼学疏，何敢任此？然为乡里文献计，又何可不为先生助？间有所闻，必持以告先生。先生抉择甚精，考核甚审，三易稿而书始成。于是索观者接踵而至，以为此书可补志乘之缺，其必传世无疑。抑余又有感焉：昔李文叔自题《洛阳名园记》云，"洛阳之盛衰，候于园圃之兴废而得。"余则谓河下之盛衰，亦观于园亭之兴废而知。读先生是《记》，能无今昔之慨与？辛酉夏四月，里后学程钟袖峰氏拜跋。

序中的"莘樵"即李元庚，而"辛酉"则为咸丰十一年（1861年）。对此，李元庚在稍早的自序中也指出："余自武林归，与友人话及桑梓旧事，同里程君袖峰询《记》之所在。检而得之，亟示袖峰，并属其详考而正订之。他日当质之乡先生，以匡余不逮焉，是则余与袖峰所深望也夫。"从中可见，程钟与李元庚一起，对淮安河下的历史作了悉心的梳理，故他们的作品于桑梓掌故如数家珍。

盐政制度改革以后，一些与盐商有关的名胜均受到破坏，"荻庄今成瓦砾之场，五老宴集处，碑碣不知失于何所，或云为苏人所购"。河下当地的聚落景观也与畴昔迥异。对此，李元庚在《梓里待征录》中有一《拦马草》条记载：

> 淮地古无是草，道光七年间盐政改票，人民凋敝，河下高堂大厦一时无人售买，因奸人勾拆，不数年竟成空地。其地所生之草似苋，人或不知，煮食必死。此草当伏天烈日中更加茂密，高与人齐，枝梗多刺，刺偶伤手足，疼痛甚切，其毒可知。种如谷种多而易生，如生野地，非独马不食，亦不敢进，故以拦马名，又名钢榛苋。或云梁上尘土落地生此草，或云败气所钟生此草。城中不生，此确证也。

上述的这段记载，系于书中的"河下新异记"部分。在这里，李元庚是以某种植物的疯长来映衬淮安河下之衰落。特别是对拦马草生成原因的解释，显然隐含着当地人对聚落景观变化的直观感受与忧虑。当时，在经济萧条的背景下，淮安的社会风俗也发生了重要的变化。李元庚在《梓里待征录·河下建置记》中有"领亲"条曰：

> 淮俗婚礼最繁，某日起小八字，某日过礼首饰花果，某日过请启即吉日也。娶之先，或一或二日前过嫁妆，一铺盖、两铺盖甚而倍之，木器、灯彩无一不具，仍有陪银，或田或房。娶之次日庙见，淮俗为做朝，妇家择吉请回门，即古之礼婿双请、双带，烦不可言。其打算家行招赘礼，河下亦然。至道光十年后，盐务改票，而婚礼遂不用彩舆，新婿亲迎，谓之领亲，仪从末减，费亦节省。咸丰十年后更为简便，而城中尤而效之，习俗之移人深矣！

这里明确指出，道光十年（1830年）盐务改票后，婚礼不用彩舆，以节省费用，反映了两淮盐政改革对淮安风俗的影响。在这种背景下，《淮安萧湖游览记图考》中收录的不少诗歌，也都状摹了淮安河下的萧条景致。"昔日园亭今荒芜，人事更变风景殊"，这首《萧湖歌》的作者为"古歙汪烜（新甫）"，诗中的盛衰兴废之感溢于言表。另一首《忆旧游（萧湖寓感）》这样写道：

> 览珠湖烟景，忆旧游时，消尽吟魂，瑟瑟秋风冷，搅萧萧芦荻，相和寒砧，送尽两三归艇，无语又黄昏，问几处园亭，谁家楼阁，总化烟云。
> 游人归去也，剩十顷晴波，渐长新痕，何处□岚起，奈普光庵古，往事难论，惟伊一株藤树，犹是昔时根，幸旧主

重来，斜阳故趾，依绿名园。

此词由休宁人佘莹（子衡）作。此外，书中另有古歙汪文弼（右卿）的《春日泛萧湖感赋》：

> 一树藤花指荻庄，湖中风景异寻常。当窗帆影怀萧寺，隔岸钟声送夕阳，落日画船闻短笛，晚风渔艇系垂杨，园林胜迹今何在？盼到芦花惹恨长。

上述诗歌的作者，除了佘莹为休宁人外，绝大多数皆为歙县人。歙、休两地之人为徽商之中坚，他们对于淮安河下盛衰之感慨，显然并非无病呻吟。

（三）

徽商是明代中叶以后崛起的地域性商帮，及至清代前期，淮扬盐业臻于极盛，为了摆脱世人心目中"为富不仁"的印象，徽商在侨寓地竭精竭虑地力图营造"贾而好儒""富而好礼"的崭新形象，在这方面，"义丐""烈女""义贞"等种种事迹，就反映了他们孜孜不倦的努力。当时，徽商纷纷建祠立碑，不惜将这些事迹化为侨寓地的名胜，并通过戏剧的形式广为宣传。从一定程度上看，他们的这种努力颇为成功。淮安地处南北要冲，与南河总督所在的清江浦毗邻，以"义贞"故事为中心的戏曲演出，以及将积德行善之事载入善书①，经由过往的名公巨卿、耆儒硕彦之揄扬，得以传播四方，深入人心，从而塑造了盛清时代徽商的新形象②。

最后，应当指出的是——在淮安历史上，名为"程钟"的歙县徽商及其后裔计有二人，除了前述晚清《萧湖游览记》的作者（字袖峰）之外，还有一位是乾隆时代的程钟（字葭应）③。关于后者，同治《重修山阳县志》卷15《人物五·流寓》将之置于河下徽商程氏家族传记中加以描述：

---

① 《圣帝觉世经注证》载："从叔曾祖巘谷公乐善好施，乾隆八年创建普济堂，收养鳏寡孤独。公年四十无子，夜梦一妇曰：予鲍烈女也，有请于君。且而询庠士许常宪先生，云：南镇坝有明故贞女鲍氏墓，康熙间，余请于徐邑侯恕，清查基址，依墓建祠。后梦烈女携一儿至，予遂生子大桐。今祠圮矣，盍重修焉？公即捐赀建祠事，亦梦烈女以一子相赠。乾隆丙辰元旦，从叔祖问李公生。"（王觐宸：《淮安河下志》卷13《流寓》）程钟号巘谷，可见，他的事迹被写入善书。从书名上看，《圣帝觉世经注证》应是对与关帝有关的《觉世经》之注解，《觉世经》与《太上感应篇》《阴骘文》并为最具影响的善书，是民间宗教的"圣经"。

② ［清］俞蛟：《梦厂笔记》卷2《义夫贞妇传》。

③ 两位程钟均为歙县岑山渡徽商的后裔，这是颇为奇怪的事情。不过，以往学界似乎没有解释过这个问题。相反，有的还含糊地将此二位程钟视作一人，故而对于程钟（字袖峰）生活时代多有误解。例如，郭沫若先生曾有《关于陈云贞〈寄外书〉的一项新资料》一文，其中提及："淮安学者李莘樵（元庚）、范咏春（以煦）、杨笋山（庆之）、徐宾华（嘉）、程袖峰（钟）、段笋林（朝瑞）等，都是嘉、道年间人，都有杂记地方掌故的著作。……程有《淮雨丛谈》……"（《郭沫若古典文学论文集》，上海古籍出版社1985年版，第926页）郭氏提及的这些人之生活年代多有讹误，字作"葭应"的乾隆时人程钟，与字作"袖峰"（秀峰）的光绪时人程钟（著有《淮雨丛谈》），显然不是同一人。而这两人，都不生活在嘉、道年间。

程垲字爽林，弟嗣立，字风衣，由歙迁淮，相继为安东诸生。垲中康熙四十三年举人，嗣立廪贡生，皆好读书，工诗文，善草隶。嗣立兼精绘事，于城北曲江楼造园亭，集邑人及四方文士吟诵其中，一时称文学极盛云。

……

程鉴字我观，垲族也，世为盐商。父阶，官绍兴府同知，归卒，鉴方髫龀，家贫甚，年十七，补安东诸生，已弃举子业，踵事盐筴，致巨富，遂为淮北大商。为人忠信沈毅，尤喜施予。每岁杪，必遣人环视城内贫乏而资给之，被灾及丧葬之不能举者亦然。……子沆，字琴南，进士，官翰林庶吉士，与弟洵俱有文名。是后又有程钟，字葭应，亦垲族人也。援例得知县，……喜振恤，乾隆中尝输万金，于城西门外建普济堂，并器用财贿皆具，御书"谊敦任恤"四字，遣侍郎沈德潜便道赍赐之，邑人以为荣。后复建鲍烈女祠，及刊吴玉搢《别雅》，皆钟一人任之。又有程志义、程志智者，皆钟同族，亦以振施称于当世云。

程嗣立在前文已有提及，其人为《珠湖泛月》的作者。可见，乾隆时代的程钟，与同时代的程垲、程嗣立等人，都是当时的盐务巨商。其中，程钟"援例得知县"[①]，据《续纂淮关统志》卷12记载："普济堂在淮城西门外运河东岸，乾隆八年休宁候选知县程钟捐建"。可见，程钟应是具有职衔的商人。关于复

---

① 据王觐宸《淮安河下志》卷13《流寓》："钟字葭应，增季子，输粟，以知县选。"程增是康熙朝著名的两淮盐务总商。

建鲍烈女祠，已见前述。此外，他还著有《普济堂志》，计有四卷（此一《普济堂志》迄今尚存）。有关淮安的普济堂，根据同治《重修山阳县志》卷2的记载：清乾隆七年（1742年）淮安水灾之后，流民多患疾病。有鉴于此，歙人程钟以银三千两，购买了西门外南四铺地方的民房，建造了普济堂以安置这些流民。其后，淮安普济堂的堂务归淮北批验大使督董经理。道光三十年（1850年），两江总督陆建瀛委员清查，裁减公费，每岁只由运库拨给津贴银二百两，由丁晏、何锦司其事[①]。

淮安的普济堂，最早是由乾隆时代的徽商所捐建，这虽然只是一地的慈善事业，但却与淮安城市乃至苏北社会之盛衰递嬗有着重要的关系。普济堂的经费来自河政、盐务，这成为河政、盐务的冗费之一，但它对于截留苏北各地的流民，确实也起到了一定的作用[②]。

两位程钟虽然同名，但他们所处的时代完全不同，二人笔下的淮安社会风情更是有着极大的反差。程钟（袖峰）的《淮安萧湖游览记图考》保存的盛清时代的几首诗文，显然是对消逝的繁华旧事之追忆，更多的文字则是对盛极而衰的现实之描摹。

---

① 参见：光绪《淮安府志》卷3《城池》"普济堂"条；黄达《普济堂记》，《一楼集》卷16。
② 关于这一点，详见笔者博士学位论文《明清两淮盐业盛衰与苏北区域之变迁》第5章，复旦大学中国历史地理研究所，1991年10月。

附录 4

晚清扬州盐商研究
——以徽州歙县许村许氏为例

    徽商是明清社会经济史研究中的一个重要问题，而徽商之中坚力量则是盐商，尤其是两淮盐商。关于两淮盐商（尤其是清代前、中期的扬州盐商），一向为学界高度关注，特别是在上个世纪八、九十年代，曾集中出现了一批较为重要的研究成果[①]。近二十年来，随着档案史料的开放，以及徽州民间文献的大批发现[②]，以往不为人知的珍贵史料得以进一步利用[③]，这使得我们能够在更为丰富史料的基础上，进一步探究清代之两淮盐政与盐商

---

①   如《江淮论坛》编辑部所编的《徽商研究论文集》（安徽人民出版社 1985 年版）中，就集中收录了多篇两淮盐商的研究论文。另参见拙著《徽学研究入门》（复旦大学出版社 2011 年版）二"徽学研究的历史回顾"。
②   例如，笔者主编的《徽州民间珍稀文献集成》（复旦大学出版社 2018 年版），就收录了多种与淮扬盐商相关的徽州文书抄本。
③   参见拙文《从民间文献看晚清的两淮盐政史——以歙县程桓生家族文献为中心》，《安徽大学学报》2016 年第 4 期。

的诸多问题。有鉴于此，本文利用在民间收集到的一些歙北许氏家族文献，对晚清时期的扬州盐商作一较为细致的剖析。

一、歙县许村许氏的盐业经营

笔者手头有一册徽州文书抄本《杂辑》，是有关歙县方氏茶商的珍贵史料。书中有"新安大好山水"条，曰：

> 吾徽六邑山多田少，人民大半皆出外经商。吾歙邑，有清两淮盐商为我独揽。棠樾鲍氏家资多至三千余万，外此八大商皆拥厚资，不下千万。

这一条资料，概述了歙县籍盐商在两淮盐商中的地位，也提及扬州八大盐务总商的资本规模。其大意说的是——在盛清时代，扬州八大盐务总商的资本分别都在千万两白银以上，其中，尤其是棠樾鲍氏的家资更高达三千余万。关于扬州的八大盐务总商，近人许承尧在其编纂的民国《歙县志》中亦指出：

> 邑中商业，以盐、典、茶、木为最著，在昔盐业尤兴盛焉：两淮八总商，邑人恒占其四，各姓代兴，如江村之江，丰溪、澄塘之吴，潭渡之黄，岑山之程，稠墅、潜口之汪，傅溪之徐，郑村之郑，唐模之许，雄村之曹，上丰之宋，棠

樾之鲍，蓝田之叶，皆是也。

在这里，许承尧指出——在清代，两淮盐务八大总商家族中，歙县人通常总占到其中的四姓。他一一列举了歙县境内的各个盐商家族，关于许姓，文中只提到歙县唐模的许氏，这可能是因为在清代，唐模许氏家族曾有成员在扬州充当盐务总商。不过，若就盐业经营而言，北乡许村之许氏在扬州活动的时间也相当之长。特别是在太平天国兵燹战乱之后，八大盐务总商中的绝大多数家族皆已衰落不堪，甚至于退出了盐业的经营，但许氏与许村附近的上丰宋氏①却能异军突起，在战后的扬州盐业经营中仍然占据了重要的一席。

关于许氏盐商在太平天国之后的崛起，《歙县许村许敦本堂神主谱》刊本上册中，有一篇 1928 年的《清故中宪大夫中书科中书候选训导许静夫府君行述》：

　　府君姓许氏，讳炳勋，字静夫，号砚耕。……乃以诸生隐于市，……道咸之季，先王父中宪公贾于皖北定远县北炉桥镇，府君随侍，附读王氏塾。年十七，宋恭人来归，还歙，从乡先达许善徵先生游，种学绩文，刻苦无倦志。次年，先长兄家麒生时，粤匪烽起，湘、鄂、赣、皖沦陷，大江南北遍贼踪，先王父踉跄逃归，先庶祖母程宜人生二

---

① 笔者收藏有一批上丰宋氏盐商家族文书，关于这批文献，此前撰有：《一册珍贵的徽州盐商日记——跋徽州文书抄本〈日记簿〉》，《历史文献》第 5 辑，上海科学技术文献出版社 2001 年版；《清代扬州盐商宋迪文信函汇编之考释》，（台北）东吴大学《东吴历史学报》第 21 期，2009 年 6 月 30 日。

叔长青及三、四姑母，留滞炉桥镇，先王父念之，抑郁致疾。……先王父家居困甚，府君不得已，赴江苏海州为商，以什一供甘旨，……在海时，贩布为业，幸数年获赢，积赀数千缗，乃设大有布肆于州城内，府君稍慰。

许炳勋（1832—1905）又名许长安，上文提及，道咸年间，许炳勋（静夫）的父亲许中宪在皖北定远县北炉桥镇经商[①]，为此，他小时也就在当地读私塾。定远县北炉桥镇，相传是三国时期曹操铸造兵器的北炉所在，因炉旁河上有桥，遂连称为"北炉桥"。北炉桥地处交通要冲，顺治十七年（1660年）以后，定远县主簿就常驻北炉桥，清人许奉恩称"吾皖定远县北炉桥，巨镇也"[②]。当时，北炉桥镇上的徽商颇为活跃。例如，许村许氏诉讼文书抄本[③]中，就收录了乾隆和嘉庆年间房地契抄件四份和道光十年（1830年）的诉讼文书十余份，其主要内容是有关歙县许村之房产纠纷。个中的当事人之一许恒吉，自述"本籍歙县许家村，向在扬州东台县盐务"，许家村亦即歙北许村。而另一当事人许安吉，则在定远县"西乡北炉镇开设店铺生理"[④]。由此可

---

① 关于这一点，可参见许承尧《记许炳勋事》，见《疑庵诗》，黄山书社1990年版，第128页；民国《歙县志》卷8《人物志·孝友》许炳勋小传，《中国地方志集成·安徽府县志辑》，江苏古籍出版社1998年版，第342—343页。

② ［清］许奉恩：《里乘》卷6，"雷击三则"条，重庆出版社2005年版，第167页。

③ 该书已收入本人主编的《徽州民间珍稀文献集成》。

④ 书中还提及其他的徽商，如"据许仰平、程殿扬供：小的们都是徽州歙县人，在炉桥生意"。此案所传中人，除了许仰平、程殿扬外，还有许治武、许德渊、徐泰峰、许润滋，这些人应当也都是在北炉桥镇从事贸易活动的歙县徽商。

见，许村许氏在淮南从事盐业由来已久。与此同时，早在盛清时代，他们也在北炉桥镇一带颇为活跃。许炳勋的父亲就在北炉桥镇经商，据说有"炉桥半条街"之说，可见产业颇多。上揭行述中许炳勋在北炉桥镇的这段经历，为他后来在扬州的发迹埋下了伏笔。而许炳勋出外经商之初，是在江苏海州创设大有布肆，经营布业，后来才前往扬州：

> ……游广陵，定远方子箴都转一见赏之，延入幕，付巨赀，令营醢业。乃谓二叔曰：是亦足为衣食计，汝其善守，吾将之扬为汝助。……府君乃曰：吾家兵燹后，门祚衰微极矣，不意今尚见此。……府君在扬经营醢务垂四十年，善货殖，不苟取，声誉藉甚。

"定远方子箴"亦即凤阳府定远县人方濬颐（1815—1889）。根据文献记载，休宁方氏一族迁居定远者计有两支，后来所称的炉桥方氏极为繁盛①。关于炉桥方氏，清代寿州人孙家鼐（燮臣）有《芝塘六兄亲家年七十有七，自制重游泮水诗征和，敬步

---

① 其中的一支，据《例授儒林郎候选布政司理问耐斋方公墓志铭》曰：方氏"自远祖储功封于黟，分支休宁，以文献世其家。曾祖蕃，避明季兵火，始迁定远之北炉桥。祖文，补博士弟子员，入定远籍。"见吴玉纶《香亭文稿》卷10，清乾隆六十年（1795年）滋德堂刻本。另一支则见方濬颐《再答策三书》："即敝族思之，自顺治八年，由休宁迁居定远之西乡北炉桥，先六世祖、五世祖皆葬于河头郑，二百年来，由此发迹……"，载《二知轩文存》卷18，光绪四年（1878年）刻本。另，该书卷27另有《有堂方伯家传》："吾族于顺治八年由休宁迁居定远西乡之北炉桥，而城中别有一支，亦由休宁迁居在前。"

原韵》诗，其中有"炉桥北镇铁船浮，闻说君家发迹由"句，其注曰：

> 公先世由徽州迁居定远北炉桥镇。国初时，地方修街道，有精风水者制小铁船一，置水沟中，题曰：铁船悠悠，单发徽州人。以为公门鼎盛之征焉①。

根据族谱的记载，炉桥方氏曾先后出过进士8名，仕宦人数亦颇为可观，其中仅文职官员就多达132人。特别是方濬师、方濬益和方濬颐3人，在晚清时期煊赫一时。个中，方濬颐字子箴，号梦园，道光二十四年（1844年）进士，由翰林外任广东督粮道、盐运使，后出任两淮盐运使。据文献记载，方氏乡土观念浓厚，他曾撰有《冶溪故里吟》，曰：

> 海阳聚族郭源地，三十三都旧有村，白岳雨中真入画，飘零无复雪泥痕。

诗注曰："先大夫曾至郭源省墓，归倩施丈墨痴绘《雨中望白岳图》，今已不存。"② 诗中的"海阳"亦即方濬颐的祖籍地休宁，由此可见，北炉桥方氏之祖籍应在休宁县三十三都。根据方濬颐的回忆，方氏家族在北炉桥"先世十房，东南分居"、"比屋

---

① ［清］方汝绍：《重游泮水唱和诗存》，页5上。美国哈佛燕京图书馆收藏。
② ［清］方濬颐：《二知轩诗钞》卷9，清同治五年（1866年）刻本。

连甍，二百年祖宗缔造"①。光绪二十二年（1896年）刊行的《重修炉桥方氏家谱》中，有一幅《阳宅图》，从中可见镇上有两处"方姓宗祠"，另标有方氏家族成员的住宅，其编绘者自称："吾族聚处于斯，衡宇相望"。

在两淮盐运使任上，方濬颐多延用故戚亲朋，位置于鹾务闲局②。从上揭行述中可见，许炳勋便是他延用的故戚亲朋之一。由于搭上了这层关系，许炳勋在扬州经营盐业将近四十年，也就是说，一直活跃到光绪年间③。

作为扬州盐商，许炳勋还前往苏北盐场购买淮盐："其办理伍佑场务也，严拒垣主借运盐斤，优恤屯船，使无亏损。事竣，余盐界垣主，屯船完全交代，均感甚。其办理四岸运务也，体恤江船，亦如待内河屯船。酌盈剂虚，春秋环运，处之裕如。不孝家泽接办，至今一仍旧贯。其办理淮北鹾务也，选上色，约同人，垣商、湖贩翕然交称。""不孝家泽"，指的是许炳勋的儿子，他也是《清故中宪大夫中书科中书候选训导许静夫府君行述》一文的作者。此处提及许炳勋在淮南和淮北的盐业经营，其中，"伍佑"亦即伍祐，在今江苏省盐城市南的串场河边，是淮南重要的盐场之一（后于1937年与新兴场合并而为新伍场）。当时，淮南引盐行销于湖北、湖南、江西和安徽各口岸，总称"四岸"，

---

① ［清］方濬颐：《二知轩诗钞》卷9《冶溪故里吟》。
② 详见拙文《无徽不成镇图说——定远方氏与北炉桥镇》，《寻根》2002年第2期。
③ 关于这一点，参见光绪三十三年（1907年）洪汝怡《训导许静夫先生家传》；1922年朱师辙撰《清中宪大夫衔候选训导许公墓志铭》，载《歙县许村许敦本堂神主谱》上册，页7下—8上。前者亦收入《断铁集诗存》卷首。

这说明许炳勋所经营的淮盐贸易，具有颇为广泛的地域范围。另外，清初淮南各场设立公垣，以为商灶交易之所。由于运商并不自赴盐场，都是让他人承领课本，立垣代买。后来，又有自行收买以转售于运商的，这些人称为"垣商"（或称垣主），也就是场商。而在淮北，每年新纲，各垣赴司请领垣旗一面，天晴扫晒之日，即竖旗开廪，晒丁望见垣旗，即担盐入垣，以篋筐量收，所以淮北的场商亦有"垣商"之称。当时，淮北盐斤的转输枢纽在淮阴西坝，当地设有盐栈囤盐。而由西坝盐栈采运北盐至正阳关转发河南贩卖，必经洪泽湖，故从事此一贸易的商人称为湖贩①。所谓"酌盈剂虚，春秋环运"，亦即严格按照当时的"循环转运"之制。淮南票盐，自同治三年（1864 年）曾国藩改定新章后，请运日旺，额少商多，票不敷给。有鉴于此，同治五年（1866 年），两江总督李鸿章更定循环转运之法，由认票旧商挨纲给运。

文中提及许炳勋"处之裕如"和"垣商、湖贩翕然交称"，显然反映出其人擅长经商，长袖善舞。根据许骥的描述，许炳勋颇有深谋远虑，早在太平天国兵燹战乱期间，其时淮盐运道中梗，原先所发盐票几成废纸。但许炳勋认为，一旦战事平息，盐票应当还有用处。故除了接受同行馈赠的部分盐票外，还低价收购别人抛售的盐票，等待时机。果然，太平天国之后复行票法，一夜之间盐票价格大涨，许炳勋因此大赚一笔②。许骥的说法不

---

① 参见民国时人林振翰所编《盐政辞典》，中州古籍出版社 1988 年版，辰 14—15，"垣商"条；巳 36，"淮北商垣收买"条；午 31 "湖贩"条。

② 许骥著：《徽州传统村落社会——许村》，［法］劳格文、王振忠主编"徽州传统社会丛书"，复旦大学出版社 2013 年版，第 230 页。

知是否为许村当地的传说，不过，《清故中宪大夫中书科中书候选训导许静夫府君行述》中的确也记载了类似的经营策略：

> 光绪癸未、庚寅等年，某两钱庄倒闭，亏欠巨万，交涉以盐票堆盐作抵，府君商之方果卿世伯，允之，后票价涨，堆盐亦有余，计利有盈无绌。府君常曰：受亏事首肯认亏，无不谐，否则受大亏矣。处事以和平制胜，类如此。是以历子箴都转、仰昕观察、果卿世伯均倚之。今笙如大令，四世其业矣。

"光绪癸未、庚寅"即光绪九年（1883年）、十六年（1890年），因钱庄倒闭，以盐票作抵，不料后来盐票上涨，不亏反赚。正是因为处事灵活，颇多利润，故而与方家世代相互合作，前后长达四代[1]。此处提及定远方氏的四代人，除了两淮盐运使方濬颐之外，还有道员方仰昕、甘泉县令方果卿和仪征县知事方笙如。从中可见，定远方氏世代簪缨，而且数代任官多与扬州一地密切相关。方濬颐晚年亦定居于扬州，在湾子街东岳庙西筑梦园以居。方氏数代在宦海沉浮的同时，亦委托歙县许氏经营盐业，是典型的官商一体。

前文述及，《清故中宪大夫中书科中书候选训导许静夫府君行述》出自许炳勋之子许家泽之手。后来，许家泽继承父业，他

---

① 许炳勋曾作《志美公事略》，文末记作："光绪二十九年冬至日记于杨〔扬〕州方氏寄轩，炳勋时年七十有二。"（《歙县许村许敦本堂神主谱》上册，页4上）扬州方氏寄轩应与定远方氏有关。

自称对于许炳勋的经营之道"至今一仍旧贯"。除此之外，他也不断拓展业务，及至民国初年，许家泽次子许本仁（字诚士）开始负责"永隆盐号"的业务。江西吴城"西岸分驻吴城淮盐公所"成立时，他即是重要的成员之一[①]。当时，"永隆盐号"拥有盐船 70 多艘。许骥引证祁念兹之子祁德政的回忆——获利丰厚年份，每引盐有 9 两银子的利润。从祁德政存有的两张盐票来看，每票均为 120 引。许骥据此推算，每票一年所获高达 1080 两银子[②]。

除了与定远方氏合作之外，许炳勋可能还与淮南盐商何廉舫关系密切。在许村民间文献中，保留有一些何廉舫的盐业档案[③]。其中之一为晚清的执照：

> 太子少保……兵部尚书两江总督部堂管理两淮盐务一等威毅伯曾为给发执照事。照得淮南纲、食各商，自定循环转运章程，世守鹾业，本无他虞，惟各商因无凭据在手，不免游移。兹本爵部堂饬令，于应完厘金预厘外，另再每引预缴厘金壹两，以充紧饷。今其急公之义，另刊执照发给，俾各商执为永业。兹据皖岸商人何公远呈缴厘金壹百贰拾两，合壹百贰拾引，除收讫外，合行给照，为此照给该商收执，永远承运，如遇更换花名，并准呈缴换给，须至执照者。

① 许村志编纂委员会编《许村志》（黄山书社 2015 年版）第 15 页，收入"西岸分驻吴城淮盐公所成立会摄影"，是盐商的合影，其中的前二排左一为许家泽。
② 许骥：《徽州传统村落社会——许村》，复旦大学出版社 2013 年版，第 231 页。
③ 此数份档案由许骥提供，部分亦见《许村志》第 14 页书影。

右照给商人，的名何廉舫，准此。

光绪拾贰年正月三十日给

两淮盐政

光绪十二年即 1886 年。在光绪《两淮盐法志》中，何公远号称"岸商"，实为淮南盐旗的名号。此一执照上钤："此票业于民国十八年十月　日验讫登记……"。与其粘在一起的则是"查验盐票凭证"：

财政部为发给查验盐票凭证事。照得查验淮南湘、鄂、西、皖四岸盐票，征收验费一案，前经本部提呈行政院议决，转呈国民政府，指令照准在案。兹查四岸共收验费银肆百万元，内皖南岸派缴验费银肆拾壹万陆千叁百贰拾捌元，计付引厅□银陆元玖角柒分，现据该岸盐商呈验，花名何公远荣记盐票，票面载明引额壹伯贰拾引，共应缴验费银捌佰叁拾陆元〇角〇分〇厘，已如数收讫，除饬两淮运使盖印登记外，合行颁发凭证，准其照旧循环转运，此照。

右给皖南岸票商的名何廉舫收执

中华民国拾捌年拾壹月　日

除了这两份粘在一起的文书档案，另有一张两淮盐运使颁发的文件：

两淮盐运使张为查验盐票给发谕知事。照得湘、鄂、西、皖四岸盐票，前据运商清吉昌等呈请保障票权办法五条一案，本公署前奉财政部第九七一六号训令，以原呈第一条请维持票引，该商等此次既将盐票遵令缴费，呈验本部，自当力予维持，将来盐法如有变更，亦必酌量公允处置，原呈所称不无过虑，仰即转谕各该商安心照旧营业，毋自惊扰。第二条请严禁精盐侵销淮岸。查精盐定章，只以行销通商口岸为限，迭经通令，遵照在案。第三条请严查长江轮船夹带私盐。此案前据该运使拟具办法，呈请盐务署核示，业由该署指令饬遵。第四条请查禁各种杂私侵销四岸。查行盐各有引界，越境私销，自当照章查禁，从严惩办。第五条请咨四岸各省政府偿还豫借税款，以及公债库券。查各项债务，自应由各省政府查案核算，设法整理清还，等因，奉经谕饬四岸运商事务，所通传知照在案。现据各商逐票呈验，并声请刊发原令前来，合行随票给发，俾资遵守，此谕。

右谕仰商人何公远荣记，准此。

中华民国十八年拾壹月　日

此一档案后钤"两淮盐运使印"。由此可见，在晚清时期，何廉舫以"何公远荣记"的花名从事盐业经营。及至民国前期，他们仍然长期活跃在淮南盐业中，为保护专卖特权而不断奔走呼号。何廉舫号悔余，曾任吏部主事、江西吉安知府，与曾国藩关系莫逆。民国《甘泉县续志》说他是曾国藩门下士，"文正督两江时，每按部扬州，必枉车骑，诗酒流连，往往竟日"①。何廉舫后寄居扬州从事盐业，颇为富裕，建有壶园（又称"瓠园"，位于今扬州市东圈门 22 号，为市级文物保护单位），由大小三个园子组成，南北纵深长达百米，园内旧有宋宣和花石纲石舫，形制奇古，称为名品，该石现置于瘦西湖小金山。另从方志记载来看，从同治四年（1865 年）开始，何廉舫所有的何公远盐旗，就认运了上元、江宁、六合和江浦四县，专运伍祐等盐场之淮盐共计 7848 引②。同治八年（1869 年），江宁府城的倪公祠义塾湘平银 400 两，曾交省城何公远盐旗生息③。翌年，江宁府七县士子公车之费，亦交何公远盐旗生息④。从何廉舫专运伍祐等盐场的淮盐来看，他应与许炳勋有着不解之缘。而这批文书档案又保存在许村许氏文献中，说明二者的关系的确相当密切。

许村许氏在扬州的盐业经营，直到 20 世纪三四十年代才基本终结。根据许骥的讲述，抗战爆发，为阻止日本海军的进攻，其长子许本震（恪士）在扬州登报申明，"慨然倾其家族拥有盐船数十艘，悉予凿沉江底，百万家财，顿沉江底"、"绝不资敌用"⑤，从而为许氏家族的盐业经营，画上了一个悲壮的句号。

---

① 民国《甘泉县续志》卷 13《名迹考》，"中国方志丛书"华中地方第 173 号，（台北）成文出版社 1975 年版，第 897 页。
② 同治《续纂江宁府志》卷 2《田赋》，光绪六年（1880 年）刊本，页 22 上。参见光绪《两淮盐法志》卷 100《征榷门》、卷 81《督销门》。
③ 同治《续纂江宁府志》卷 14 之九上《人物》。
④ 《江宁府属公车费碑》，同治《续纂江宁府志》卷 15《拾补》。另参见民国《高淳县志》卷 12 上《恤典》，其中亦提及光绪九年（1883 年）类似的情形。
⑤ 许骥：《徽州传统村落社会——许村》，复旦大学出版社 2013 年版，第 230—231 页。

二、"贾而好儒"的扬州盐商

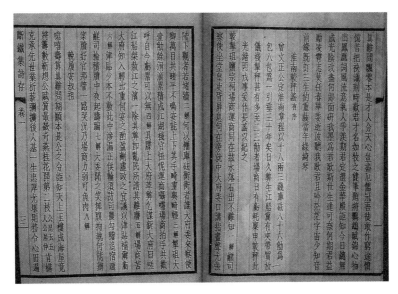

图38 [清]许炳勋:《断铁集诗存》

在盛清时代,扬州盐商素以豪侈风雅著称于世。此一特征,及至晚清仍然颇为显著。许炳勋之子许家修曾说:"先严中宪公所著诗文甚富,惜少留稿,仅《断铁集》一册尚存,兹亟付印,以存手泽,兼示后人,知渊源之有自也。"从许炳勋所著《断铁集诗存》来看,其人颇具儒商色彩。《断铁集》中有不少咏史诗，如《读明史》《淮阴侯庙题壁》《淮阴钓台怀古》《读随园诗集题词》《钩弋夫人》《桃花夫人》《秦始皇》《张留侯》《王嫱》《伍员》《项羽》《岳忠武》《曹阿瞒》和《陆剑南》等，这些，似乎都反映了许炳勋对历史的偏好。在《三十初度感怀》一诗中，他写道：

> 功名泉石两蹉跎，卅载光阴委逝波。半世无成因我拙，此生有命奈人何。时危作客飘零易，岁暮思亲涕泪多。怕引菱花自相照，年来双鬓渐婆娑[①]。

过了四十年，他又撰有《七十感怀》诗，其中之一曰：

> 不觉年华七十秋，聊将旧事说从头。书生有悔青灯负，志士无成白发羞。始信光阴成野马，由来身世等浮鸥。壮怀莫作穷通感，天地升沉不自由[②]。

这些，都抒发了他个人的情感。此外，他的《偶感四律寄示献儿》，则不无忧国忧民的情怀。对于自己的盐业经营生涯，在《断铁集诗存》只见有一首《淮南较秤谣》，诗前有序曰："曾文正公定淮南章程，以十八两三钱库砝八十六斤为一包，八包为一引，垂三十年矣。日久弊生，江船冀有夹带买放，仪栈掣秤，甚

---

① 许炳勋：《断铁集诗存》卷 1，第 8 页上，见《古歙许静夫先生遗集》。
② 许炳勋：《断铁集诗存》卷 1，第 8 页下。

有多至二三斤者，场商日有亏耗，禀申较秤，此光绪丙戌事"①。
"光绪丙戌"亦即光绪十二年（1886 年）。淮盐原先规定以六百
斤为一引，外加卤耗六十斤，包索三斤半，每引分作八包，每
包连包索重八十六斤，后因在执行过程中弊窦丛生，遂有改革之
举，为此，许炳勋作有长谣以纪。

此外，《断铁集诗存》中还有不少反映许氏在苏北活动的诗
篇。如在扬州，许炳勋撰有《游平山堂作》：

　　　尚有雄心未肯灰，登临直上翠微隈。二分明月谁骑鹤，
十里平山客举标。贾勇敢居余子后，胜游先约众宾来。春风
吹遍扬州路，簇簇花开锦绣堆。

　　　才出城闉别有天，客怀嫌俗涤清泉。我来得句先呈佛，
僧指残碑不记年。旧事输赢争一劫，新知会合有前缘。故山
久负归栖约，忽听松声自爽然。

当时，扬州是淮南盐业的中枢。自明代以来，徽商便以"鱼
盐刀布倾东南"。而在苏北，除了盐业之外，还有繁盛的渔业贸
易。苏北的新安镇，就是因徽州鱼商之纷至沓来，而迅速发展起
来的②。关于这一点，许炳勋曾作有《癸亥五月偕吴少圃同游八
佛禅院，谒超凡上人于延寿堂，满壁题章，淋漓酣畅，诵难释

---

① 许炳勋：《断铁集诗存》卷 1，第 2 页下—3 页上。
② 参见拙著《徽州社会文化史探微——新发现的 16—20 世纪民间档案文书研
　究》第一章《〈复初集〉所见明代徽商与徽州社会》，上海社会科学院出版社
　2002 年版，第 60—66 页。

口，吴君因嘱题数语，以志鸿爪》，诗曰：

寻幽来古寺，揽胜入禅堂，曲径人声寂，风廊花影凉，
游踪原欲纪，诗律已全荒，勉副金兰意，聊题墨竹行。

新诗和醉墨，题遍梵王宫，句挟雷霆势，才兼雅颂工，
不知红袖拂，尽付碧纱笼，试扫生公石，披襟快晚风。

听说维摩状，能参文字禅，菩提征宿慧，衣钵悟真传，
院起楼台丽，庭载花木妍，清修何所似，皓月一轮圆。

他乡逢旧好，乘兴一追陪，踪迹天教聚，才华我素推，
尘劳方外减，风景望中来，切漫谈时事，烽烟故国推。

据诗注曰："八佛禅院在淮北新安镇。"八佛禅院又叫八佛
庵，据乾隆《新安镇志》记载："八佛庵，在镇二牌，创自崇祯
年间，内有八佛，故名。又有地藏殿，乃十王朝地藏之像，有老
君圣像，每铁匠逢会，则于此庵敬之，于乾隆三十年，众建戏
楼，亦有香火田。"

除了在两淮的活动之外，据说，许炳勋还在芜湖创建庆大长
布店，并在运漕开设杂货店 [1]。这些，从其后代保存下来的一些
信底 [2] 中，仍然可以窥其端倪。

---

[1] 《许村志》，第 910 页。

[2] 笔者手头有徽商许良身（以修）的信底，其中内容包括民国十九年、二十年
和二十一年（1930—1932 年）寄往各地的信函。其中，除了少数几封寄往
江西吴城、浙江龙游、江苏南京和湖南的信函之外，绝大多数都是寄往芜
湖、运漕和宣城。

三、扬州盐商对桑梓故里的贡献

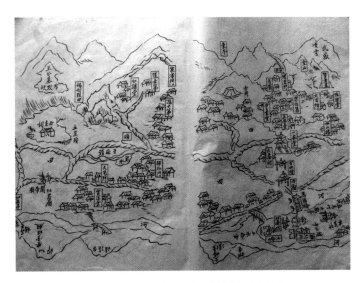

图 39 歙北许村《歙县许村许敦本堂神主簿》

许炳勋虽然长期侨寓扬州，但桑梓故里时刻萦绕于心。对于故乡，他留下了《题昉溪垂钓图为丽堂叔祖作》《哭伯氏云甫先生》《任公钓台（在予里大溪边）》《太白酒楼（在郡城西门外，世传太白访许宣平处，见府志）》①《至街口偶占》和《客从歙县

---

① 另，许炳勋还撰有《太白酒楼记》，见《断铁集文存》卷2，第14页上—14页下。

来备述昉溪遭乱情状》诸诗。特别是对于太平天国时期的兵燹战乱，他更有着切肤之痛。例如，《癸丑五月遥闻南中音耗糜烂书此志痛》中就写道："家经兵燹流亡破，亲在饥寒疾病中，不意一身仍故我，空余双泪哭途穷。"另外，在《客从歙县来备述昉溪遭乱情状》中亦写道：

> 故乡遭大劫，吾辈动深愁。焚杀闻无数，流亡想未休，亲容悬梦寐，归计阻车舟，怅望南天外，盈盈泪满眸。

根据当地传说，六朝时期新安太守任昉曾隐居于此，故许村一带素有"昉溪"之称。对于太平天国之后桑梓故里的重建，许炳勋颇多关注。近人许承尧在民国《歙县志》中，曾提及扬州盐商对于徽州本土的影响："彼时盐业集中淮扬，全国金融几可操纵，致富较易，故多以此起家。席丰履厚，闾里相望。其上焉者，在扬则盛馆舍，招宾客，修饰文采；在歙则扩祠宇，置义田，敬宗睦族，收恤贫乏。下焉者，则但侈服御，居处声色玩好之奉，穷奢极靡，以相矜炫已耳。"此一记载，反映的是盛清时代的情形。及至晚清，淮扬盐商的财力虽然已与畴昔迥异，但徽商对故土的反哺，却亦并无二致。光绪十五年（1889年）许炳勋返回歙县，他在当地扶孤恤贫、济急周乏，可谓不遗余力：

> 村有大观亭，建自前明，楼高三层，为合村古迹。又有仁寿亭，地当孔道，为农夫行田馌饷樵采所必经，府君省视颇败，先后捐赀修治。十八年，村之天马山左道路山洪暴发

冲塌，人不能行，府君倡捐修治，路长百数十丈，往来称便。十九年，二十九世祖元锡公茔地为人盗卖，府君陈于邑宰，直之。案结，捐洪里湾田亩，为赋税祭扫之需。又许村至旌德界，中隔巨山曰雪岭，峰回路曲，既险且骏，以骡马践踏，碎石刃立，府君禀县倡修，阅岁告竣。嗣又捐赀续修，以垂久远，坦夷无阻，迄今赖之。又邦伯门祖祠年久失修，与族兄德卿谋议重新，顾工程艰巨，筹以祠租，分年储积，并允捐巨款，为族众倡。……里党善举，力所能及，必慷慨输助，晚年尤笃^①。

  从上述的描述中，我们可以看到晚清扬州盐商对于桑梓故里建设颇多贡献。对于村中的公益事业，许炳勋一向不遗余力。例如，上文提及的倡议重修邦伯门敦本堂祠，始于光绪中叶。光绪三十一年（1905 年）他去世后，又由其子、盐商许家泽等继续兴修，最终得以完成^②。许炳勋撰有《昉溪近代知名录》《诰赠中宪大夫追赠知府衔候选训导许钧元先生小传》和《志美公事略》等，为太平天国前后的许源征、许瑞麟、许珩、许周仁、许吉祥、许鸿、许琳和许荣甲诸人写了传记。他还撰写有《祭汪越国公文》《祭东升社庙文》等，对咸同兵燹之后许村祭祀礼仪之重建，亦有一定的建树。

---

① 民国《歙县志》卷8《人物志·孝友》，第75页上："晚年倡修邑北至旌德之雪岭，又捐赀重修天马山下石路。光绪三十一年，遗命捐太尉殿石桥银壹千两，子孙能继父志。"
② 见 1924 年许家修所撰《重修邦伯门敦本堂记》，载《歙县许村许敦本堂神主谱》上册，第 9 页上。

综上所述，晚清时期扬州盐商的财力虽然远远不如盛清时代，但太平天国之后扬州盐商的发展，对于徽州战后之复苏，尤其是歙县村落的发育以及社会变迁等，皆有极为重要的影响[①]。

四、结语

近人陈去病在《五石脂》中曾指出："徽人在扬州最早，考其时代，当在明中叶。故扬州之盛，实徽商开之，扬盖徽商殖民地也。故徽郡大姓，如汪、程、江、洪、潘、郑、黄、许诸氏，扬州莫不有之，大略皆因流寓而著籍者也。"[②]这一点，也得到了《扬州画舫录》以及徽州和扬州方志的诸多印证。

根据此前的调查，在扬州当地，尚存有一些与徽州盐商相关的遗迹。如在扬州老城区广陵路小流芳巷内4号，此前发现有"徽国文公祠"的门楼[③]，这是晚清徽州会馆及其附属慈善组织

---

① 这种情况，直到民国年间仍有流风余韵。《申报》1932年11月11日载，安徽歙县许家泽捐私立仪耘小学开办费暨常年基金共30700元，受教育部褒奖。关于这一点，参见《申报》1933年1月24日。另据《许村志》，许村私立仪耕小学始建于1927年。

② 《丹午笔记、吴城日记、五石脂》，"江苏地方文献丛书"，江苏古籍出版社1985年版，第309页。

③ 关于徽国文公祠，民国《续修江都县志》祠祀考第十一载："在缺口街小流芳巷，本徽州府六邑会馆，光绪十一年，由徽绅程夒等改建，正屋三楹，奉文公木主祀焉，为同乡养疴、设主、厝柩之所。江都知县谢延庚有碑泐石，每年春秋，由同乡公举望重者一人主祭。"民国十五年（1926年）刊本，第18页下—19页上。

"恭善堂"的旧址，其中还有一块光绪十一年（1885年）四月树立的"奉宪勒石"，个中详细记述了"恭善堂"之由来及其管理制度：当时，歙县同乡集资在扬州缺口门城内流芳巷地方，契买民地一区，"公建徽州恭善堂"，"以为同乡养病之区，旅榇停厝之所"。此一碑刻的发现，具有颇为重要的学术意义[①]。碑文提及："全徽六县外游，半事经营，计在邗江为客不知凡几，或因仕宦而寄居，或以贸迁而至止"[②]，这突出反映了太平天国以后徽商在扬州的势力。

与其他歙县的扬州盐商家族一样，太平天国之后许氏之发迹，亦与其官商的背景密切相关。当时，精于商贾权算的许炳勋，凭借着徽州和北炉桥双重的地缘关系，夤缘际会，与两淮盐运使方氏家族连续四代形成共同的经营关系，官商互动，而得以在晚清的扬州盐务中如鱼得水。直到现在，出自许村的另一盐商许榕楣，其住宅及盐号、钱庄等遗存，在扬州市区仍有多处。其中，有丁家湾的"谦益永盐号"所在地、广陵路的"汇昌永钱庄"等，这些清末民初的建筑，都是昔日许氏盐商在广陵从事商业活动的遗迹，如今则成了扬州市的文物保护单位[③]。此外，近

---

① 关于"恭善堂"的记载，管见所及，仅见有光绪十年（1884年）九月初一日歙县梅溪节烈双襃公匣司事所具的《征信四录》中的一处记载："一叙扬州新建新安恭善堂会馆捐款。"唯据此件，则恭善堂之兴建当早于光绪十年。

② 扬州市政协文史和学习委员会：《扬州盐商遗迹》，南京师范大学出版社2011年版，第377页。

③ 关于许榕楣，参见《许村志》第十四篇"人物"，第901页；《扬州盐商遗迹》第143—145页，"许榕楣住宅及盐号、钱庄"；扬州文物局编：《风流宛在——扬州文物保护单位图录》第105页，"许氏盐商住宅"，苏州大学出版社2017年版。

年来新发现的《南旋日记》稿本，亦是扬州盐商许氏两度返乡省亲所留存的珍贵资料^①。

今后，可以结合近年来陆续刊布的宫廷档案、扬州地方文献及相关遗迹，并重点发掘徽州民间文献中的新史料，进一步推进扬州盐商的研究。

---

① 私人收藏，已另文探讨。

后　记

　　自 1986 年起，笔者因从事两淮盐业与苏北区域历史经济地理的研究，接触到了许多徽州盐商的史料，特别是在淮、扬各地考察期间阅读到的一些竹枝词、镇级和村级方志，深感这些乡土史料具有相当重要的史料价值。故此，在此后的数年内，便以这些资料为基础，结合其他文献史料，对两淮盐政与徽州盐商诸问题作了进一步的探讨。在此期间，曾数次到合肥和徽州各地调查、收集资料，并曾数度赴黄山市参加"徽州学"学术讨论会，与前辈学者和同行有着比较广泛的接触和交流，先后发表了相关的学术论文十数篇，《明清徽商与淮扬社会变迁》就是在此基础上整理而成的。

　　此部专著得以面世，首先要感谢复旦大学历史系的朱维铮教授，朱先生在出国讲学前夕的百忙中，慨然为拙著撰写推荐信。另外，苏州大学历史系唐力行研究员、复旦大学中国历史地理研究所邹逸麟教授也鼎力推荐，并分别指出原书稿包括书名在内的一些缺点，使得书稿的修改和整理得以完成。最后，还得感谢"三联·哈佛燕京学术丛书"编委会的诸位先生，特别要感谢许医农先生为审阅拙稿所花费的心血。

1995 年深秋于复旦

重版后记

此前，为了修订《明清徽商与淮扬社会变迁》一书，我在复旦大学图书馆特藏部调阅各类古籍，重新核对书中的一些引文。偶然间，在一册泛黄的线装书内保留的书签上，看到自己于1987年的借阅签名，不禁感慨系之——时间过得真快！

1991年10月，我完成博士学位论文《明清两淮盐业盛衰与苏北区域之变迁》，这是有关历史经济地理方面的一项专题研究。此后数年，结合对"徽学"研究的新探索，我将其中的相关部分修改而成《明清徽商与淮扬社会变迁》一书，该书收入"三联·哈佛燕京学术丛书"第三辑。

此书梓行时的1996年，国内的学术著作出版极其困难，尤其是对年轻学人而言，这与时下的情形不啻有天渊之别。当时，我刚刚年过而立，此书的顺利出版，曾给我以很大的鼓励。在我的学术道路上，《明清徽商与淮扬社会变迁》算是最初的一个足迹，此后的诸多研究，都在此基础上逐渐延伸而出。

我本人的专业是历史地理，虽然有的同行曾将该书归入历史人文地理研究之列，但从严格意义上讲，这并不是历史地理的著作，而是社会史研究的专著。不过，尽管如此，它仍然得益于我在复旦大学中国历史地理研究所受到的学术训练。

上个世纪八九十年代，在大陆学界，区域研究还不像现在这样风行，实地考察和对地方文献的收集与利用，亦远没有如今这样普遍。当时，除了受海外资助、开风气之先的一些学者之外，并没有太多的人有兴趣且有充足经费走出书斋，前往自己研究所涉的实地考察，收集民间资料。不过，我所在的中国历史地理研究所一向有着实地考察的优良传统，业师邹逸麟先生就经常鼓励我应在书本之外，前往所研究的场域考察风土民情，收集当地文献。正是在这种背景下，我不止一次地前往苏北和皖南，徜徉于古运河畔，流连于淮、扬的街衢巷陌，行走于黄山白岳之间。其间，不仅对研究对象有了诸多感性的认识，而且也收集到传统历史文献之外的其他珍贵资料。《明清徽商与淮扬社会变迁》一书，如果说有一点成功的话，很大程度上就得益于这些经历以及与之相伴而来的各类鲜活的史料，这使得制度史与区域社会史的研究得以相互衔接。

作为国内第一部徽商与区域研究的相关专著，该书自出版伊始，便受到学界一定的关注。当年，中国大陆的"徽学"研究活动极为活跃，每年都有至少一次乃至多次的国内或国际学术会议召开。在这样的诸多场合，此书中首度揭示的一些史实和观点，也得到国内同行以及日本、韩国学者的指教、交流和评论。由中国社会科学院经济研究所同行主持、撰写的经济史研究年度综述曾指出：该书"对明代以来盐务中'占窝'的变迁，徽商与康熙南巡及对两淮盐务的控制，'月折'制度及对徽商发展的影响，徽商的土著化进程，徽商对东南城镇、文化的影响等问题提出了许多新见，从而更清晰地揭示了徽商对淮扬社会变迁的影响。"（《中国经济史研究》1997 年第 2 期）上海社会科学院历史研究所的陈克艰教授，为此发表了《历史具体和理论"态度"》一文（载《史林》1997 年第 3 期），对该书作了颇为详细的评述，认为它"以制度分析为骨干，撑开一个具体而整全的社会经济史实"。澳大利亚安东篱（Antonia Finnane）教授在其专著 Speaking of Yangzhou: A Chinese City, 1550—1850（《说扬州》）一书中，对拙著在徽商与扬州研究中的学术贡献也稍有评价，虽然她的"开创性研究"之说或许不无溢美。另外，经原东京大学岸本美绪教授的推荐，此书中的"无徽不成镇"一节，约二万余言被译成日文，作为当年中国城市史研究的最新成果，在日本都市史研究会编辑的《都市史研究年报》上发表（山川出版社，1998 年 10 月）。《明清徽商与淮扬社会变迁》一书，于 1997—2000 年间，曾先后荣获首届上海市历史学会奖、上海市哲学社会科学优秀成果奖、霍英东教育基金会高等院校青年教师奖等各类奖项。在我看来，前揭的一些评论与各类奖励，更多的应视作当年学界对新进学人的一种鼓励与扶持。

当然，该书毕竟是将近二十年前的作品，无论是图书资料还是检索系统，当年各方面的条件都远没有现在这样优越和便利，再加上其时个人学力所限，如今看来，书中的一些研究尚可继续深入。特别是近十数年来各类新史料的发现与刊布，许多问题更有了进一步推进的可能。1996 年，笔者在原书导言之末曾指出：

> 有关两淮盐政、徽州盐商及东南社会变迁的研究，还有很多问题没有解决。……所幸的是，有关明清徽商与两淮盐业的史料汗牛充栋，散见于方志（尤其是与徽商有关的村级方志）、族谱、笔记和文集中的更是浩繁无数，还有苏北各地收藏的一些未刊乡土资料（镇级方志、笔记、竹枝词等），以及近年来《历史档案》等杂志陆续披露的档案史料，也尚待人们的进一步挖掘和利用。这些，都为此后的深入研究提供了丰富、翔实的资料来源……

新史料是进一步深入探讨的基础，在这方面，除了习见史料（如《扬州画舫录》《两淮盐法志》以及徽、扬二地的方志）之外，对于明清文集、徽商族谱和徽州文书的广泛发掘和利用，应是此后深入研究需要着力的重点。关于明清文集，近十数年来影印、刊刻的诸多大型丛书中，有不少以往难得一见的珍稀文献，其中即有一些与扬州研究相关的史料。而在族谱方面，有关徽州盐商，特别是那些与扬州鹾务总商相关的徽商家谱尤其值得重视。譬如，歙县《岑山渡程氏支谱》《济阳江氏族谱》《歙西傅溪徐氏族谱》等，都与扬州盐商的研究密切相关。如今，档案史料更是大批刊布，特别是《清宫扬州御档》之出版，为徽商与扬州城市文化的研究，提供了大批新的珍稀文献。

与此同时，当年始料未及的徽州文书之再度大规模发现，已由一般人难以企及的珍稀文献，一变而为明清史学工作者案头常备的一般史料。本书出版后不久的 1998 年，我在皖南意外发现大批徽州文书，自此以后迄至今日，相关的史料仍层出迭现。其中，比较系统的如歙县北乡上丰的宋氏家族文书，包括契约、尺牍、日记等，其总数多达数百件（册），不仅为数可观，而且内容极为丰富。上丰宋氏与岑山渡程氏都是清代两淮盐务八大总商家族之一，该家族在长江中下游各地从事盐业、典当、茶叶等诸多行业，尤其是在太平天国时期，其家族成员冒险运送淮盐，从而在战后的两淮盐务中占据了重要的一席之地。此外，徽州盐商分家阄书《五房收执》抄本、许村盐商的《南旋日记》稿本、淮北盐政改革时期徽商的鱼雁往还、安徽省歙县档案馆收藏的《交谊遗芳书信集》等，也都是淮扬盐商研究的珍贵史料。这些文书，具体而微地反映了徽商的经营活动、日常生活和文化追求，对于深化徽商与淮扬社会变迁之研究，均具有重要的学术价值。通过发掘新的文献史料，无疑会将今后的研究推向一个新的高度，甚至在某些方面，足以改写徽商与晚清的盐政历史。在这方面，仍然需要踏实、细致的诸多研究。或许，在不久的将来，笔者可以完成另一部以徽商与淮扬社会研究为主题的新著。

有鉴于此，本书此次的再版，除了对原著做一些技术处理（如改正明显的引文及表述讹误）之外，基本上保持原貌。在此基础上，根据我在 1996 年后新收集的资料所做的研究，增加了两个附录：一是利用当年新刊布的中国第一历史档案馆收藏的历史档案，对乾隆后期的两淮盐政作一新的探讨。二是利用复旦大学图书馆庋藏的善本《扬州画舫纪游图》，研究游艺中的盛清城市风情。此外，在书中增加了数十帧图片①，包括一些新发现的徽州文书之书影。上述这些，总体上反映了徽商与淮扬社会变迁进一步研究的基本史料来源，亦即利用历史档案、图像文本和民间文献等，在这方面，显然仍大有可为。

最后，应当感谢三联书店的再版提议及修订版的编辑工作。此外，当年鼎力推荐此书的朱维铮教授已于前年遽归道山，值此修订再版之际，我对先生当年的提携仍充满感激，谨此表达怀念之情。

2014 年 4 月 10 日

---

① 承中国徽州文化博物馆陈琪馆长的帮助，书中收录了《新安岑山渡程氏支谱》的首页和《淮盐总局按照花名、引数售盐付课总账》封面的书影，特此谨申谢忱！另，本书其他插图中的文书，均系著者个人收藏。

第三版后记

不知不觉，离上次的修订版已过了九年！

2014 年，适逢"三联·哈佛燕京学术丛书"出版 20 周年纪念，该书有幸与《祖宗之法》、《天朝的崩溃》、《中古中国与外来文明》等七种一起被遴选修订再版。与此同时，由于各类文献（特别是徽州民间文献）的陆续发现，我对明清徽商与淮扬社会变迁相关问题的研究仍在持续推进，先后陆续发表多篇学术论文。此次再版，于文末增加了两篇论文，一篇为《再论清代徽商与淮安河下之盛衰——以〈淮安萧湖游览记图考〉为中心》，原刊《盐业史研究》2014 年第 3 期。另一篇则是《晚清扬州盐商研究——以徽州歙县许村许氏为例》，刊载于《地方文化研究》2018 年第 3 期。

《再论清代徽商与淮安河下之盛衰——以〈淮安萧湖游览记图考〉为中心》一文，聚焦于上海图书馆收藏、由清人程钟（字袖峰）所撰的《淮安萧湖游览记图考》一书，通过细致梳理、研究指出：清代前期，随着两淮盐业的兴盛，徽商在侨寓地殚精竭虑地营造"贾而好儒"、"富而好礼"的崭新形象。他们在淮安，极力揄扬"义丐"、"烈女"和"义贞"等种种事迹，并纷纷建祠立碑，将这些事迹转化为侨寓地的名胜。此外，徽商还通过戏剧等形式广为宣传。由于淮安地处南北要冲，又与南河总督所在的清江浦毗邻，以"义贞"故事为中心的戏曲演出，以及将积德行善之故事载入善书，经由过往的名公巨卿、耆儒硕彦之揄扬，得以传播四方，深入人心，从而塑造出盛清时代徽商的新形象。此外，论文还辨析了淮安历史上同名为程钟的两位徽商（一字莨应，一字袖峰）之身份，并指出：《淮安萧湖游览记图考》保存的盛清时代的几首诗文，显然是对消逝的繁华旧事之追忆，而更多的文字则是对盛极而衰的现实之描摹。

另一篇《晚清扬州盐商研究——以徽州歙县许村许氏为例》则通过盐商个案研究指出：晚清时期，尽管在盛清时代财聚力厚的徽商家族，绝大多数已退出两淮盐业之运营，盐商的总体实力亦与畴昔迥异，但仍有一些徽州鹾商在扬州颇为活跃。此文利用民间文献，聚焦于歙县许村许氏的扬州盐业经营，并探讨他们的生活方式及其对桑梓故里的影响。从中可见，与其他的歙县籍扬州盐商家族一样，太平天国之后许氏之发迹，亦与其官商的背景密切相关。晚清时期，盐商的盛衰递嬗，对于徽州战后之复苏，尤其是歙县村落的发育以及社会变迁等，皆产生了颇为重要的影响。论文最后提出：今后可以结合近年来陆续刊布的宫廷档案、扬州地方文献及相关遗迹，并重点发掘徽州民间文献中的新史料，进一步推进扬州盐商的研究。

2023 年 4 月 10 日

图书在版编目(CIP)数据

明清徽商与淮扬社会变迁:全新修订版/王振忠著
. —上海:上海人民出版社,2023
(王振忠著作集)
ISBN 978 - 7 - 208 - 18373 - 5

Ⅰ.①明… Ⅱ.①王… Ⅲ.①商业史-徽州地区-明
清时代 Ⅳ.①F729.48

中国国家版本馆 CIP 数据核字(2023)第 126422 号

责任编辑 马瑞瑞
封扉设计 人马艺术设计·储平

王振忠著作集
明清徽商与淮扬社会变迁(全新修订版)

王振忠 著

出　　版　上海人民出版社
　　　　　(201101　上海市闵行区号景路 159 弄 C 座)
发　　行　上海人民出版社发行中心
印　　刷　上海中华印刷有限公司
开　　本　890×1240　1/32
印　　张　12
插　　页　7
字　　数　253,000
版　　次　2023 年 9 月第 1 版
印　　次　2023 年 9 月第 1 次印刷
ISBN 978 - 7 - 208 - 18373 - 5/K · 3298
定　　价　78.00 元